Prologue

안녕하세요. 털팽이에요.

이 책을 통해 만나 뵙게 되어서 반갑습니다. 전편 깐깐한 수납이 출간된 지

벌써 3년이 되었군요. 그동안 독자 여러분이 정성스럽게 써주신

리뷰를 읽으면서 보람도 있고 느낀 점도 많았어요.

정리가 단순히 내 주위를 치우는 것만이 아니라 흐트러진 생활까지 바로잡아주는

힘이 있다는 것을 알고 뿌듯하기도 했고요.

하지만 다소 아쉬움도 많이 느꼈어요. 정리라고 하면 가장 먼저 뭐가 떠오르세요.

보통은 서랍 안을 우유팩으로 칸칸 나누고, 플라스틱 바구니를 잔뜩 구입해서

흐트러진 물건을 세로로 수납을 하죠. 또 옷을 개거나 상자를 잘라서

서랍 안을 구분하는 것까지는 쉽게 시도를 합니다.

그런데 이런 방법으로 정리를 하면 수납장 내부는 깨끗해진 것 같지만

수납공간도 넓어지지 않고 집 또한 전체적으로 별로 깔끔해진 것 같지 않다는 데

한계가 있어요. 원인은 단순히 물건을 집어넣는 방법에 집중해 정리를 하고

그 단계에서 정리가 멈췄기 때문이에요. 그래서 칸칸 채워 넣는 데서

한 단계 나아가 수납장 안도 좀 더 다양한 아이디어를 이용해서

바꿔보고 싶고 공간도 스타일 있게 활용해보고 싶은데, 솜씨도 없고

구체적으로 어떻게 해야 하는지 감이 오지 않는다는 분들이 많습니다.

정리 방법뿐 아니라 수납공간을 구성하는 방법, 가구 배치법에도

기본적으로 알아두어야 할 원칙과 방법이 있어요.

그래서 특별한 솜씨나 감각이 부족해도 기본 원칙을 알고 한 단계씩 적용해가면

누구나 집을 깔끔하게 정리할 수 있어요.

전편 '깐깐한 수납'을 통해서 물건을 구분하고 칸막이를 만드는 등

정리를 하는 기본 원칙과 방법을 익히셨다면 2편 '정리 잘 하는 여자'에서는

한 단계 더 나아가 좁은 수납공간을 늘리고 집 안 전체를 효율적으로

사용할 수 있는 공간 수납 능력까지 익히실 수 있을 거예요.

예컨대 옷장을 정리한다면 옷장을 정리하는 순서와 옷 개는 방법뿐 아니라

옷장 안에는 어떤 수납 아이템을 어떤 배치와 소재로 구성해야 하는지,

더불어 간단한 재료를 이용해 시스템 가구처럼 편리하고 근사하게

옷장 안을 바꿔가는 요령까지 구체적이고 상세하게 알려드릴 거예요.

여러분이 어떤 공간을 맞닥뜨려도 쉽게 정리할 수 있도록

하나씩 꼼꼼하게 도와드릴게요. 하나씩 차근차근 바꿔나가다 보면 여러분도

자랑할 만큼 '정리 잘 하는 여자'가 되어 있으실 거예요. 파이팅이에요!!

자~그럼 시작해봐요.

Contents

prologue 002

PART 1.
30일 플랜＋5스텝으로 완전 정복!
공간 수납의 기초

basic knowhow
'나도 이렇게 정리할 수 있을까?'

point❶ 작은 습관이 변화를 부른다 013
point❷ 왜 정리가 안 될까? 014
point❸ 정리에 성공하는 방법 015
point❹ 하루 1시간, 30일 플랜 세우기 017

basic plan for storage
5스텝 공간 정리의 원칙

step❶ 수납할 것과 버릴 것 가리기 022
step❷ 물건 분류 & 수납 장소 정하기 030
step❸ 수납장 내부 구성하기 036
step❹ 수납하기 046
step❺ 가구 배치와 공간 장식 058

PART 2.
실전! 30일 프로젝트
우리 집 공간별 수납 & 정리

1st week
침실 & 옷장 정리

● 옷장 속 완벽 정리술
문제점 진단 081
옷장 구성의 기본 082
옷 개기의 원리 083
코너별 정리 084
침구, 옷장 행어, 오픈형 행어, 선반&서랍, 옷장 문 활용

● 토털 코디용 드레스룸
문제점 진단 096
수납 양에 따른 드레스룸 활용법 098
코너별 정리 포인트 100

● 다기능을 갖춘 침실 공간
문제점 진단 105
코너별 정리 106
드레스룸 코너, 화장대, 컴퓨터 책상

2nd week
주방과 냉장고

● 비좁은 일자형 주방의 수납
문제점 진단 125
동선 체크 & 수납장 구성하기 126
코너별 정리 129
개수대 아랫부분, 개수대 위 식기장, 서랍,
조미료용 드래그장, 좁은 장 코너

● 빌트인 가전을 갖춘 ㄱ자형 주방
문제점 진단 141
코너별 정리 142
하부장, 상부장, 빌트인 가전 수납, 조리대 식탁·etc.

● 양문형 냉장고 수납법
문제점 진단 153
냉장고 정리를 위한 필수 아이템 154
정리 전 꼭 알아둘 것 155
코너별 정리 156
냉장실 선반칸, 냉장실 서랍, 냉장실 문칸, 냉동실

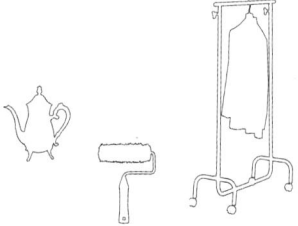

3rd week
거실과 현관, 욕실, 베란다

● 깔끔하게 감추는 거실 수납법
문제점 진단 …… 177
코너별 정리 …… 178
생활용품, 문구류, 거실장의 화장품류
거실 물건 꼭꼭 숨기는 아이디어 …… 183

● 아이 공간을 겸한 기능의 거실 수납법
문제점 진단 …… 185
코너별 정리 …… 186
가구 재배치하기, 아이를 위한 공간, 벽면 가구들

● 신발장의 여유로운 수납
문제점 진단 …… 193
신발장의 수납 양 알아보기 …… 194
신발 분류와 버리기, 칸 정하기 …… 195

● 현관 선반장 수납
문제점 진단 …… 201
수납장 구성하기 …… 202

● 휴식 공간을 겸한 베란다
문제점 진단 …… 207
수납장 구성하기 …… 208

● 다기능 욕실의 숨은 공간 찾기
문제점 진단 …… 215
코너별 정리 …… 216
세탁 공간 정리, 욕실장, 세면대 주변

4th week
서재와 아이 방

● 치워도 항상 지저분한 아이 놀이방 정리법
문제점 진단 …… 229
코너별 정리 …… 230
도배하기, 수납장 구성하기, 장난감 분류&정리

● 아이 공부방 꾸미기
코너별 정리 …… 214
책상 정리, 붙박이장, 기타 용품
어린이 가구에서 배우는 수납 기술 …… 247

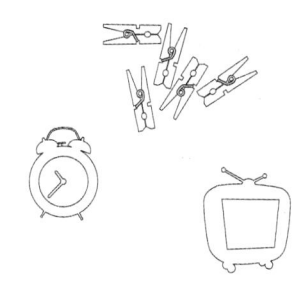

PART 3.
정리에 재미 들다!
수납 & 정리로
200% 변신

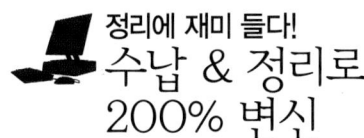

case study 1
귀차니스트 싱글족의 원룸 공간 확 바꾸기

문제점 진단 …… 252
동선 배치 …… 254
스타일 정하기 …… 255
코너별 정리 …… 256
베란다, 벽면 선반 설치, 화장대, 옷, 드레스장, 침실 공간

case study 2
17평형 아파트 거실 & 아이 방 정리

문제점 진단 …… 270
수납 처방 …… 271
코너별 정리 …… 272
아이 방 꾸미기, 주방용품 수납, 가구 배치와 수납 아이디어

Epilogue …… 286

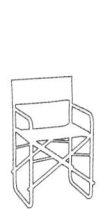

storage understand
옷 정리의 포인트는 분류 잘 하기!

옷을 종류별로 잘 분류하면 뒤적거림이 적어 덜 흐트러집니다.
최대한 빠르고 쉽게 찾을 수 있도록 길이별, 계절별, 색상별로 분류해보세요.
또 옷장이나 드레스룸 공간을 체크해 꺼내기 편한 위치를 파악한 후, 이곳에
자주 입는 옷들을 배치하는 것도 정리를 잘 하는 요령입니다.

#storage understand
눈높이에 맞춰 정리한 아이 방

치워도 항상 산만한 아이 방은 아이 눈높이에 맞춰 정리해보세요.
아이 스스로 물건을 분류하게 한 뒤 그 기준에 맞춰 정리하고,
수납함마다 물건이 넘치지 않게 적당량을 수납하는 것이 좋습니다.
또한 사용한 뒤 스스로 정리할 수 있도록 그림이나 간단한 단어로
라벨을 만들면 정리 습관을 들이는 데도 도움이 됩니다.

#storage understand
좁을수록 더 효율적인 주방 꾸미기

식기나 주방 도구는 크기에 맞고 손쉽게 꺼낼 수 있는 수납공간을 마련해주세요.
수납공간이 부족하다면 선반 위는 물론 선반 아래, 문 안쪽, 틈새 등
숨은 공간을 활용해보는 것도 좋아요. 구석구석 알차게 활용할 수 있을 뿐 아니라
주방 안에서의 움직임이 적어져 요리하는 시간도 줄일 수 있답니다.

#storage understand
정리와 아름다움을 모두 갖춘 집

수납이란 무조건 꼭꼭 숨기고 가리기만 하는 것이라고 생각하는 분들이 많습니다.
하지만 나만의 아이디어로 집 안 가구나 벽지 분위기에 맞춰 수납용품을 배치한다면,
정리 정돈과 데커레이션 효과를 동시에 얻을 수 있습니다.
물론 자주 사용하는 물건들을 감추기 위해 매번 서랍을 열고 닫아야 하는
번거로움도 없앨 수 있답니다.

물건을 정리하고 공간을 효율적으로 활용하기 위해서는 기본적으로 알아야 할
수납 이론이 있어요. 살림이 서툴고 털털한 성격 탓에 정리에
자신 없는 분이라도 수납의 기본 이론을 탄탄히 익혀서 적용하면 어떤 공간도 어렵지 않게
정리할 수 있어요. 흐트러진 공간을 정리하기 위한 수납의 기본 이론, 배워볼까요?

PART 1

30일 플랜 + 5스텝으로 완전 정복!

공간 수납의 기초

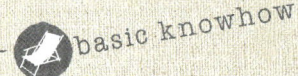

'나도 이렇게 정리할 수 있을까?'

불과 5년 전 저는 아주 평범한 주부였습니다. 20평짜리 좁은 아파트에서 아이들은 수시로 여기저기 장난감을 어질러대고, 피곤해서 조금만 게으름을 피우면 금세 난장판이 되었습니다. 옷장을 열고 뒤적뒤적 겨우 찾은 옷들은 손을 대기만 해도 무너질 것 같고, 냉동실을 열면 묶어둔 고깃덩어리들이 바닥으로 쏟아지고, 베란다에는 뭐가 들어 있는지도 모르는 짐들이 쌓여서 건조대를 세워둘 공간도 없고… 여기도 엉망, 저기도 엉망…. 깔끔하게 살고 싶지만, 어린애 둘을 보면서 힘들게 치워도 그때뿐이었어요. 살림이라는 게 한 번 치운다고 쇼윈도 속의 전시품처럼 그 상태 그대로 있는 게 아니라, 가족이 사용하고 뒤적거리다 보면 며칠이면 예전 상태로 흐트러지더라고요. '마술처럼 살림이 간편해지는 그런 방법은 없을까?'

point ❶
작은 습관이 변화를 부른다

1. 초보 주부의 마음으로 살림과 모든 생활을 정리하기 시작했어요.

하루 안에 다 치우겠다고 욕심 부리며 허겁지겁 치우지 말고, 보이지 않는 작은 서랍 안부터 차근차근 정리해보았어요.

필요 없는 것은 버리고, 종류별로 나누고, 칸도 만들어보고…. '남편은 여기에 서서 옷을 갈아입으니까 옷을 이렇게 배치하면 편하게 입을 수 있을 거야, 나는 여기에서 세탁을 하니까 여기에 세제를 두고 빨래 바구니는 이렇게 배치하면 훨씬 시간이 줄어들 거야….' 이렇게 가족의 생활습관에 맞춰 물건들을 정리하고 가구의 위치를 바꿔갔어요.

살림 방법 또한 시간이 많이 걸리고 비효율적인 방법들은 바꿔가면서 물건을 재배치하고 정리했어요. 모든 물건이 제자리를 찾은 뒤 가장 큰 변화는 제 생활에 여유가 생겼다는 거예요. 하루에 몇 번씩 치우지 않아도 모든 게 말끔히 정돈되어 있고 흐트러지더라도 빠른 시간에 완벽하게 정리할 수 있어요.

2. 물건 정리하는 방법대로 가계부 정리도 가능해졌어요.

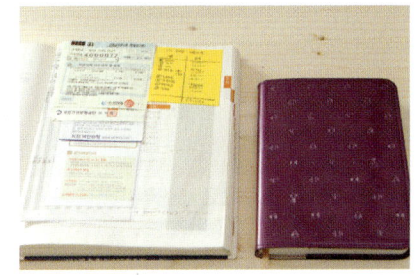

어디에 얼마를 소비한지도 모르고 쓰던 지출을 항목별로 한눈에 보이게 정리하고, 결제일만 다가오면 마음 졸이게 하던 카드도 바로바로 입출금을 관리할 수 있는 체크카드로 바꿨어요.

마지막으로 바쁘기만 하지 정작 중요한 일은 챙기지도 못했던 내 시간들을 정리해보았어요. 아침부터 저녁까지 어떻게 시간을 보내는지 적어보고, 나에게 소중한 것은 무엇인지 내가 이루고 싶은 꿈은 무엇인지 백지에 적어보았어요.

가족을 위해 의무를 다했다면 나머지 시간은 내 자신이 원하는 일을 위해 쓸 수 있도록 계획도 해보고요. 같은 공간도 정리를 잘 하면 훨씬 넓게 쓸 수 있는 것처럼, 자금과 시간 또한 정리를 잘 하면 체계적으로 관리할 수 있어 하고 싶은 일을 하면서도 훨씬 여유롭게 쓸 수 있다는 것을 알게 되었어요.

3. 정리와는 담쌓고 살던 주부가 살림 다이어트를 시작한 지 벌써 다섯 번째 봄이 되었어요.

작은 물방울이 바위를 뚫는 것처럼, 서랍장 정리부터 시작하던 작은 습관이 생활 전체를 바꾸고 이런 시간들이 모여 결국은 인생이 바뀌는 걸 거예요.

'저 사람은 특별해. 나는 못해'가 아니라 '가장 쉬운 것부터 하다 보면 나도 저렇게 정리할 수 있을 거야'라고 생각해보세요. '큰 변화는 작은 변화에서부터' 시작되는 거니까요.

서랍 하나를 정리할 때 느꼈던 작은 성취감이 옷장 전체를 정리하고자 하는 의욕을 불러일으키고, 그런 변화가 모이고 쌓여 생활 전체가 바뀌게 됩니다. 그 변화는 나뿐 아니라 '집'이라는 공간을 함께 쓰는 가족 모두에게 좋은 영향을 줍니다.

휴식과 재충전의 시작인 집을 제대로 정리하는 것이 나와 내 가족의 성공을 위한 시작입니다.

point ❷
왜 정리가 안 될까?

물건을 사용하는 과정

일상생활에서 우리가 물건을 사용하는 과정을 살펴보면 정리가 안 되는 원인을 찾을 수 있어요.

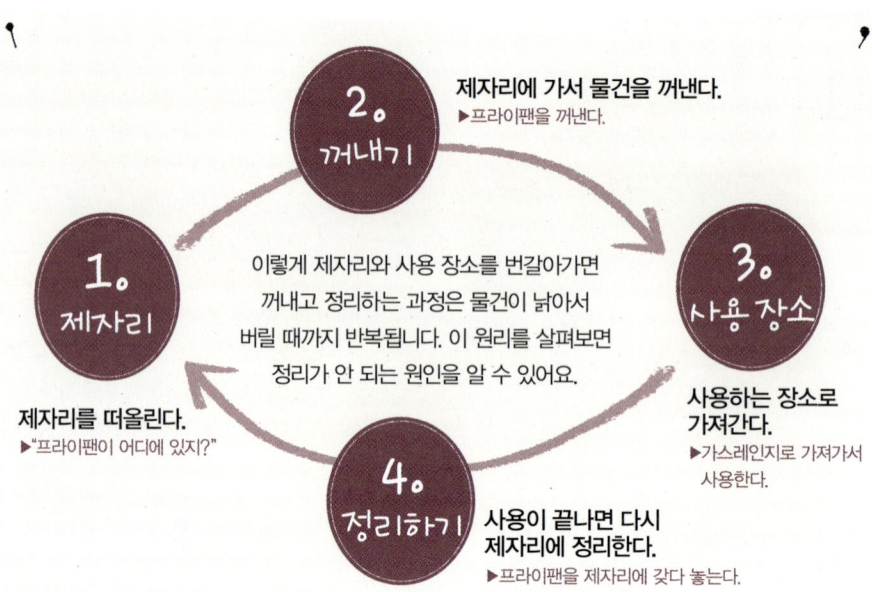

1. **제자리** — 제자리를 떠올린다. ▶"프라이팬이 어디에 있지?"
2. **꺼내기** — 제자리에 가서 물건을 꺼낸다. ▶프라이팬을 꺼낸다.
3. **사용 장소** — 사용하는 장소로 가져간다. ▶가스레인지로 가져가서 사용한다.
4. **정리하기** — 사용이 끝나면 다시 제자리에 정리한다. ▶프라이팬을 제자리에 갖다 놓는다.

이렇게 제자리와 사용 장소를 번갈아가며 꺼내고 정리하는 과정은 물건이 낡아서 버릴 때까지 반복됩니다. 이 원리를 살펴보면 정리가 안 되는 원인을 알 수 있어요.

정리가 안 되는 원인

1. 어디 있는지 항상 찾아요

물건의 제자리가 정해지지 않았기 때문이에요. 물건마다 정확한 제자리를 정해주세요.

2. 물건을 꺼내서 사용하기가 불편해요

정리하는 방법에 문제가 있기 때문이에요. 물건을 꺼낼 때의 눈높이와 손의 방향을 파악하고 꺼내기 쉽게 정리해보세요. 예컨대 하단에 수납할 때는 서랍 형태에 세워서 수납하면 들여다보면서 꺼내기가 편하고, 중간 단에 수납할 때는 오픈해서 키 순으로 정리하면 꺼내 쓰기가 편해요.

3. 쓰고 나면 귀찮아서 근처에 대충 치워둬요

제자리와 사용 장소가 멀기 때문이에요. 사용하는 장소에서 가까운 곳에 물건의 자리를 다시 마련해주세요. 정리하는 시간도 줄어들고 자연스럽게 정리하는 습관도 들일 수 있어요.

4. 물건이 많아서 일하기가 어려워요

수납하는 장소와 사용하는 장소가 구분되지 않았기 때문이에요. 수납 장소와 사용 장소를 정확히 구분하세요. 책상, 싱크대, 식탁, 화장대 등 우리가 물건을 주로 사용하는 장소는 물건을 수납하지 말고 작업에 몰입할 수 있도록 항상 평평한 상태를 유지하고 비워두세요.

point ❸ 정리에 성공하는 방법

내게 편한 방식으로 정리하기

성격이 꼼꼼한 사람만 수납을 잘 할 수 있는 것은 아니에요. 성격마다 장단점이 있기 때문이에요. 털털한 사람이 꼼꼼해지려고 노력하거나, 꼼꼼한 사람이 스스로를 피곤하게 하지 않는 자유로운 성격을 가지려고 노력하더라도 타고난 성격을 바꾸는 것은 쉽지 않을 거예요. 오히려 자신의 성격에 맞춰 수납의 방향을 잡으면 정리를 오랫동안 유지할 수 있어요.

1. 꼼꼼한 사람은…

꼼꼼히 분류하고 정리하는 것을 좋아하는 성격. 정리하는 것 자체에 즐거움과 성취감을 느낄 수 있는 타입이에요. 수납 기술을 하나씩 따라 해보고, 수납 아이디어도 꼼꼼히 활용하면서 수납의 즐거움을 느껴보세요.

그러나 이런 성격은 지나치게 완벽을 추구하다 보니 정리하기에 시간이 충분하지 않으면 일을 미뤄놓는 경향이 있어요. 마음에 들게 치울 수 없고, 한번 시작하면 힘들더라도 끝까지 하는 성격이기 때문에 일 자체에 대한 두려움도 있어요. 모든 것을 완벽하게 할 수는 없어요. 특히 정리는 그 자체에 목적이 있다기보다 사용하기 편하게 하기 위한 방법에 불과해요. 깔끔하게 끝내지 않더라도 시간을 내어 조금씩 치우는 게 수고를 더는 방법이에요.

2. 털털한 사람은…

꼼꼼히 분류하는 것에 피곤을 느끼는 성격. 하지만 가끔은 독특한 방식으로 본인만의 수납법을 찾아내는 자유로운 타입이에요. 꼼꼼하게 분류하며 변화를 주려고 노력하더라도 시간이 지나면 결국 본인이 편한 방식으로 유지될 가능성이 높아요. 티끌 하나 없이 깔끔하게 정리하는 데 목적을 두고 세부적인 수납 스킬에 집중하기보다는 전체적으로 사용하기 편하게 정리 체계를 잡아보세요. 또한 노력 없이 손쉽게 정리하는 방법을 찾아서 활용해보세요. 예를 들면 물건을 사용하는 자리에 물건 수납 장소를 마련하면 깔끔해 보이지는 않겠지만 노력 없이 습관적으로 정리할 수 있어 털털한 사람도 정리된 상태를 오래 유지할 수 있답니다.

가장 불편한 공간부터 시작하기

일상생활에서 가장 불편을 느꼈던 공간을 떠올려보세요. 냉장고를 열 때마다 뭐가 어디에 있는지 찾을 수 없을 정도로 불편했다면 냉장고부터, 현관에 들어설 때마다 어수선해 정신없었다면 현관부터 시작하세요. 스트레스를 많이 주며 불편함을 느낀 공간을 정리했을 때 성취감을 얻을 거예요. 그리고 이 성취감은 힘들이지 않고 즐겁게 정리를 지속할 수 있는 동기가 됩니다.

손쉬운 정리를 위한 도구 준비

같은 일이라도 재료와 도구가 준비되어 있다면 훨씬 효율적으로 일할 수 있어요. 작은 바구니에 가위, 테이프, 글루건, 케이블타이, 리본, 라벨기 등 정리할 때 꼭 필요한 도구를 모아두면 매번 도구를 찾는 시간을 줄일 수 있어요. 정리 계획이 있다면 박스나 우유팩 등 정리의 재료가 되는 재활용품도 모아두시고요. 그리고 정리할 공간을 보고 어떤 아이템이 얼마나 들어갈지 먼저 계획하고 한꺼번에 구매하면 배송비와 시간을 절약할 수 있어요.

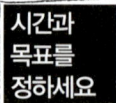

1. 1시간에 끝내도록 목표량을 잡으세요

같은 일이라고 모아뒀다가 하루 종일 하려고 하면 육체적·심리적 부담이 크지만, 날마다 1시간씩 나눠서 하면 훨씬 쉽게 느껴져요. 물론 1시간보다 더 오래 하고 싶은 날이 있다고 해도 나쁘진 않겠죠. 또한 수납할 공간을 제한하면 꺼내서 정리하는 물건의 개수도 제한되기 때문에 방 안도 지저분하지 않고, 어디서부터 정리해야 할지 몰라 우왕좌왕하지 않고 집중해서 일을 끝마칠 수 있어요.

2. 마감시간을 정하세요

'오늘 안에만 끝내면 되겠지' 하는 마음으로 정리하지 말고, '이 일은 00시 00분까지 끝내자'라고 정한 다음 일을 시작하세요. 시간을 질질 끌다 보면 지겨워져 집중력이 떨어지거든요.

3. 날마다 실천하세요

'한꺼번에 완벽하게 해치워야지' 하고 계획을 세우면, 반대로 그런 날이 올 때까지 엉망이 되어도 손대지 않고 방치하는 경향이 있어요. 하루에 1시간씩 꾸준히 정리하다 보면 평상시에 조금씩 정리하는 좋은 습관을 들일 수 있어요.

point ❹
하루 1시간, 30일 플랜 세우기

정리를 하려고 굳게 결심을 해도 막상 시작하려면 어디서부터 손을 대야 할지 막막한 경우가 많아요. 어느 날 갑자기 TV 속의 러브하우스처럼 '짠~' 하고 바꿨으면 좋겠지만 현실에서 그런 놀라운 일은 기대하기 어렵죠. 작은 물방울이 바위를 뚫었다면 바위를 뚫은 작은 물방울 하나하나는 모두 소중해요. 큰 변화를 바란다면 계획을 세우고 작은 과정부터 차근차근 실천해보세요. '주말을 잡아서 몽땅 해치워야지!'라고 생각하고 주말에 정리만 할 수 있는 뭉텅이 시간이 날 때까지 기다리고 있나요? 정리만 할 수 있는 그런 날이 잡히는 것은 현실적으로 그리 쉽지 않아요. 큰 욕심 부리지 말고 가장 작은 서랍을 목표로 삼고 첫발을 떼어보세요.

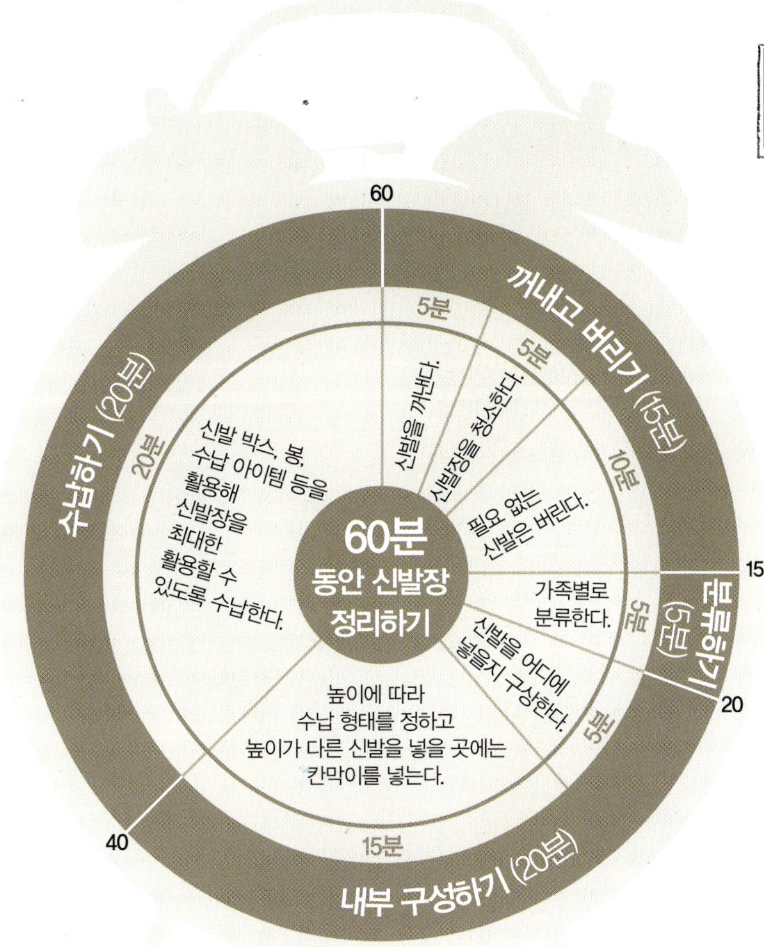

60분 정리의 계획 짜기 — 작업의 효율성을 높이기 위해 부실별로 한 주 계획을 시작할 때마다 재료와 도구를 준비해둡니다.

60분 동안 신발장 정리하기

- 꺼내고 버리기 (15분): 신발을 꺼낸다 (5분) / 신발장을 청소한다 (5분) / 필요 없는 신발은 버린다 (10분)
- 분류하기 (5분): 가족별로 분류한다 (5분)
- 내부 구성하기 (20분): 신발을 어디에 넣을지 구상한다 (5분) / 높이에 따라 수납 형태를 정하고 높이가 다른 신발을 넣을 곳에는 칸막이를 넣는다 (15분)
- 수납하기 (20분): 신발 박스, 봉 수납 아이템 등을 활용해 신발장을 최대한 활용할 수 있도록 수납한다 (20분)

얼마 정도의 시간이면 하나의 작업을 끝마칠 수 있을지 가늠합니다.

30일 플랜 활용하는 방법

1.
공간 나누기

집을 안방, 아이 방, 주방, 화장실 등 기능별로 4~5개의 큰 묶음으로 나누세요. 작업이 여기저기 흩어져 있는 것보다는 묶여 있는 게 집중도와 효율성이 높고 마무리 지을 때마다 성취감도 높습니다. 큰 묶음은 각각을 수납장별로 구분하여 1시간당 할 수 있는 작업 30개 정도로 나누세요.

2.
시간 계획하기

얼마 정도의 시간이면 하나의 작업을 끝마칠 수 있을지 가늠합니다. 시간을 너무 타이트하게 잡으면 성취감이 떨어질 수 있고, 너무 넉넉하게 잡으면 집중도가 떨어질 수 있어요. 평소 정리 속도의 90% 정도를 목표로 하는 것이 좋습니다. 또한 집중해서 한 가지 작업을 하기 위해서는 30~60분 단위로 끊는 게 좋습니다. 목표시간은 목표일 뿐 늦춰졌다고 얽매이지는 마세요. 그만큼 정리에 더 많은 시간을 투자한 것이니까요.

3.
정리 목표 세우기

누구에게나 집은 공간 이상의 의미입니다. 단순히 잡동사니를 치우는 것을 정리 목표로 삼기보다는 내면적인 목표를 명확히 해보세요.
'흐트러진 집을 정리해 아이에게 집중해서 공부할 수 있는 책상을 마련해주고 싶다', '깨끗한 주방에서 가족과 제대로 된 식사를 하고 싶다'와 같이 정리를 하고 싶게 했던 내면적인 목표를 떠올려보세요. 힘든 과정을 이끌어갈 수 있는 원동력이 될 거예요. 목표가 명확하면 행동과 성과 또한 달라질 것이고요.

4.
공간별 정리 포인트 잡기

평소 가장 불편했던 점들을 적어보세요. 문제점들을 개선해가면서 훨씬 사용하기 편한 공간을 만들 수 있어요.

5.
날짜를 적고 체크하기

정리한 날짜를 적고 체크하세요. 눈으로 보이게 종이에 적고 체크를 하면 생각만 하는 것보다 훨씬 효율이 높답니다.

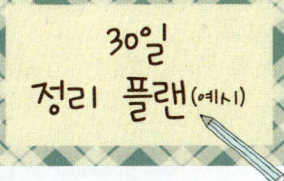

30일 정리 플랜(예시)

- 정리 시간 : 1일 60 분 총 25일 (월 일 ~ 월 일)
- 정리 목표 : ❶ 손님이 왔을 때도 당황하지 않고 맞이하고 싶다.
  ❷
  ❸

주간 계획	정리 내용	세부 공간과 정리 포인트	날짜	체크
1주차	옷과 이불	서랍장 양말		
		서랍장 속옷		
		거는 옷 - 입는 옷과 안 입는 옷의 위치 정확히 구분하기		
		개는 옷		
		계절 지난 옷 - 안 입는 것 모두 처분하기, 제습지 넣기		
		이불장 - 패드 정리할 수 있는 단 만들기		
2주차	주방과 냉장고	냉장실 -		
		냉동실 - 1년 넘은 떡과 고등어 버리기		
		식기장		
		식료품 - 가루류들 봉투 집게 채우기		
		주방 베란다		
		식탁 주변 - 식탁 위 비우고 선반 마련해 예쁘게 수납하기		
3주차	거실과 현관	TV 주변 - 잡동사니 제자리로 돌려두기		
		소파 주변 - 지저분한 물건 모두 없애기		
		현관 신발 - 안 신는 것들 다 버리기		
		현관 공구		
		베란다		
		화장실		
4주차	서재와 아이 방	서재 - 잡지 처분		
		컴퓨터 주변 - 컴퓨터 선 정리		
		아이 방 옷장 - 작아진 것 구분하기		
		아이 문구, 장난감 - 장난감 양 줄이기		
		화장실 - 안 쓰는 세제 다른 장소에 보관하기		
		세탁실 - 손빨래 공간 마련하기		
5주차				

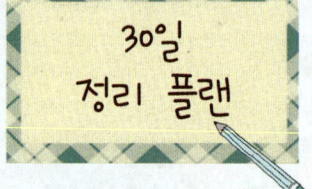

- 정리 시간 : 1일 　　분 총　　　일 (　월　일 ~　월　일)
- 정리 목표 : ❶
　　　　　　❷
　　　　　　❸

주간 계획	정리 내용	세부 공간과 정리 포인트	날짜	체크
1주차				
2주차				
3주차				
4주차				
5주차				

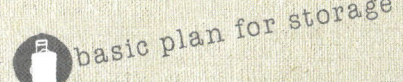

5스텝 공간 정리의 원칙

유지하기 — 사용한 물건은 제자리에 둔다. 물건이 늘어나면 다시 1단계부터 반복한다.

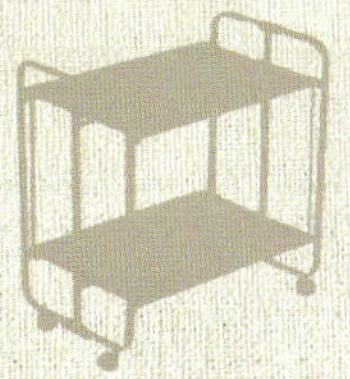

STEP 1 · 수납할 것과 버릴 것 가리기
물건을 소유할 기준을 정하고 '사용하지 않는 물건'은 처분한다.

STEP 2 · 물건 분류 & 수납 장소 정하기
같은 종류의 물건은 한 장소에 수납하고, 사용하고 정리하기 쉽게 사용하는 장소 근처에 제자리를 정한다.

STEP 3 · 수납장 내부 구성하기
인출자의 눈높이에 따라 잘 보이고 꺼내기 쉽도록 수납장 내부를 구성하여 공간을 최대한 활용한다.

STEP 4 · 수납하기
구체적인 수납 방법과 수납 아이디어를 활용하여 물건을 수납한다.

STEP 5 · 가구 배치와 공간 장식
수납만으로 부족하다면 가구 위치를 조정하고 분위기를 통일한다.

STORAGE STEP 5

STEP 1 수납할 것과 버릴 것 가리기

정리란 수납용품을 하나 더 구입하는 게 아니라 필요 없는 잡동사니를 가려내고 처분하는 것부터 시작합니다. 정리가 어려운 가장 큰 원인은 공간이 부족하기 때문이 아니라 물건이 많기 때문이에요. 넓은 평수로 이사 가거나 가구를 구입해 수납공간이 늘어났다고 하더라도 물건이 늘어난다면 여분의 수납공간도 언젠가는 꽉 차게 마련이에요. 버리는 과정을 통해 쇼핑 습관을 반성하는 교훈도 얻을 수 있습니다.

수납할 물건의 정리

버리기를 통해 수납량을 유지한다
수납공간이 아무리 늘어나도 모든 물건을 수납하기는 어렵다. 원인은 구입을 통해 물건이 계속 늘어나기 때문이다.

버리지 못한다면 수납법으로도 해결할 수 없다
수납공간이 아무리 많아도 계속 물건을 채워간다면 용량을 초과한 물건까지 정리할 수 있는 수납 방법은 없다. 예컨대 옷으로 꽉 찬 서랍장 안은 옷의 양이 줄지 않는 한 어떤 수납 방법을 이용해도 사용하기 어렵다. 따라서 출납이 편한 정리를 위해서는 버리기를 통한 수납량 유지가 필수다.

simple is best!
물건이 없으면 정리할 필요가 없다. 책상 위의 연필 한 자루를 연필꽂이에 꽂는 데도 노력이 필요하다. 최소한의 물건으로 최대한의 기능을 발휘하는 것이 단순함의 미학이다.

적절한 수납량은?
옷장, 싱크대, 책장 등 우리가 사용하는 수납용 가구는 수납량이 정해져 있다. 수납 방법을 통해 활용도는 높일 수 있지만 주어진 공간보다 더 많은 공간은 만들 수 없다. 따라서 적절한 수납량은 가구가 기준이다. 수납할 장소를 정했으면 그 공간 안에 있는 물건을 꺼내고 적절한 수납량을 결정한다. 편안하게 넣고 꺼내기 쉬운 적정 수납량은 수납공간의 80% 정도이며, 늘어날 물건을 수납할 수 있는 여유 공간 20% 정도는 비워두는 게 적당하다. 수납공간과 수납 물건을 비교하여 몇 퍼센트 정도를 처분할지 결정한다.

구입한다

사용한다

버린다

구입한다 → 사용한다 → 버린다

"이 세 단계를 통해 물건의 양은 균형을 유지한다. 구입만 하고 버리지 않는다면 물건이 늘어나 수납하기 어렵다. 그래서 현실적으로는 물건이 늘어난 만큼 버리거나 처분해야 수납량을 균형 있게 유지할 수 있다."

이런 물건은 과감히 버리자!

1.
3년간 사용하지 않는 물건
오래되고 낡은 물건, 유행이 지난 물건, 선물, 기념품, 사은품, 사재기한 물건

★몇 년간 사용하지 않은 물건이라면 나에게 필요한 물건일 가능성은 거의 없다. 이 방에서 저 방으로 옮길 게 아니라 정리할 때 과감히 없앤다.

2.
잘못 산 물건
충동 구매한 물건, 인터넷 구입 물품, 반품하기 귀찮아 그냥 둔 물건

★편리해 보이는 물건이 나에게도 반드시 편리한 것은 아니다. 잘못 구입한 실패작은 버리고 성공작만 간직한다. 아깝다면 다음에 같은 종류의 물건을 구입할 때 신중하면 된다.

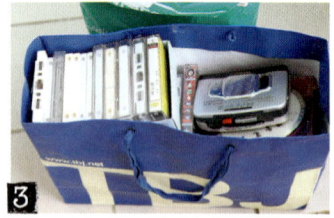

3.
'언젠가' 쓸지도 모르는 물건
사이즈가 작은 옷, 운동기구, 책, CD, DVD

★'언젠가'가 '반드시' 오는 것은 아니다. 한계를 정하고 몇 년 이상 사용하지 않은 물건은 처분한다. ★CD, DVD는 좋아하는 곡만 디지털화한다. 음원을 추출하는 GOLDWAVE나 CD를 MP3 파일로 변환해주는 CDex 프로그램을 이용하면 오랫동안 듣지 않았던 CD들을 정리할 수 있다.

4.
비싸게 산 물건
오래된 가전제품, 정장, 한복, 전집류, 그릇 등

★비싸게 구입했어도 최근에 한 번도 사용하지 않거나 입지 않았다면 반드시 그럴 만한 이유가 있다. '아깝다'는 생각에 물건을 묵혀두다 보면 짐만 쌓이게 된다. '사용할 것인지 사용하지 않을 것인지' 판단하고, 사용하지 않을 물건이라면 리폼이나 재활용하든지 처분한다.

5.
추억이 깃든 물건
오래된 사진이나 그림, 일기, 가족과 관련된 물건, 개인적 성취물

★많이 가지고 있는 것보다 가장 애착을 느끼는 물건을 가까이에 둘 수 있도록 정리한다.
★물건을 통째로 소유할 필요는 없다. 기억을 불러일으킬 수 있는 물건의 일부를 잘라 스크랩하고 물건에 관한 추억을 글로 써서 함께 보관한다.
★아이들의 그림은 파일을 만들어주고 만들기 작품은 사진이나 동영상으로 찍어 보관한다.

[가장 버리기 힘든 물건 Best 3!]

Best 1.
옷

❶ 옷을 꺼낸 뒤 입지 않는 원인을 파악한다

보통 옷장 안에서 자주 입는 옷들은 20% 정도, 그리고 이런 옷들을 열 번 중에 여덟 번은 입는 경우가 많다. 이는 경제학에서 유명한 파렛토의 법칙을 적용한 수납 이론으로, 옷장 안에서도 마찬가지다. 모든 옷을 골고루 입는 것이 아니라 입는 옷의 80%는 자주 입는 옷 20%에 집중되어 있다. 그런데 이렇게 자주 입거나 입지 않는 데는 나름의 원인이 있다.

❷ 입지 않는 옷들은 원인을 객관적으로 판단한다

물론 실패작들은 처분한다. 입지 않는 원인을 객관적으로 생각해보고 해결할 수 있는지 판단한다. 예컨대 얼룩이 생겨서 입지 않는 옷은 즉시 세탁소에 맡겨 얼룩을 제거하고 제거되지 않는다면 처분한다. 계속 보관한다고 얼룩이 없어지지는 않기 때문이다. 유행에 뒤처져 초라해 보이는 옷 또한 당장 입거나 리폼할 생각이 아니라면 처분한다. 어느 날 갑자기 세련되게 변할 일은 더더욱 없기 때문이다.

❸ 버리기에 애매한 옷들은 △상자에 보관

처분하기도 버리기도 애매한 옷은 △상자, 즉 임시 보관상자에 넣어 옷장 위나 베란다 등에 보관한다. 예컨대 2010.3.31~2011.3.31까지라고 보관기한을 적어 사계절이 지날 때까지 1년 정도 보관한다. 물론 필요한 옷은 꺼내 입으면서 1년을 보관한다. 1년이 지나 기한이 되면 열어보고 한 번도 손대지 않은 옷들은 미련 없이 처분한다.

1. 입지 않는 이유

❶ 유행에 뒤처져서 왠지 초라해 보인다.
❷ 구입한 뒤 몇 번 입다 보니 어울리지 않는 듯하다.
❸ 출산이나 다이어트, 나잇살로 살이 찌거나 빠져서 사이즈가 맞지 않다.
❹ 인터넷으로 구입했는데 어울리지 않지만 왕복 배송비가 아까워 반품을 하지 못했다.
❺ 목이 늘어나거나 얼룩이 있다.
❻ 유행하는 옷을 저렴하게 구입했더니 세탁 후 보풀이 나고 천이 상했다.

2. 자주 입는 이유

❶ 나에게 어울리는 색상과 스타일이다.
❷ 편하다.
❸ 구입한 지 얼마 안 됐다.

안 입는 옷을 버리고 옷장의 수납량을 줄이는 것도 중요하지만, 정리하기 위해서는 어떤 옷을 자주 입는지, 어떤 옷을 입지 않는지 판단하고 구매 스타일을 바꿔가는 것이 좋다. 예컨대 인터넷 구입 제품 중 안 입는 옷이 많다면 되도록 상점에서 입어본 뒤 구입하고 실패하지 않는 스타일 위주로 신중하게 구입한다.

Best 2. 책

❶ 책을 소유한다고 책 속의 지식까지 소유하는 것은 아니다

책을 소유하고 있다고 해서 그 책의 지식을 소유하는 것은 아니다. 읽지 않는 책은 두꺼운 종이에 불과하다. 중요한 것은 그 책의 지식을 얼마만큼 이해하고 본인에게 적용하여 활용하느냐이다.

보관가치를 판단한다
- 실용서 세월이 지나면 라이프스타일도 변하기 때문에 오래된 책은 필요한 부분만 스크랩하고 처분한다.
- 잡지 두껍고 판형이 큰 잡지는 몇 권만 모여도 짐이 된다. 기간이 지난 잡지는 세 권에서 다섯 권 정도 한계를 정해두고 몇 권만 보관한다. 잡지 전용 바인더를 구입한 후 활용 가능한 부분만 클리어 파일에 넣어 보관하고 나머지는 버린다.
- 전공 서적 전업주부가 된 후에도 추억과 아쉬움에 박스 분량의 대학 전공 서적을 버리지 못하는 경우가 많다. 책을 가지고 있다고 해서 변하는 것은 없다. 먼지 속에서 평생 보관하는 것보다는 헌책방에 처분해 한 번이라도 더 읽히는 게 낫다.

❷ 재활용한다

아까워서 처분을 못 한다면 판매해보자. 책의 종류에 따라 다르지만 만화, 소설, 수필 등 스토리 위주의 책은 한두 번 읽은 뒤에는 꽂아두는 경우가 많다. 이런 책은 필요한 사람에게 주거나 깨끗이 본 뒤 판매한다. 단 귀찮아서 차일피일 미루는 경우가 생길 수 있으니 마감기한을 정해두고 기한 내에 처분한다.

- 헌책방 가까운 곳에 헌책방이 있다면 직접 가져가서 판매하는 것도 좋다. 헌책 가격은 새 책의 5~20%이다.
- 인터넷 중고서점 북코아, 알라딘 중고숍, 인터파크 등 온라인 서점에서 직거래할 수 있다. 10% 내외의 수수료가 있으며 가격은 판매자가 결정한다.

Best 3. 추억이 깃든 물건

❶ 마음에 원인이 있다

사진, 다이어리를 비롯해 아이가 처음 쓴 편지, 부모님의 유품 등 오래되어 사용할 만한 가치도 없지만 심리적으로 강한 애착을 느끼는 물건이다. 일반 물건들을 처분할 때 사용 여부와 실용성을 기준으로 판단한다면 추억이 깃든 물건은 버리지 못한 심리적인 원인을 찾는다.

❷ 물건의 크기를 고려한다

물건을 버리는 이유는 보관할 만한 장소가 부족하기 때문이다. 집이 저택만큼 넓다면 모두 소유할 수 있겠지만 그렇지 못하다면 줄일 수밖에 없는 것이 현실이다. 편지나 사진, 액세사리 등 작은 물건이라면 간직해도 좋지만 사이즈가 크다면 버리거나 다른 방법을 찾아보는 것이 좋다.

버리지 못하는 이유
- 구입할 수 없다 옷, 책, CD 등 일반적인 물건은 없어지면 더 좋은 것을 구입할 수 있지만 추억이 깃든 물건은 돈으로 구입할 수 없기 때문에 버리지 못한다.
solution 과연 돈으로 구입할 만한 가치가 있는 것인지 판단한다. 예컨대 서너 살 아이의 크레파스 낙서가 가득한 스케치북 다발은 없어져도 구입할 만한 가치가 없는 물건이다.
- 추억이 사라진다 이 물건을 버리면 물건에 깃든 추억까지 없어진다고 생각해서 버리지 못한다.
solution 물건은 없어져도 기억은 사라지지 않으며 현재 또한 훗날에는 추억이다. 그 물건의 자리를 없애는 것이 현실에 충실한 방법이라면 처분하는 것이 좋다.

통째로 간직할 필요는 없다
추억의 물건이라고 통째로 간직할 필요는 없다. 큰 물건은 사진을 찍어 파일로 간직하고 아쉬움이 남는다면 물건의 일부를 잘라 예쁜 상자에 보관하거나 스크랩을 해둔다. 그것도 귀찮다면 간직할 만한 가치가 없는 물건이라 판단해도 좋다.

이웃님들! 쓸모없지만 버리기 힘든 물건은 무엇인가요?

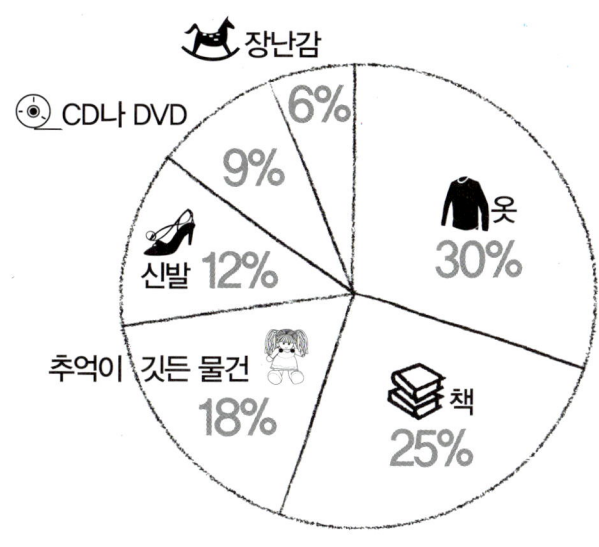

동녀 2010/04/19 10:37
저는 옷, 책, CD인데… 비싼 옷들은 아까워서 차마;; '다이어트를 해서라도 꼭 입을 테다'라고 굳은 심지로 못 버리고 있고, 책은 무슨 심리인지 그냥 꽂혀 있는 것만으로도 마음 든든하고…. CD는 추억인 듯해요. LP판과 테이프는 그나마 많이 버렸는데 CD는 그냥 소장하고 있네요.

행복인자 2010/04/19 12:18
전 책이요. 옷은 수시로 버리고 멀쩡한 그릇도 잘~ 버리는데 책은 정말 못 버리겠어요. 아직 읽지 않은 책도 있고…. 읽은 책은 훈장처럼 가지고 있답니다. 정말 ~~ 읽지도 않는데 말이죠.

연꽃언덕 2010/04/19 14:39
저는 책, CD, 추억이 깃든 물건은 버려서는 안 되는 물건이라고 생각하는 사람입니다 ;;;;;;;;;;;;

ally 2010/04/19 12:04
옷, 신발, 책 순이네요. 언젠가 입겠지 하는 생각에 절대 버리지 못하는… ㅠㅠ 옷장만 보면 답답해요. ^^;

게으름 2010/04/19 10:32
옷, 신발, 책, 장난감, 추억이 깃든 물건이요. 잘 못 버리는 성격에 저보다 더한 신랑이랑 살다 보니 갈수록 짐만 쌓여가네요… ㅠㅠ

물건 버리기의 테크닉

1. 시간을 정한다
5분, 10분 등 마감시간을 정한다. 물건에 대한 감상에 젖어 하염없이 시간을 보내는 것은 금물이다. 시간 안에 빨리빨리 분류한다.

2. 기한을 정한다
식료품은 6개월, 옷은 2년, 화장품은 3년 등 물건의 종류별로 기한을 정해 일정기간 동안 사용하지 않은 물건은 과감히 처분한다.

3. 보지 않고 버린다
버리기로 결정했으면 자꾸 만져보거나 들춰보지 않는다. 한 번 두 번 만지다 보면 감정이 깃들어 버리지 못하고 다시 보관할 확률이 높다.

4. 사용하는 물건을 골라낸다
사용하지 않는 물건을 아까워서 버리지 못하는 타입이라면, 반대로 사용하는 물건을 골라내고 나머지를 처분한다.

5. 완벽주의적인 생각을 변화시킨다
이 물건이 없어도 다른 물건으로 대체할 수 있다는 점을 염두에 둔다. 처분한 오리털 파카를 입을 정도로 추운 날이 오더라도 유행 지난 오리털 파카 대신 얇고 좋은 오리털 점퍼를 마련하면 그만이다. 불확실한 미래를 대비해 공간을 낭비하지 않는다.

6. △상자를 만든다
처분하기 어려운 물건은 △상자를 만들어 일정 기간 보관한다. △상자에는 보관 날짜와 1년이나 2년 정도의 유통기한을 적어 따로 보관한다. 기한이 지난 뒤에도 꺼내서 사용하지 않는다면 그때는 과감히 처분한다.

끝나는 시간을 정한 뒤 시간 안에 빨리 빨리 버릴 것과 보관할 것을 분류하세요

> '구입한 물건 : 버리는 물건'의 균형 유지하기

항상 현재 수준의
물건양을 유지할수 있는
1:1 버리기

- 하나를 구입할 때마다 하나를 처분한다. 수납량은 항상 현재 수준으로 유지할 수 있다.
- 옷장, 주방, 냉동실 등 물건의 양을 일정하게 유지해야 하는 한정된 공간에 적용한다.

물건의 양을 천천히 줄일 수 있는
1:2 버리기

- 하나를 구입하면 두 개를 처분한다. 서서히 사용하지 않는 물건을 줄일 수 있다.
- 가끔 읽는 책장, 신발 넣을 공간이 부족한 신발장, 조리기구 등 수납하기에 양이 많은 물건에 적용한다.

물건의 양을 빨리 줄일 수 있는
1:3 버리기

- 하나를 구입하면 세 개를 처분한다. 사용하지 않는 물건들을 없앨 수 있다. 결국에는 사용하지 않는 물건은 사라지고 자주 사용하는 물건만 남는다. 원하는 양이 될 때까지 적용해본다.
- 오랫동안 들춰보지 않은 명함, 2년 동안 해보지 않은 취미용품, 스크랩북이 넘치는 레서피 등 오래되면 실용성을 잃는 물건에 적용한다.

STEP 2 물건 분류 & 수납 장소 정하기

❋

정리는 복잡한 물건 가운데 비슷한 것들을 가려내어 종류별로 나누는 것이다. 그래서 '정리는 분류이다. 그리고 이렇게 분류한 방식대로 수납하고 분류한 방식대로 찾게 된다. 예컨대 책을 정리할 때는 동화책, 소설책, 잡지 등으로 분류해 꽂고, 문구는 연필, 볼펜, 가위로 분류한 뒤 칸을 나눈다. 물건을 사용할 때도 그 종류의 물건들을 어디에 분류해두었는지 기억한 뒤 찾는다. 그래서 물건을 잘 분류하면 쉽게 찾고 정리할 수 있다.

수납할 물건 분류하기

1. 어떻게 분류할까?

섞여 있는 물건을 종류별로 나눈 뒤 다시 기능별로 묶는다.

★**의류** 상의, 하의 등 종류별로 나누고 봄·가을옷, 여름옷, 겨울옷으로 묶는다.

★**식기** 밥그릇·국그릇·접시 등 종류별로 나누고, 일상용·손님용으로 묶는다.

★**약품** 소염제·진통제·안약·항생제 등 종류별로 나누고, 벌레물림용·알레르기용·소화불량용 등 질환별로 묶는다.

★**화장품** 로션·스킨·립스틱·아이섀도·펜슬·볼터치 등 종류별로 나누고 기초·눈 화장·입술 화장 등 기능별로 묶는다.

2. 어떻게 배치할까?

집은 개인적인 공간이기 때문에 사용하는 방식도 각자 다르다. 그래서 이상적인 동선은 있지만 사람마다 습관이 다르기 때문에 생활습관에 맞춰 알맞은 동선을 계획하는 것이 좋다. 하나의 움직임마다 필요한 물건을 한 가지씩 배치한다.

'걸음 수'가 줄어들도록 '움직이는 방향'에 따라 물건을 배치한다

물건을 여기저기 아무렇게나 배치하면 이리저리 분주하게 움직여야 한다. 반대로 움직이는 방향을 체크하고 적합한 물건을 배치하면 걸음 수가 줄어들어 시간이 절약된다.

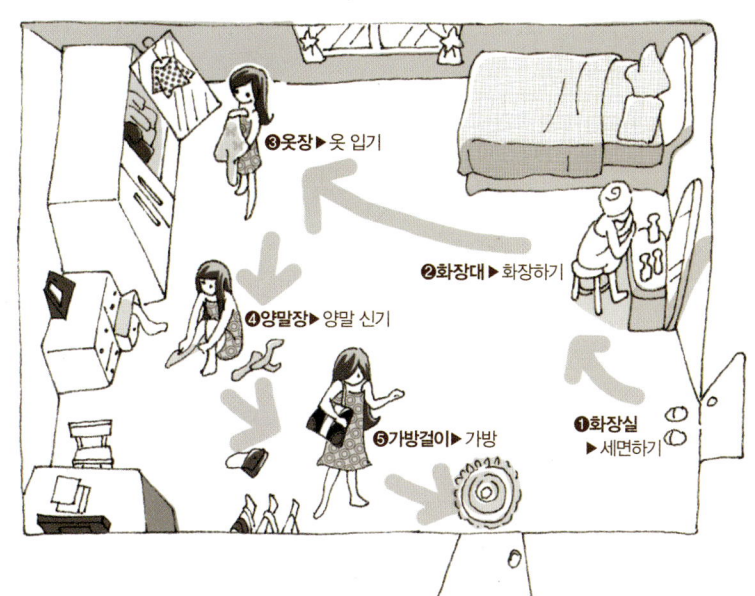

[분류하기 어려운 물건 Best 3!]

Best 1.
주방

1.
꺼내어 종류별로 분류한다

모두 꺼내면 수가 많아져서 정리할 때 움직이기도 힘들고 오히려 복잡해지기 때문에 식기를 정리할 때는 식기만, 냄비를 정리할 때는 냄비만 꺼내 종류별로 분류한다.

- ★ 식　　기 밥그릇, 국그릇, 면기, 소중대 접시, 소스 그릇 등
- ★ 조리용기 소중대 냄비, 프라이팬, 웍, 뚝배기 등
- ★ 조리기구 국자, 뒤집개, 칼, 가위, 채칼, 도마 등
- ★ 전자제품 믹서, 원두커피기, 요구르트기, 주서 등

2.
사용할 물건과 보관할 물건을 나눈다

싱크대는 보관 용량이 정해져 있기 때문에 모든 식기를 접근성이 좋은 곳에 정리할 수는 없다. 한도를 제한해 일상적으로 사용할 물건과 보관할 물건을 분류한다. 예컨대 식기는 일상용으로 밥그릇 6개, 국그릇 6개, 탕기 6개 등 한도를 정해 꺼내기 쉬운 곳에 정리하고, 손님용·보관용 식기는 박스나 다른 공간에 보관한다.

3.
동선에 맞춰 배치한다

재료가 음식이 되어 식탁에 오르기까지 어떻게 움직였는지 체크하고, 각 동선마다 적절한 물건을 배치한다.

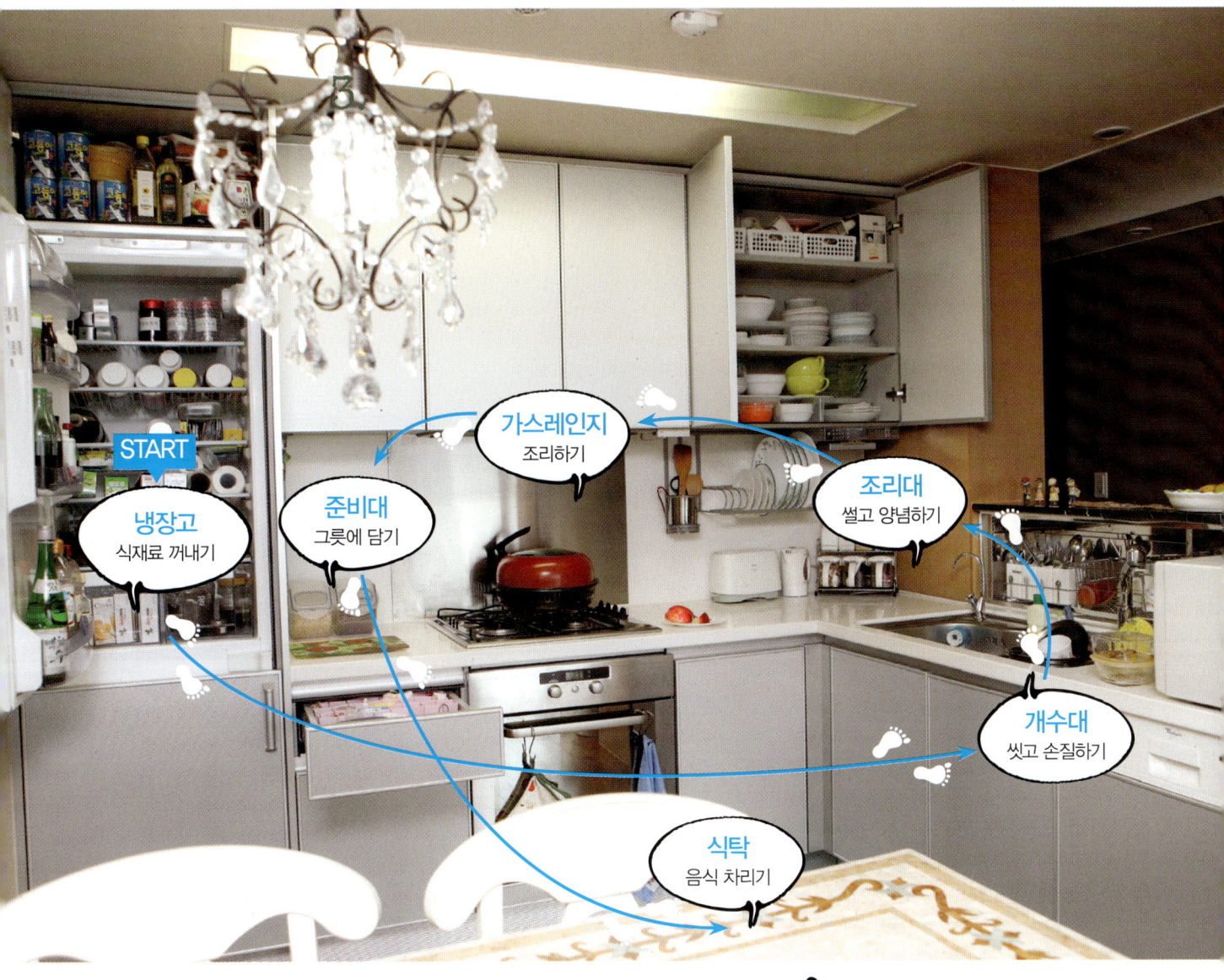

Best 2. 문서

가정용 문서는 단순하고 이용하기 쉽게 분류한다.
분류 방법이 복잡하고 어려우면 아무렇게나 쌓아두기 쉬우므로
문서가 생길 때마다 간단히 정리하고 찾아 쓸 수 있도록 쉽게 분류한다.

1.

구분하면서 버린다
쓰레기통을 준비하고 하나씩 살펴본다. 필요하지 않은 것, 오래된 것은 처분하고 나머지는 종류별로 구분한다. 세금 영수증이든 문서든 5년이 경과한 것은 보관기간을 확인한다.

2.

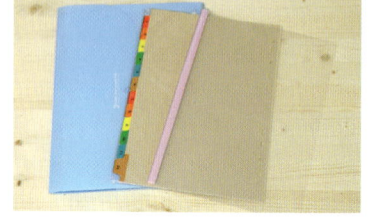

파일을 준비한다
가정용 문서는 양이 많지는 않지만 종류와 크기가 다양하다. 각각 크기에 맞는 파일을 준비하기보다는 다양한 문서를 쉽게 넣고 꺼낼 수 있는 홀더 파일이나 클리어 파일을 준비한다.

3.

단순하고 기억하기 쉽게 분류한다
문서는 몇 달에서 길게는 일 년에 한두 번씩 잊고 있을 때 찾아보는 경우가 많다. 세분하기보다는 가끔 봐도 쉽게 찾을 수 있게 문서 내용에 따라 분류한다. 보험, 세금, 주택, 계약서 등으로 찾기 쉽게 이름 지은 뒤 라벨을 붙이거나 네임펜을 이용해 쓴다.

4.

시간대로 분류한다
각각 구분한 문서는 시간대별로 분류하고 구분하기 쉽게 클립을 끼운다. 색상이 있는 사인펜이나 볼펜으로 오른쪽 상단에 '토지세 2009' 등으로 내용을 보지 않아도 알 수 있게 기록한다.

5.

찾기 쉬운 곳에 자리를 만든다
동물이든 사람이든 중요한 것은 숨기는 습성이 있다. 하지만 가끔 찾는 문서의 경우 중요하다고 잘 보이지 않는 곳에 숨겨두면 본인도 잊어버리는 경우가 있다. 찾기 쉬운 곳에 자리를 만든다.

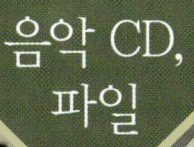

Best 3. 음악 CD, 파일

MP3나 컴퓨터를 이용해 음악을 듣는 경우가 많아지면서 CD나 테이프는 보관만 한 채 사용하지 않는 경우가 많다. 듣지 않는 것은 버리고 나머지는 듣기 쉽게 분류하고 저장해보자.

버릴 것과 들을 것으로 구분한다

음악이나 노래는 추억도 중요하지만 유행이 있어 오래되면 듣지 않는 경우가 있다. 오래된 CD, 테이프는 추억용으로 5개에서 10개 정도만 보관하고 나머지는 버린다. 그리고 자주 듣는 음악과 가끔 듣는 음악으로 구분한 뒤 자주 듣는 CD는 그대로 보관하고, 가끔 듣는 CD는 파일로 보관한다.

1. MP3 변환 프로그램을 이용한다

대표적인 프로그램으로 CDex가 있는데 네이버 자료실에서 무료로 다운로드할 수 있다. 변환할 CD를 CD롬에 넣은 뒤 추출할 파일을 선택하고 F9 추출하기를 눌러 음원을 추출한다. 추출된 MP3는 압축을 푼 폴더의 My Music 안에 이름별로 저장된다. 5분 정도면 CD한 장을 변환할 수 있다.

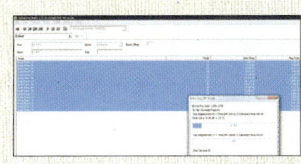

2. 파일을 정리한다

MP3라는 디렉토리를 만든다. 음악의 종류에 따라 가요, 팝, 클래식, 어린이 등 폴더를 만들어 저장한다. 폴더는 디렉토리 1개당 10개 이내로 한다.

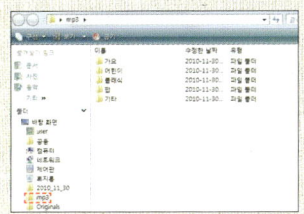

3. 폴더를 세분하지 않는다

폴더가 많으면 여기에도 저기에도 포함되지 않은 '박쥐정보'가 생기게 된다. 예컨대 '어린이'로만 폴더를 만들 경우와 '어린이 영어, 어린이 동요, 어린이 클래식으로 폴더를 세분했다. 민요는 영어, 동요, 클래식 어디에도 포함되지 않기 때문에 '어린이 민요'라는 또 하나의 폴더를 만들어야 한다. 즉 폴더는 세분할수록 점점 많아지므로 디렉토리당 5~7개가 적당하고 최대 10개를 넘지 않게 개수를 제한한다.

STEP 3 **수납장 내부 구성하기**

꺼내기 쉽게, 집어넣기 쉽게 정리한다. 물건을 수납하는 것은 수납 자체에 목적이 있다기보다는 사용하기 위해 잠시 두는 것이라 할 수 있다. 그래서 사용할 때 꺼내기 쉽게, 사용한 후에는 집어넣기 쉽게 정리한다.

수납공간 구성하기

선반

서랍

매달기

구성 (layout)
각 요소를 제한된 공간 안에 효과적으로 배열하는 일. 수납공간을 효율적으로 사용하기 위해 적합한 수납용품을 배열하는 일.

물건을 배열하고 집어넣는 방식에 따라 수납 형태를 선반, 서랍, 매달기 세 가지로 구분할 수 있다. 선반과 매달기는 보여주는 오픈형 수납, 서랍은 숨기는 클로즈형 수납이 있다. 보여주는 수납을 이용하면 생동감이 있지만 혼잡해 보일 수 있고, 숨기는 수납은 깔끔하지만 무미건조해 보일 수 있다. 보여주는 수납과 숨기는 수납을 1:1이나 2:1로 믹스하면 실용적이면서 보기에도 좋다.

선반 — 물건을 얹어두는 형태의 수납이다

😊 장점　😣 단점

😊 서랍장을 당겨야 하는 등의 동작 없이 물건을 쉽게 꺼내고 집어넣을 수 있다.

😣 오픈되어 있기 때문에 지저분해 보일 수 있다. 앞쪽에 진열된 물건은 쉽게 꺼낼 수 있지만 뒤쪽의 물건은 앞쪽의 물건을 밀어내야 꺼낼 수 있다.

서랍 — 상자를 넣고 뺐다 하는 형태의 수납이다. 박스를 이용한 수납도 서랍 형태를 응용한 것이다

😊 잡아당기면 안쪽의 물건까지 한눈에 보여서 쉽게 찾을 수 있다. 보여주고 싶지 않은 것들을 감출 수 있고, 감춰지기 때문에 깔끔해 보인다.

😣 물건을 꺼내기 위해서는 서랍을 당겨야 한다. 서랍의 높이와 폭에 따라 넣을 수 있는 물건의 형태가 제한된다.

매달기 — 봉이나 후크, 네트 등에 물건을 매다는 형태의 수납이다

😊 쉽게 사용하고, 길이가 긴 물건도 공간의 제약을 받지 않는다.

😣 움직이는 문에 매다는 경우에는 흔들릴 수 있다. 보이는 수납이기 때문에 지저분해 보일 수 있다.

수납장 구성하기

Step 1
수납 형태를 정한다

수납할 물건의 높이와 사용 빈도, 모양과 형태 등에 따라 선반, 서랍, 매다는 방법 중 어떤 형태가 적당한지 결정한다.

1. 높이를 고려한다

●높은 공간은 박스
어깨 이상의 높은 공간은 꺼내기도 힘들고 눈높이보다 높기 때문에 어떤 물건이 있는지 잘 보이지 않는다. 이런 높이에는 같은 종류의 물건끼리 모아서 한꺼번에 담아둘 수 있는 박스를 이용하는 것이 좋다.

●중간 높이는 선반, 매달기
허리에서 어깨까지 중간 높이의 공간은 서서 물건을 쉽게 꺼낼 수 있기 때문에 자주 사용하는 공간이며, 눈높이가 평행이 되기 때문에 깊숙이까지 물건이 잘 들여다 보인다. 따라서 안이 들여다보이지 않고 막혀서 바로 꺼내기 힘든 서랍형보다는 오픈되어 쉽게 꺼낼 수 있는 선반 형태를 이용하는 것이 좋다. 또한 손이 쉽게 닿는 높이이기 때문에 길이가 길거나 자주 사용하는 도구는 매다는 것도 좋다.

●낮은 공간은 서랍
꺼낼 때 허리를 굽혀야 한다. 특히 아래쪽 깊숙이 있는 물건은 더욱 꺼내기 힘들다. 눈높이 또한 평형이 아니라 위에서 아래를 내려다보게 된다. 그래서 당기면 안쪽의 물건까지 꺼내기 쉽고 위에서 아래를 내려다보았을 때 잘 보이는 서랍 형태를 이용하는 것이 좋다.

2. 겉모양을 고려한다

'보여줘도 좋은 물건'과 실용성만을 갖춘 '보이고 싶지 않은 물건'으로 구분할 수 있다. 보여줘도 좋은 물건은 선반에 오픈 수납하고, 보이고 싶지 않은 물건은 박스째 수납하거나 서랍 안에 수납한다.

보여줘도 좋은 물건

보이고 싶지 않은 물건

3. 사용 빈도를 고려한다

자주 사용하는 물건은 매달아 수납하거나 선반이나 서랍의 앞쪽에 수납하고, 사용 빈도가 낮은 물건은 안쪽에 수납한다.

4. 물건의 크기와 모양을 고려한다

크기가 작은 물건
선반에 수납하면 물건 위로 공간이 많이 남는다. 그래서 작은 물건은 서랍에 수납하는 것이 좋고 선반을 활용할 때는 뚜껑이 있는 박스나 2단 선반을 이용해 높이를 활용한다.

크기가 큰 물건
높이가 맞지 않아 서랍에 수납하기도 힘들 뿐 아니라 박스에 수납하면 물건 주위로 빈 공간이 많이 남는다. 그래서 큰 물건은 바구니 등에 집어넣기보다는 선반에 오픈 수납하는 것이 오히려 공간 활용도가 좋다.

길이가 긴 물건
높이 때문에 시야를 가리거나 손에 걸려서 다른 물건을 꺼내고 넣는 데 방해가 될 수 있다. 그래서 수납장의 모서리와 귀퉁이 부분에 세워서 수납하거나 문 안쪽을 활용해 매달아 수납한다.

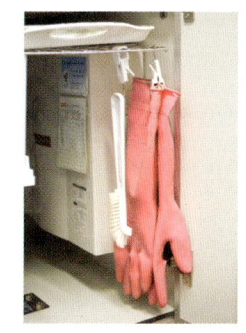

Step ❷
수납장의 정확한 크기를 측정한다

❶ 줄자를 준비하고 수납장의 높이와 폭, 깊이를 측정한다.
❷ 수납장보다 크기가 작은 제품은 넣을 수 있지만, 수납장보다 크기가 1cm라도 큰 제품은 넣을 수가 없다. 수납장과 수납용품의 크기를 결정하는 모든 과정은 센티미터(cm) 단위까지 정확히 잰다.
❸ 수납장의 전체적인 모양과 측정한 크기는 메모지에 꼼꼼히 메모한다.

Step ❸
수납 아이템을 정한 후 배치한다

물건의 크기에 맞춰 선반과 박스의 높이를 정한 후 준비한 수납용품을 수납장에 배치한다.

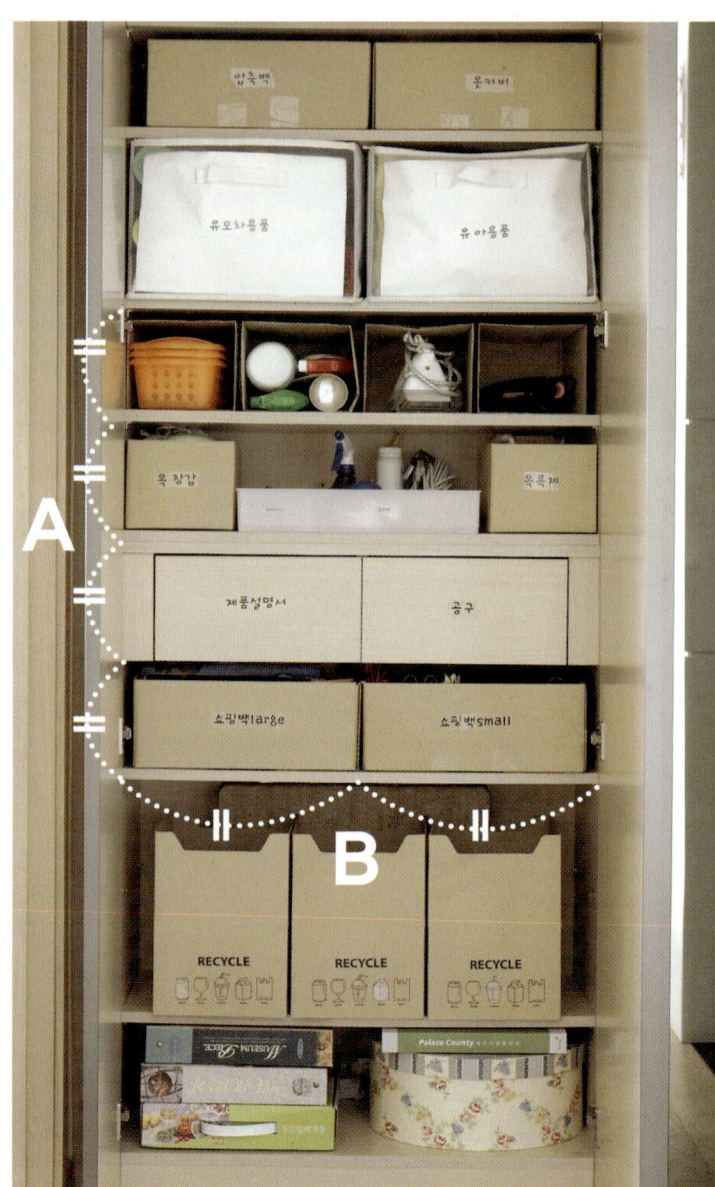

1.
높이를 결정한다

A 비례 높이는 불규칙하게 정하기보다는 전체적으로 비례를 이루도록 한다. 2단으로 나눌 때는 1:1이나 1:2, 3단으로 나눌 때는 1:1:1과 같이 각 단이 비례를 이루도록 조정하면 훨씬 정돈되어 보인다.

쌓기 활용
선반의 개수를 늘리지 않아도 뚜껑이 있는 박스나 시스템 서랍장, 2단 선반 등을 이용하면 여러 단을 쌓아서 수납할 수 있다. 윗면에 물건을 올릴 수 있는 박스나 시스템 서랍장을 쌓고 가장 상층은 뚜껑이 없이 오픈되어 있는 박스를 올리면 윗공간까지 활용할 수 있다.

2.
가로 길이와 깊이를 결정한다

B 대칭 박스나 선반의 가로 길이는 서로 대칭을 이루게 하고, 가능하면 통일하는 것이 좋다. 분류된 물건의 양에 맞추어 나누고 쪼개기보다는 대략적인 양에 맞춰 크기를 통일한 뒤 칸막이로 내부를 나누면, 물건이 바뀐 후에도 계속 사용할 수 있다.

앞면 맞추기
깊이를 통일한다. 깊이가 일정하지 않다면 뒷면을 기준으로 맞추지 말고 앞면을 일렬로 맞춘다.

3.
색상을 결정한다

수납 아이템의 색상은 같은 톤이나 한두 가지 색상으로 통일하는 것이 정돈되어 보인다. 박스는 화이트 색상이나 안이 들여다보여 내용물을 확인할 수 있는 불투명한 화이트 색상을 이용하면 어디에나 무난하다.

tip.
수납용품을 잘 고르는 방법

수납함에 꼭 맞아야 한다

수납용품은 수납함에 꼭 맞아야 공간 낭비가 적다. 수납할 공간의 가로, 세로, 높이를 측정한 다음 크기에 맞는 제품을 구입한다. 꼭 맞는 크기가 없다면 작은 것을 선택하고, 수납공간에 들어가지 않는 큰 것을 선택하지 않도록 주의한다. 높이는 바구니일 때는 ⅔, 서랍 안의 박스일 때는 ½ 정도가 적당하다.

칸막이를 옮길 수 있어야 한다

사람마다 소유한 물건의 종류가 다르고 시간이 지나면 버리고 구입하는 것을 반복하기 때문에 정리한 상태가 바뀌게 된다. 따라서 물건의 크기에 따라 칸막이의 위치를 바꿀 수 있는 제품을 선택한다.

쌓을 수 있는 제품을 선택한다

같은 종류의 수납함을 여러 개 구입할 때는 쌓을 수 있는 제품을 선택하는 것이 좋다. 쌓아두면 공간을 절약할 수 있고, 소가구 역할까지 겸할 수 있다.

모양과 기능을 고려한다
수납용품은 한번 구입하면 오랫동안 사용하는 것이 일반적이다. 따라서 수납할 공간의 특성에 맞춰 모양과 기능을 보고 신중하게 구입한다. 서랍이나 박스 안에 넣고 쓰는 수납용품은 모양보다는 기능을 우선으로 선택하고, 꺼내놓고 쓰는 수납용품은 기능도 중요하지만 모양이 예쁘고 세련된 제품을 선택한다.

반투명한 제품, 라벨을 끼울 수 있는 제품을 선택한다
투명창이나 반투명 재질의 제품을 선택하면 열어보지 않아도 내용물을 알 수 있다. 또한 라벨을 끼울 수 있는 제품을 선택하면 라벨이 떨어지지 않도록 붙일 수 있다.

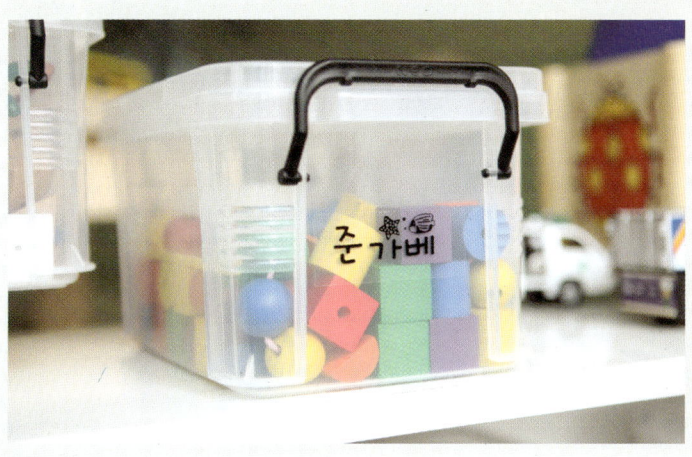

물건의 크기 알기

물건이나 가구는 기본 크기가 정해져 있다. 대략적인 크기를 알면 수납장 안을 구성하거나 수납용품을 구입할 때 편리하다.

식기

식기의 크기를 알면 싱크대 선반의 폭이나 높이를 정할 때 유용하며, 수저 크기는 서랍용 수납 아이템을 구입할 때 참조한다.

● 접시

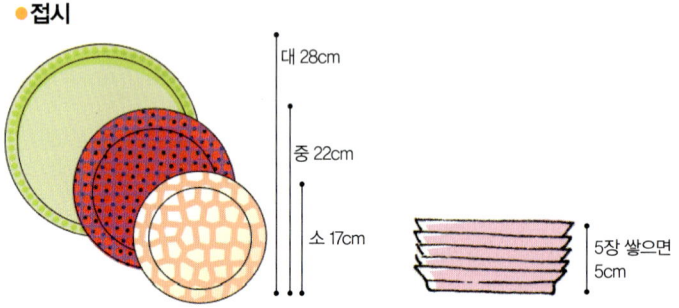

● 공기   ● 대접

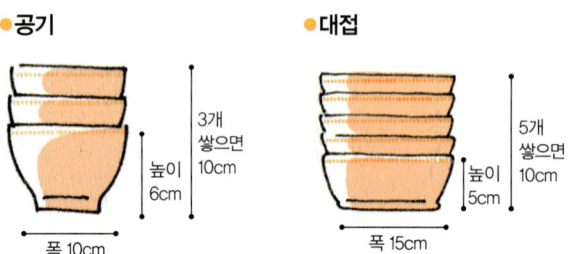

● 숟가락, 젓가락   ● 티스푼, 포크

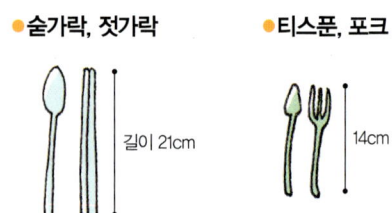

조리도구

도마나 냄비의 사이즈는 개수대 하단을 정리할 때 참조한다.

● 국자, 뒤집개 길이

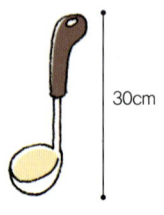

● 도마

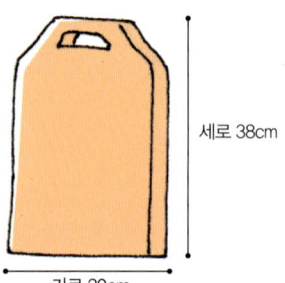

● 양손 냄비

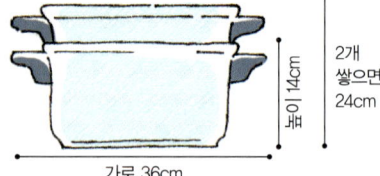

옷장

옷의 치수를 활용하면 옷장 자투리 공간의 크기를 가늠할 수 있으며, 이불 크기도 압축백 등을 구입할 때 활용할 수 있다.

● 이불(접었을 때)

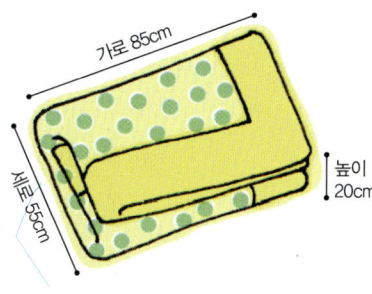

● 요, 이불, 패드, 베개 (쌓았을 때)

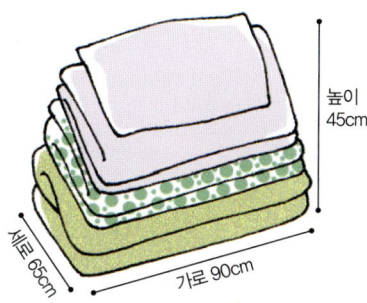

● 남자 티셔츠(개었을 때)

세로 수납하는 모양으로 반 접었을 때

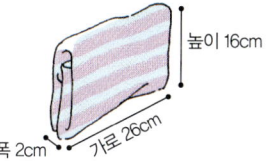

● 여자 원피스

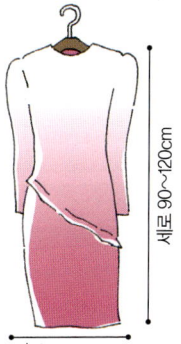

● 남자 양복 상의

● 가방(토트백)

책

책도 종류에 따라 높이와 폭이 다르므로 선반의 높이를 조정할 때 참고한다. 특히 앨범은 일반적인 책과 크기 차이가 많이 나므로 수납공간을 정할 때 활용해보자.

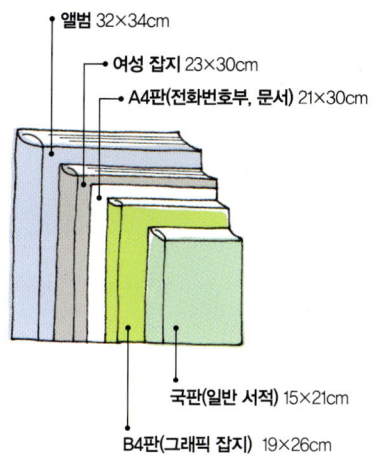

- 앨범 32×34cm
- 여성 잡지 23×30cm
- A4판(전화번호부, 문서) 21×30cm
- 국판(일반 서적) 15×21cm
- B4판(그래픽 잡지) 19×26cm

STEP 4　수납하기

물건의 크기와 양에 맞게 구성된 수납장 안에 '물건을 집어넣는 단계'이다. 여러 가지 수납 기술과 배열 방법, 칸막이 등을 이용해 물건이 섞이지 않고 흐트러지지 않게 집어넣는다.

실용적인 수납 노하우

1. 시간 순으로 넣는다

식품은 선입선출 즉 먼저 넣은 것을 먼저 꺼낼 수 있도록 정리하고, 물건은 후입선출 즉 나중에 넣은 것을 먼저 꺼낼 수 있도록 정리한다.

선입선출(先入先出)
새로 구입한 식품을 뒤쪽으로 넣으면 오래된 식품이 앞으로 밀려나 전체적으로 신선하게 관리할 수 있다. 예컨대 새 요구르트는 뒤쪽에 배치해야 유통기한이 빠른 요구르트부터 먹을 수 있다.

후입선출(後入先出)
사용한 물건을 앞쪽에 넣으면 사용 빈도가 적은 물건이 뒤쪽으로 밀려나 편하게 사용할 수 있다. 예컨대 세탁한 옷은 서랍 앞쪽에 넣으면 잘 입는 옷들이 앞쪽으로 모여 사용하기 편하게 정리된다.

2. 숨어 있는 공간을 찾아낸다

물건을 수납한 뒤에는 숨어 있는 공간을 찾는다. 선반의 아랫면이나 수납장의 옆면, 문 안쪽과 같이 놓치기 쉬운 공간도 매달고 붙이는 등 수납 아이디어를 이용하면 공간을 재미있게 활용할 수 있다.

3. 가방보다는 보자기

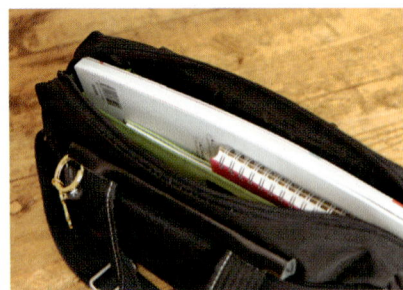

서랍 안을 너무 상세히 구분하는 것은 좋지 않다. 오히려 큼직하고 가변성 있게 칸을 만들어 물건이 바뀌어도 사용할 수 있게 하는 것이 좋다. 예컨대 보자기 안에는 어떤 모양의 물건이라도 넣을 수 있지만, 칸이 상세히 나뉜 서류가방 안에는 문서 모양의 물건만 넣을 수 있다. 수납은 공간을 편리하게 쓰기 위한 보조자의 역할이기 때문에 칸을 세밀하게 만들고 라벨을 붙이는 작업보다 동선에 맞춰 공간을 구성하는 것이 더욱 중요하다.

4. 물건을 넣는 방법 (가로 수납과 세로 수납)

가로 수납

물건을 차곡차곡 포개어 쌓아두는 수납 방법이다. 세웠을 때 높이가 수납장 높이보다 높다면 가로 수납하는 것이 좋다. 칸막이를 하거나 고무줄이나 끈 등으로 묶어두면 구분해둔 물건이 섞이지 않는다.

세로 수납

물건을 세워두는 수납 방법이다. 물건을 세워서 세로 수납하면 바닥의 단면적이 좁아지기 때문에 수납의 효율성이 높아진다. 또한 서랍 안에 넣은 모든 물건의 윗면이 한눈에 보이기 때문에 물건이 흐트러질 가능성도 줄어든다.

칸막이 만들기

집어넣을 물건의 종류별로 1:1 칸막이를 만들어주면 물건이 섞이지 않아 덜 흐트러진다. 상자나 종이는 쉽게 구할 수 있고 만들기 쉬우며, 아크릴·발사목 등은 튼튼하고 보기 좋은 칸막이를 만들 수 있는 장점이 있다.

상자를 이용해 칸막이 만들기

Z형 칸막이

상자 2개를 붙여서 Z 형태가 되도록 만든 칸막이이다. 양옆에 지지대가 있기 때문에 잘 넘어지지 않는다.

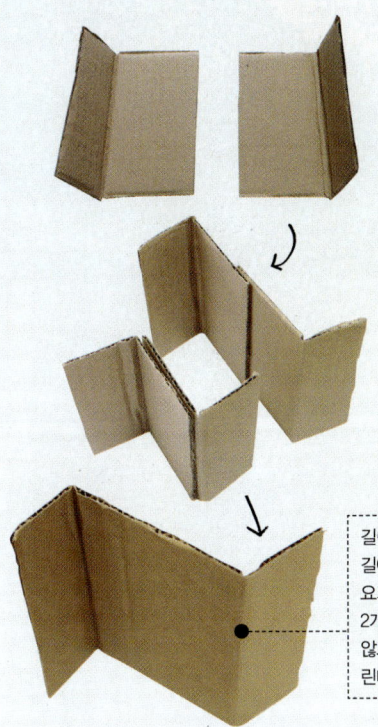

길이가 충분해 길이를 늘일 필요가 없을 때는 2개를 연결하지 않고 바로 구부린다.

❶ 상자의 옆면을 ㄱ자 모양으로 자른다. 2개를 준비한다.
❷ ㄱ자 모양이 엇갈리도록 끝부분을 맞춘 뒤 서랍 크기에 맞춰 길이를 조정해 붙인다. 양끝의 지지대 부분은 2~3cm가 적당하다.

ㄴ형 칸막이

북엔드 같은 형태의 칸막이다. 지지대가 없어서 넘어질 수 있기 때문에 Z형 칸막이와 함께 사용한다.

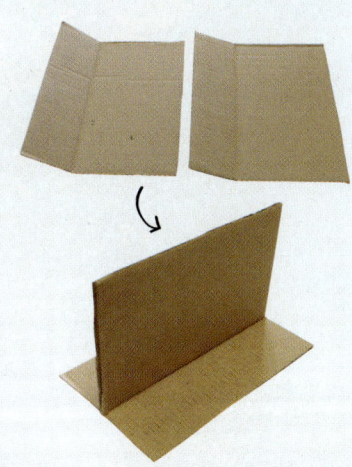

❶ 상자의 옆면과 바닥면을 ㄴ자 모양으로 자른다. 이때 가로 길이는 구분한 서랍 크기에 맞춘다. 2개를 준비한다. 뒷면에 양면 테이프를 붙인다.
❷ ㄴ자 모양이 되도록 칸막이 옆면을 마주 보게 하여 양면테이프로 붙인다. 바닥 부분은 2~3cm가 적당하다.

연결하는 부분을 엇갈리게 붙이면 길이를 조정할 수 있다.

칸막이를 이용해 구분하기

 →

❶ 길이가 긴 세로 방향을 ㄱ형 칸막이로 구분한다. 칸막이가 움직이지 않게 바닥면을 양면테이프로 고정한다.

❷ 수납할 물건의 양에 맞춰 길이가 짧은 가로 방향을 Z형 칸막이로 구분한다. 칸막이의 옆면을 양면테이프로 고정한다.

뚜껑 있는 상자를 이용해 칸막이 만들기

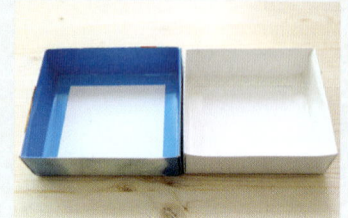 →  →

❶ 뚜껑 있는 상자를 준비한다.

❷ 뚜껑보다 좁은 바닥면을 4등분한다.

❸ 옆면이 마주 보도록 붙여 十자 모양이 되도록 한 뒤 뚜껑에 고정한다.

 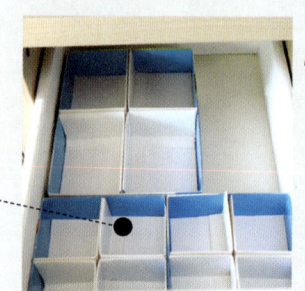

칸막이를 부분적으로 들어내면 다양한 크기의 물건을 수납할 수 있다.

❹ 서랍장 안을 구성한다.

발사목을 이용해 칸막이 만들기

❶ 큰 물건부터 모서리에 배치한다.

발사목은 손으로도 쉽게 부러질 정도로 만들기가 간편하다.

❷ 배치한 물건의 좌우로 발사목을 이용해 칸막이를 만든다.

칸막이가 넘어지지 않도록 양옆에 양면테이프로 지지대를 붙인다.

칸막이를 만들 때는 큰 물건을 보관하는 칸과 작은 물건을 보관하는 칸을 구분해서 만든다. 좌우대칭이 되도록 만들면 훨씬 정돈되어 보인다.

라벨 붙이기

정리가 끝나면 분류한 물건의 종류별로 이름표, 즉 라벨을 붙인다. 물건의 자리마다 라벨을 붙여두면 찾기 쉬울 뿐 아니라 물건을 쓰고 나서 제자리에 두게 되어 정리 습관을 들이는 데 많은 도움이 된다. 또한 라벨은 그 자체가 정돈된 느낌을 주고 장식 효과도 있다.

라벨 만들기 노하우

❶ 쉽고 짧게 붙인다
누가 봐도 알 수 있도록 쉽고 짧게 이름 짓는다. 또한 영어보다는 한글이 한눈에 알아보기 쉽다. 예컨대 'book'이나 '도서'보다는 짧고 알아보기 쉽게 '책'이라고 이름 짓는 것이 좋다.

❷ 애매모호하거나 필요 없는 단어는 제외한다
'기타', '이외' 등의 애매모호한 단어나 '류', '등', '외'와 같은 단어는 제외한다. 예컨대 '화장품류'보다는 '화장품'이 깔끔하고 알아보기 쉽다.

❸ 구체적으로 이름 짓는다
1:1로 물건 하나마다 라벨 하나를 붙이는 것을 원칙으로 한다. 이때 중복되는 이름이 없도록 구체적으로 이름 짓는다. 예컨대 '볼펜'통에 '필기도구'라고 이름 지으면 볼펜뿐 아니라 지우개, 매직 등 여러 필기도구가 모일 수 있기 때문에 '볼펜', '사인펜' 처럼 구체적인 이름이 좋다.

❹ 큰 글씨로 깨끗하게 쓴다
한눈에 읽을 수 있도록 큰 글씨로 깨끗하게 쓴다. 이때 박스나 물건 크기에 적당히 맞추는 것이 좋으며 위아래로 여백을 남기고 칼과 자를 이용해 깔끔하게 자른다. 손글씨에 자신이 없다면 컴퓨터로 프린트해도 좋다.

❺ 물건과 잘 어울리는 재질의 종이를 선택한다
라벨을 쓸 때는 물건에 어울리는 재질의 종이를 선택한다. 예컨대 플라스틱은 비닐 재질의 투명 시트지, 라탄 재질은 갈색 머메이드지를 이용하는 것이 좋다.

❻ 글씨 색상을 통일한다
여러 색으로 쓰기보다는 한 색상으로 통일하는 것이 좋다. 일반적으로 검은색이 단정해 보이며, 포인트를 주고 싶을 때는 종이의 색상이나 재질을 바꾸는 것이 좋다.

간편 아이템을 이용한 수납

벨크로 테이프

● **벨크로 커튼**
가리고 싶은 물건을 천을 이용해 가려보았다. 커튼 봉 없이 벨크로를 천과 가구에 붙여 커튼을 고정한다. 세탁할 때는 조심스럽게 뗀 뒤 손빨래 하면 벨크로가 손상되지 않는다.

● **줄줄이 비디오**
세트로 보관하는 비디오는 제목 한 번 확인하려면 모두 꺼내야 한다. 벨크로를 이용해 서로 연결하면 아코디언처럼 한꺼번에 꺼낼 수 있다.

● **리모컨 수납**
TV 볼 때마다 찾는 리모컨, 리모컨 함에 꽂아두는 것도 귀찮다면 벨크로를 이용해보자. 리모컨의 뒤와 TV 보는 곳의 근처에 벨크로의 암수를 각각 붙인다. 사용한 뒤 붙이기만 하면 한 곳에 정리할 수 있어서 잃어버리지 않는다.

 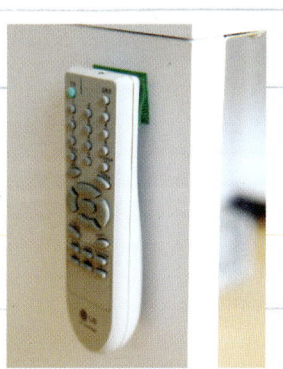

● **튼튼 북엔드**
서랍과 북엔드의 바닥에 벨크로를 부착한다. 물건의 양에 맞춰 북엔드의 간격을 조정해 붙인다. 움직이지 않게 튼튼하게 고정할 수 있다.

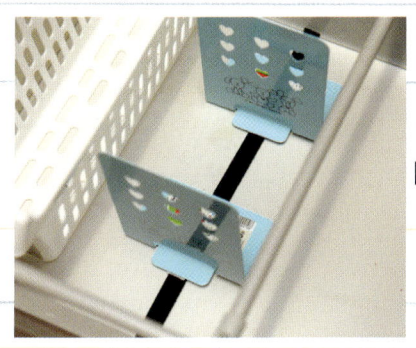 

벨크로

● **전선 정리 케이블**

양면 벨크로를 이용하여 전선을 정리했다. 양면 벨크로는 암과 수가 같이 붙어 있어 쉽게 고정할 수 있다.

● **벨크로 홀더**

벨크로의 암과 수를 이용하면 물건을 쉽게 묶을 수 있다. 암수 중 어느 한쪽을 길게 자른 뒤 다른 한쪽을 붙이면 풀리지 않는다.

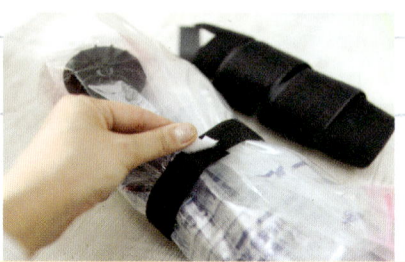

석쇠, 네트

● **네트를 이용한 선반 하단 정리함**

석쇠를 U자로 구부린 후 좌우 윗부분에 철사와 망을 펜치를 이용해 분리한다. 선반의 하단에 끼워 넣은 뒤 랩이나 포일을 넣어본다. 물건 위쪽에 남는 공간을 유용하게 활용할 수 있다.

● **가방 스탠드**

석쇠를 가방 두께에 맞춰 L자 모양으로 구부린다. 수납할 곳의 크기에 맞춰 여러 개를 준비한 뒤 케이블 타이로 연결한다. 가방을 접히지 않게 세워서 정리할 수 있다.

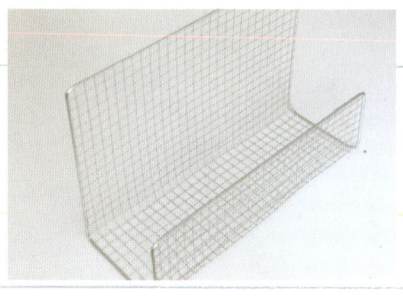 

S자 고리

● 고무장갑걸이

끝부분에 머리가 달린 S자 고리를 준비한 뒤 반대 방향으로 빨래집게를 끼워 넣어 집게가 빠지지 않도록 한다. 욕실 선반에 걸어두면 고무장갑이나 때타월 등을 말려서 보관할 수 있다.

● 바나나걸이

바나나는 바닥에 닿으면 쉽게 물러진다. S자 고리로 바나나를 걸어 싱크대 손잡이에 걸어두면 오랫동안 변하지 않게 보관할 수 있다.

고무줄

● 소스 보관함

두부 케이스의 양옆에 구멍을 뚫고 고무줄을 끼운 뒤 냉장고 문 칸 선반의 구멍에 끼워 고정한다. 고무줄의 탄성 때문에 당기면 내용물을 꺼낼 수 있다. 작은 소스들을 보관하기에 좋다.

자석

● 붙였다 떼었다 자석 문구함

테이프로 철판을 가구에 붙인 뒤 자석 바구니를 고정한다. 문서 작업을 할 때나 다이어리를 쓸 때 떼어서 바닥에 두고 쓸 수 있어 편리하다.

철사 옷걸이

● 화장지걸이

선반의 하단에 원 고리를 고정한 뒤 철사 옷걸이를 ㅁ자 모양으로 구부려 끼워 넣는다. 눈에도 잘 띄지 않고 편하게 사용할 수 있다.

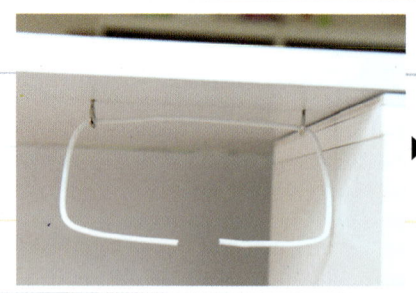 

집게

● USB케이블 고정대

사용하지 않을 때는 바닥에 떨어져 여기저기 굴러다니는 USB 케이블을 집게를 이용해 고정했다. 큰 집게로 책상 선반을 집은 뒤 손잡이 부분에 케이블을 끼운다. 사용하지 않을 때에도 집게에 포트가 걸려 바닥에 떨어지지 않는다.

미니서랍

● 충전기 거치대

미니서랍의 뒷부분에 구멍을 뚫은 뒤 충전기의 선을 끼워 넣는다. 충전할 때는 서랍을 열어 충전하고 사용하지 않을 때는 서랍을 닫아둔다. 충전기를 한곳에 수납할 수 있어 유용하다.

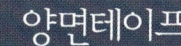

양면테이프

녹차 보관함

자주 꺼내는 커피, 녹차 등 각종 차들은 문에 매달아 수납한다. 녹차를 꺼낼 수 있도록 박스 앞부분을 자른 뒤 뒷면에 양면테이프를 붙여 고정한다. 아이들이 과용할 수 있는 사탕이나 영양제는 플라스틱 소주 컵을 붙여 하루 분량씩 꺼내둔다. 문만 열면 꺼낼 수 있어 편리하다.

STEP 5 가구 배치와 공간 장식

아무리 치워도 어수선해 보이는 집이 있는가 하면, 항상 깔끔하고 정돈되어 보이는 집이 있죠. 물건을 잘 배치하고 꼼꼼히 수납했는데도 뭔가 부족하고 어수선해 보인다면 수납장 내부에 주목하던 시선을 '공간'으로 넓혀보세요. 분위기를 통일하고 가구를 잘 배치하여 공간을 바꿔가는 것도 정리입니다. 공간이 잘 정리되면 수납이 더욱 빛을 발한답니다.

깔끔하고 넓어 보이게 장식하기

어수선한 공간의 문제점 진단

날마다 청소와 정리를 하는데도 왠지 복잡하고 좁아 보인다면 수납이 아닌 '공간'적인 측면에서 원인을 찾아보자.

1.
집 안의 컬러가 복잡하다

우리가 사물을 접할 때 가장 먼저 눈에 띄는 것이 색상이다. 아이 놀이방은 깨끗이 치워도 깔끔해 보이지 않은 경우가 많다. 원인은 장난감마다 색상이 너무 많기 때문이다. 좁은 방에 색상이 많으면 시선이 분산되어 산만해 보인다. 벽지, 가구, 소품의 색상이 통일되고 서로 조화를 이루었는지 체크한다.

2.
스타일이 복잡하다

신혼 때는 가구와 살림을 세트로 구입하기 때문에 깔끔해 보이지만 결혼 10년 차 정도 되면 복잡하고 어수선해 보인다. 이유는 그동안 구입한 단품 가구와 소품들 때문인 경우가 많다. 자신이 좋아하는 한 가지 스타일에 맞춰 구입하기보다 그때그때 유행하는 가구, 괜찮아 보이는 세일 상품들을 하나씩 구입하다 보면 집 안 분위기는 점점 복잡해진다. 가구와 소품의 스타일이 통일감 있는지 체크한다.

3.
가구 배열이 좋지 않다

가구마다 높이가 일정하지 않고 크기 또한 달라서 라인이 들쑥날쑥하면 방 전체의 일체감이 떨어진다. 더구나 가구 배열이 잘못되면 곳곳에 쓸모없는 공간이 생겨 방이 좁아 보이는 것은 물론 공간 활용도 떨어진다. 가구 배치가 동선이나 공간 활용을 방해하고 있지는 않은지 체크한다.

인테리어의 기본은 조화와 통일

실내 분위기를 결정짓는 요소에는 내장재(바닥재, 벽지), 패브릭, 가구가 있다. 인테리어의 기본은 이 세 가지 요소, 특히 벽지와 패브릭과 가구의 스타일을 하나로 통일하는 것이다. 통일한다는 것은 단순히 똑같은 색상과 형태를 반복하는 것이 아니라 통일감을 깨뜨리지 않는 범위 내에서 재미있는 변화를 주어 자신만의 개성을 표현하는 것이다.

1. 좋아하는 스타일에 맞춘다

누구나 좋아하는 스타일이 다르다. 옷을 살 때도, 음식을 고를 때도 사람마다 스타일이 다르고 그 스타일이 조화를 이루어 그 사람의 전체적인 이미지를 만든다. 조화로운 집을 만들기 위해서는 좋아하는 스타일을 찾은 뒤 가구, 벽지, 패브릭 등을 통일한다.

털팽이's advice

전체적으로 화사하고 환한 스타일이 어둡고 무거운 스타일보다 깔끔하고 넓어 보여요. 장식이 배제된 블랙과 화이트의 모던 스타일, 밝은 원목 계열의 내추럴 스타일, 깔끔한 화이트 톤의 로맨틱 스타일 등 심플하고 깔끔한 스타일을 추천합니다.

2.
패브릭을 잘 활용한다

패브릭 특히 커튼이나 카펫은 방 분위기를 결정하는 데 큰 역할을 한다. 특히 커튼은 창문 전체에 드리운 면적이 넓기 때문에 커튼만 변화를 주어도 방 분위기를 바꿀 수 있다. 이때 방 전체와 조화를 이루고 싶다면 비슷한 톤을 사용하고, 악센트를 주고 싶다면 원색을 사용한다.

달팽이's advice

커튼을 구입할 때 색상만큼 중요한 것은 밝기 즉 커튼의 투명도예요. 어둡고 두꺼운 재질의 커튼은 빛은 잘 가려주지만 방이 답답하고 좁아 보이며, 밝고 얇은 재질의 커튼은 빛을 가리는 효과는 적지만 방이 환하고 넓어 보입니다.

3.
벽지와 가구 컬러에 주의한다

항상 밝은 색 옷만 입던 사람이 검은색 옷을 입고 나타나면 평소보다 왜소해 보일 수 있다. 이처럼 색상을 어떻게 사용하느냐에 따라 평수보다 좁아 보일 수도 넓어 보일 수도 있다. 특히 방 전체 색상의 절반 이상을 차지하는 벽지는 많은 영향을 준다.

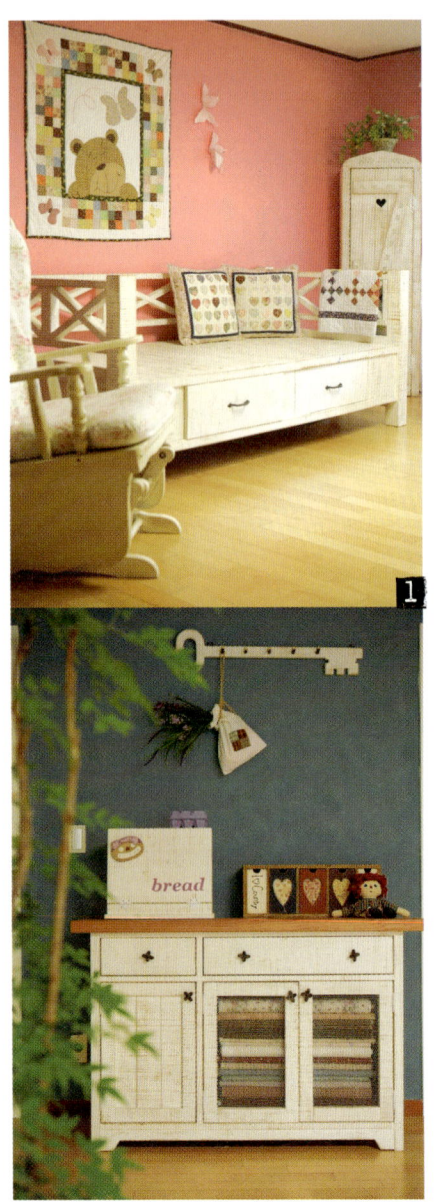

❶ 한색과 난색

하늘색, 파란색 등 차가워 보이는 한색은 뒤로 물러나 보이는 후퇴색이기 때문에 방이 넓어 보인다. 단 선명한 한색은 차갑게 느껴져서 신경을 날카롭게 할 수 있으므로 파스텔 톤을 사용하는 것이 좋다. 핑크, 노랑 등 따뜻해 보이는 난색은 온화해 보이지만 튀어나와 보이는 색이기 때문에 넓은 면적에 사용할 경우 방이 좁아 보일 수 있다. 초록, 보라, 자주는 온도감에서 따뜻하지도 차지도 않은 중성색으로 난색 옆에 배치하면 따뜻하게 느껴지고 한색 옆에 배치하면 차갑게 느껴진다.

❷ 밝은 색과 어두운 색

밝고 환한 화이트 톤은 좁은 방도 실제보다 넓어 보이게 하며, 여기에 펄이 들어가면 더욱 넓어 보이는 효과가 있다. 반대로 갈색이나 검정 등 어두운 색은 중후하고 고급스러워 보이지만 답답하고 좁아 보인다. 따라서 공간이 좁을 때는 포인트 정도로만 사용하는 것이 좋다.

❸ **메인 컬러와 악센트 컬러**

좁은 방에 여러 가지 색을 사용하면 더 좁아 보인다. 벽지와 바닥 등 방 전체에 해당하는 베이스 컬러와 가구, 패브릭에 해당하는 메인 컬러는 한 가지 색을 결정한 뒤 톤이 비슷한 계열로 통일하면 평수보다 넓어 보인다. 그러나 단색으로만 실내를 마감하면 무미건조할 수 있으므로 쿠션이나 카펫, 전등 등의 물건에 원색의 악센트 컬러를 톤을 달리하여 사용하면 깔끔하면서도 돋보이게 꾸밀 수 있다.

털팽이's advice

벽지에 따라 가구가 더욱 돋보일 수 있는데, 선명한 갈색 가구는 화이트나 그린 톤의 벽지를 사용하면 더욱 선명해 보이고, 화이트 색상의 깔끔한 가구는 파스텔 톤의 벽지를 사용하면 가구의 깨끗함이 더욱 돋보인다. 밝은 물건은 배경이 어두울 때, 어두운 물건은 배경이 밝을 때 더욱 돋보이기 때문이다.

가구 배치 요령

바꿔야 할 가구 배치

1. 바닥의 반 이상이 가구다

방 안에 들어서는 순간 가구가 가득 들어차 있다면 답답함부터 느낀다. 가구가 차지하는 면적은 바닥의 ⅓정도가 적당하며, 침대가 있는 경우라도 바닥의 반 이상을 넘지 않는 것이 좋다. 가구는 물건을 늘어놓지 않고 효과적으로 수납하기 위한 것이므로, 가구가 여유로운 공간을 방해해서는 안 된다.

2. 가구가 동선을 방해한다

집 안에서 움직일 때마다 중간 중간 놓인 가구들 때문에 이리저리 피해 다녀야 한다면 불편함을 느끼게 된다. 동선 즉 집 안에서 움직이는 주요 경로를 파악하고 동선을 방해하지 않도록 가구를 배치한다.

3. 제대로 여닫을 수 없는 서랍이나 수납장이 있다

장롱 앞에 침대가 있어서 한쪽 문을 열 수 없거나, 의자와 벽 사이의 간격이 좁아 몸을 움츠리고 앉아야 한다면 사용할 때마다 답답하고 불편하다. 서랍을 여닫거나 의자에서 앉고 서는 것과 같이 가구가 제 기능을 하기 위해서는 최소한의 여유 공간이 필요하다.

좁은 집에 가구를 배치하는 요령

1.
가장 어수선한 장소가 변화의 포인트

집 안 전체의 가구 위치를 바꾼다는 것은 힘든 일이기 때문에 가장 복잡한 장소부터 바꿔보자. 어수선하고 복잡하다는 것은 변화의 가능성이 많다는 것이다. 서재가 복잡하다면 서재부터, 거실이 복잡하다면 거실을 중심으로 가구 배치를 바꿔보자.

2.
한 공간당 한 가지의 목적을 정한다

가구에 따라 공간의 목적이 변한다. 한 공간에 여러 기능을 하는 가구를 배치하면 집중해서 작업할 수 없다. 예컨대 침실에 컴퓨터 책상을 배치하면 잠자면서 자판 소리를 들어야 하므로 숙면에 방해가 된다. 공간마다 가장 적합한 한 가지 목적을 정하고 서로 방해되지 않는 가구를 배치한다. 더불어 가구 배치를 바꾸면 생활방식이 변하므로 습관 또한 바꿀 수 있다.

3.
가구를 배치할 라인을 결정한다

가구를 배치하는 방법은 일자형, ㄱ자형, 병렬형, ㄷ자형이 있다.

일자형

창문을 기준으로 방문과 먼 쪽 라인을 기준으로 일자형으로 배치한다.

ㄱ자형

일자 라인을 중심으로 가구의 키가 작다면 창문 아래에, 가구의 키가 창문보다 높다면 방문 쪽 벽에 배치한다.

ㄷ자형, 병렬형

많은 가구를 효과적으로 배열할 수 있는 방법이지만 좁아 보일 수 있다.

키 큰 가구와 키 작은 가구의 배치

좁은 공간

키 작은 가구를 방문 쪽에, 키 큰 가구를 창 쪽에 배치해야 답답하지 않아 덜 좁아 보인다.

넓은 공간

원근감이 느껴지는 그림을 보면 가까운 물건은 크고, 멀리 있는 물건은 작아 보인다. 이처럼 키 큰 가구를 방문 쪽에, 키 작은 가구를 출입구 쪽에 배치하면 원근감이 느껴져 공간이 넓어 보인다.

창문을 중심으로 방문 반대쪽 벽면이 가구를 배치하기에 적당한 라인이다. 문을 열었을 때 가구의 측면이 바로 보이지 않아 안정되어 보이기 때문이다.

방이 좁을 경우 가구는 한 벽면에 몰아서 배치한다. 식탁이나 소파, 침대도 중간에 배치하면 통행로가 필요하기 때문에 벽면에 붙여서 차지하는 면적을 최소한으로 줄인다.

> 휴먼 스케일(human scale)

휴먼 스케일이란 인간의 체형에 맞게 설계된 척도로, 무리한 자세를 취하지 않아도 누구나 공간을 편하게 사용할 수 있는 기준을 말한다. 휴먼 스케일을 알면 가구를 편하게 쓸 수 있는 여유 공간을 알 수 있기 때문에, 좁은 공간에 효율적으로 가구를 배치할 수 있다.

통행

가구와 가구 사이를 지나가는 데 필요한 여유 공간이다. 사람의 어깨 폭은 60cm이므로 통로나 가구 앞뒤로 지나가려면 60cm, 옆으로 지나다니려면 45cm의 여유 공간을 둔다.

의자

의자를 사용하기 위해 필요한 여유 공간이다. 의자에 앉으려면 60cm, 의자에 앉아 있을 때 뒤로 사람이 지나다니려면 110cm의 공간이 필요하다.

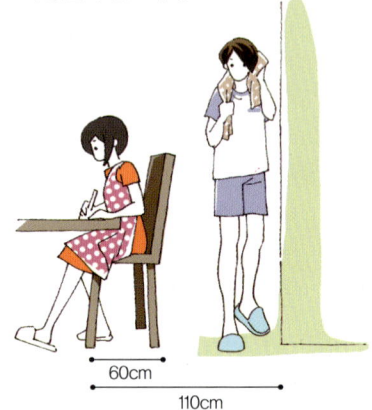

서랍

서랍을 열고 물건을 꺼내기 위해 필요한 여유 공간이다. 쭈그려 앉기 위해 필요한 간격은 50cm, 서랍을 열었을 때 깊이는 30cm, 따라서 앉아서 서랍 안의 물건을 꺼내려면 80cm의 공간이 필요하다.

여닫이 옷장

여닫이 옷장의 문을 열고 옷을 꺼내기 위해 필요한 여유 공간이다. 여닫이 옷장의 문은 40cm, 사람의 옆으로 섰을 때 필요한 간격은 45cm, 따라서 여닫이 옷장 문을 열기 위해서는 90cm 정도의 공간이 필요하다.

책장

책장, 슬라이드 옷장, 오픈 수납장 등 문이 없는 오픈장에서 물건을 꺼내기 위해 필요한 여유 공간이다. 문을 여는 동작이 필요 없기 때문에 사람의 어깨폭에 해당하는 60cm 정도의 간격이면 물건을 꺼낼 수 있다.

침대

침대는 벽과 10cm 정도의 간격을 두면 시트를 정리하기도 편하고, 침대의 수명을 늘릴 수 있고 더불어 벽의 냉기도 줄일 수 있다. 또한 침대 가장자리에 모이는 먼지가 바닥으로 모이기 때문에 위생적으로도 좋다.

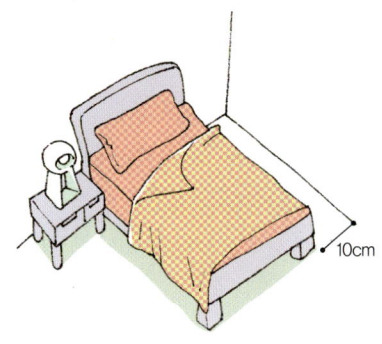

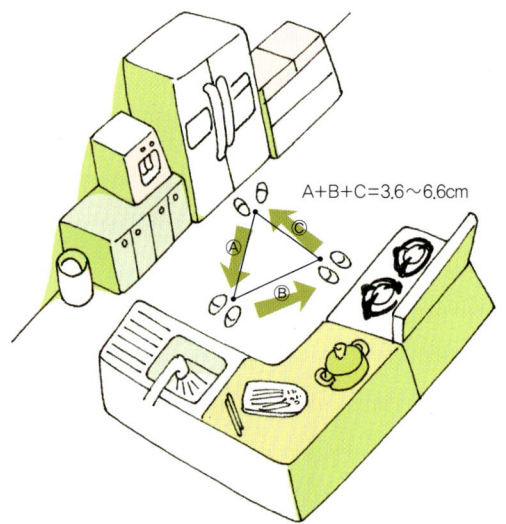

주방

주방에서는 개수대, 가스레인지, 냉장고의 중심을 묶는 삼각형의 길이(워크 트라이앵글, work triangle)가 3.6~6.6m 내외일 때 편하게 작업할 수 있다. 이때 어느 한 지점이 길거나 짧아도 작업이 어렵고, 세 동선이 비슷할 경우 편하게 일할 수 있다. 일반적으로 개수대나 싱크대의 위치는 정해져 있는 경우가 많기 때문에 적정한 지점을 찾아 냉장고를 배치한다.

차밍 포인트

1. 차밍 포인트란

공간의 이미지를 바꿀 수 있는 포인트 공간이 차밍 포인트이다. 예컨대 출입구에 들어섰을 때 바로 보이는 정면의 벽이나 소파와 같이 시선이 자연스럽게 먼저 가는 곳이 차밍 포인트에 해당한다. 좋아하는 꽃, 식물로 꾸며도 좋고, 액자나 포인트 벽지, 스티커로 꾸며보는 것도 좋다. 또한 집에서 가장 마음에 드는 공간을 차밍 포인트로 꾸며보아도 좋다. 예컨대 창가가 예쁘다면 창가에 의자를 두고 예쁜 쿠션과 좋아하는 소품으로 아기자기하게 꾸민다.

2. 장소를 제한한다

몸 전체를 화려한 액세서리와 소품으로 치장한 것보다 심플하지만 한 곳만 강조한 경우가 훨씬 세련되어 보인다. 공간에서도 집 전체를 원하는 이미지로 바꾸는 것보다 포인트가 되는 장소만 매력적으로 바꾸는 것이 현실적으로 쉬우면서, 더불어 심플하고 세련된 이미지를 준다.

시선 가는 공간이 이미지를 결정한다

우리는 사람을 기억할 때 눈썹 모양, 귀의 크기 같은 세밀한 것은 기억 못 하는 경우가 많다. 그러나 보조개나 쌍꺼풀, 흰 피부 등 시선이 가는 독특한 특징을 기억하게 되고 이를 통해 귀엽거나 깔끔하다는 등의 이미지를 갖는다. 그래서 미인이 아니어도 보조개 같은 매력 포인트 즉 차밍 포인트만 있어도 좋은 첫인상을 남긴다. 집도 마찬가지다. 수납장이 어디에 있는지, 신발장은 무슨 색인지 등의 작은 특징을 기억하기보다는 시선 가는 곳을 기억하게 되고 이를 통해 지저분하다거나 깔끔하다거나 하는 이미지를 갖는다. 그래서 단조로운 공간도 시선이 가는 곳을 화사하게 꾸미면 화사한 공간으로 기억하게 된다.

tip.
차밍 포인트 이용하기

보이는 곳은 제대로 보여준다
정리에 자신이 없다면 차밍 포인트를 역이용한다. 구석구석 깨끗하지 않더라도 시선이 가는 곳을 깨끗이 정리해두면 손님에게 깔끔한 인상을 줄 수 있다. 현관, 소파에 앉을 때 바로 보이는 곳과 같이 시선이 가는 곳을 체크한 뒤 그 장소에는 물건이 쌓이지 않도록 깔끔히 정리한다. 시선이 가는 장소가 지저분하면 다른 장소보다 훨씬 나쁜 인상을 줄 수 있기 때문이다.

오래 머무르는 곳은 정리 포인트
하루 중 오랜 시간을 보내는 곳에서 보이는 장소가 지저분하면 머무르는 내내 치워야 한다는 부담감을 느낀다. 소파와 TV 주위, 책상 정면과 모니터 주위, 식탁 의자에 앉았을 때 바로 보이는 곳, 침대에 누웠을 때 보이는 곳 등 오랜 시간을 머무르는 장소에서 보이는 곳을 체크한다. 이런 장소는 정리의 포인트이므로 깨끗이 정리한 뒤 멋지게 꾸미면 만족감 또한 크다.

아름다운 수납의 노하우

보기 좋은 오픈 수납을 위한
디스플레이 노하우

수납에는 감추는 수납(클로즈 수납)과 보여주는 수납(오픈 수납)이 있다. 보여주는 수납은 장식이 주목적이므로 단순히 늘어놓기보다는 멋있게 디스플레이하는 것이 좋다. 감추는 수납 또한 수납함의 소재와 색상을 균형 있게 배치하면 실용성과 더불어 미적 효과까지 얻을 수 있다. 소품을 멋있게 디스플레이하려면 경험과 감각이 필요하지만 디스플레이에도 기본적인 원칙과 방법이 있다. 장식이 주목적인 만큼 단순히 늘어놓기보다는 멋있게 보여주자.

1.
주제를 정하고 재질과 광택이 비슷한 물건을 모은다

주제를 정한다. 인형, 꽃, 식물, 도자기나 봄, 여름 등 보여주고자 하는 소품의 주제를 정한 뒤 소재나 스타일이 비슷한 소품을 모은다.

❶ 소품의 재질과 광택

재질에는 나무, 패브릭, 종이와 같이 자연적인 재질과 플라스틱, 유리, 스틸과 같이 인공적인 재질이 있다. 자연적인 재질의 소품은 인공적인 재질의 소품과 어울리지 않으므로 함께 배치하지 않는 것이 좋다. 또한 유리나 스틸처럼 매끄러운 물건과 나무나 패브릭처럼 광택이 없는 물건 또한 서로 어울리지 않는다.

❷ 수납장과의 조화

나무나 라탄 소재의 수납장은 비슷한 자연 소재의 무광택 소품이 어울리고, 스틸이나 유리, 필름 소재의 수납장에는 인공적인 재질의 광택 있는 소품이 어울린다.

삼각형 구도

2. 구도를 균형 있게 잡는다

구도를 잡을 때 가장 중요한 것은 균형감이다. 장식장 주위의 전체적인 형태와 장식장의 크기, 올려놓은 선반의 폭과 길이를 통해 어느 한쪽으로 치우치지 않도록 균형 있게 구도를 잡는다. 초보자가 가장 쉽게 할 수 있는 구도에는 일자와 삼각형 구도가 있다.

❶ 일자형 구도

일렬로 늘어놓는 구도이다. 배열할 선반이 사각형이거나 길이가 길 때, 앞뒤로 늘어놓기 어려울 정도로 폭이 좁을 때 응용하면 좋다. 일자형 구도는 쉽지만 단순히 일렬로 늘어놓으면 자칫 단조로울 수 있다. 이때는 키가 큰 소품을 중심으로 같은 사이즈나 색상의 물건을 양쪽으로 대칭이 되게 배열하면 세련돼 보인다.

❷ 삼각형 구도

높이가 다른 여러 소품을 일렬로 늘어놓는 구도이다. 배열할 선반이 원형이거나 정사각형 형태일 때 응용하면 좋다. 키가 큰 소품을 중심으로 꽃꽂이를 하듯이 키 순으로 완만한 경사를 이루게 삼각형 구도로 배열한다. 일자형 구도보다 훨씬 입체적으로 배열할 수 있다.

일자형 구도

수납장 코디 노하우

수납이라고 하면 플라스틱 바구니에 담긴 물건의 이미지를 떠올린다. 하지만 다양한 소재와 방법을 이용하면 잡동사니들을 감추면서 인테리어 효과까지 얻을 수 있다.

색상은 통일감 있게 맞춘다

어떤 물건이라도 같은 물건이 일렬로 배열되어 있으면 정리되어 보인다. 수납함도 단품보다는 같은 크기, 같은 색상으로 통일하면 훨씬 정돈되어 보인다. 이때 수납장의 색상에 맞추거나 흰색, 불투명을 구입하면 대부분 무난하게 매치할 수 있다.

포인트를 주고 싶을 때는 벽지나 패브릭, 포인트를 준 소품의 색상 등과 맞추는 것이 좋다. 수납함의 총 색상은 세 가지를 넘지 않는 것이 통일감 있다.

하단은 감추고 상단은 보여준다

박스 등으로 가리는 수납은 가득 찬 느낌 때문에 자연스럽게 보여주는 오픈 수납보다 답답함과 무게감을 준다. 따라서 하단은 무게감 있게 박스 등으로 감추고, 상단은 가벼워 보이게 오픈 수납하는 것이 좋다.

가리기와 보여주기의 비율은 40:60

모두 보여주면 생동감은 있지만 어수선해 보이고, 모두 가리면 깔끔하지만 답답해 보인다. 감추는 수납과 보여주는 수납을 40:60 정도로 병행하면 깔끔하면서도 답답하지 않게 코디할 수 있다. 예컨대 오픈된 드레스룸의 경우 잡다한 생활 잡화 등 겉모양이 좋지 않은 물건은 감추고, 장신구 등 겉모양이 좋은 물건을 보여주면 깔끔하면서도 실용적으로 수납할 수 있다.

균형 있게 배치한다

수납함을 배치할 때는 색상이나 크기 등을 비교해 균형 있게 배치한다. 크기가 크고 색상이 어두운 수납함은 아래쪽에, 크기가 작고 밝은 수납함을 위쪽에 배치하면 훨씬 균형 있어 보인다.

소재에 주의한다

수납함을 구입할 때는 수납장의 색상, 재질, 광택 등을 고려해 선택한다. 일반적으로 패브릭, 종이, 라탄 수납함은 대부분의 수납장에 잘 어울리는 소재이다. 또한 플라스틱 수납함은 인공적이며 광택이 강하기 때문에 장식이 목적일 때는 주의해야 할 소재이다.

장소 협조 : 한샘인테리어

수납의 기본 이론을 익혔다면 이제는 실제 공간을 보면서 구체적인 수납의 기술을
배워볼 단계입니다. 20개의 공간이 정리되는 과정을 보다 보면 우리 집도 지금 당장 정리하고 싶은
의욕과 설렘을 느끼실 수 있을 거예요. 집은 누구에게나 특별한 공간입니다.
나에게 가장 편하고 아름다운 공간으로 하나씩 차근차근 바꿔보세요.

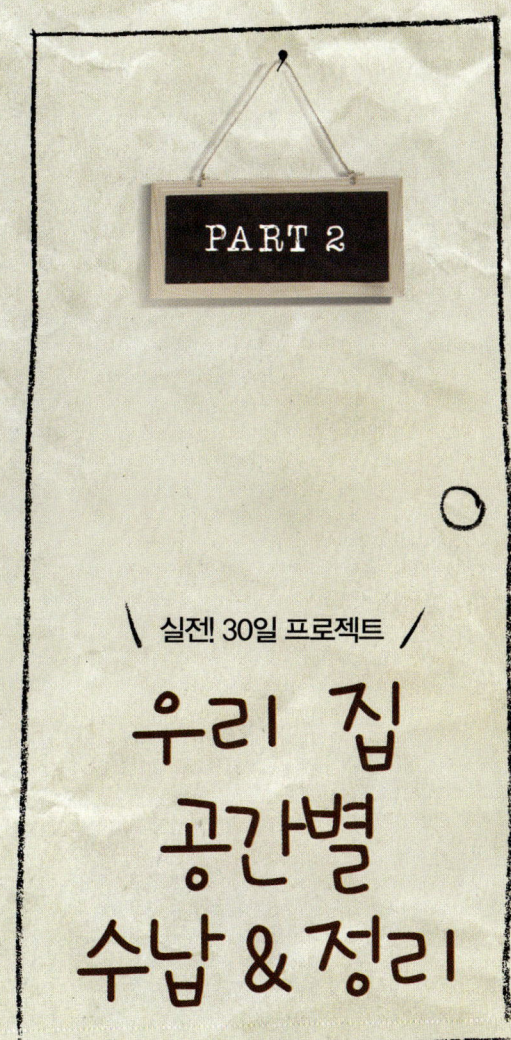

PART 2

실전! 30일 프로젝트

우리 집
공간별
수납 & 정리

30days' storaging plan!

침실 & 옷장 정리

자, 이제 시작이에요. 할 일이 많다고 자꾸 내일로 미루시나요?
지금 바로 서랍장 문을 여세요. 정리해야겠다는 의욕이 드는 지금이
정리하기 가장 좋은 타이밍이랍니다.

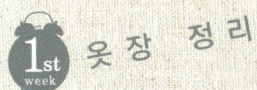 옷장 정리

옷장 속 완벽 정리술

옷장 정리하기 쉽지 않죠? 조금만 게으름을 부리면 방 구석구석에 입던 옷들이 쌓이고, 옷장 안은 뒤죽박죽이 되죠. 그중에서도 가장 해결하기 어려운 것 중 하나가 옷이 너무 많은 것이에요. 안 입는다고 아까운 옷들을 모두 버릴 수도 없고 그렇다고 옷장을 추가로 구입하자니 공간도 비용도 문제입니다. 이렇게 옷 수납공간이 부족할 때 책장, 행어 등 집 안에 있는 가구를 이용해 수납공간을 늘리는 방법과 옷을 수납하는 다양한 방법들에 대해 살펴보겠습니다.

문제점 진단

1. 짐을 쌓아두는 방

왼쪽은 옷장, 오른쪽은 책장을 배치해 드레스룸과 서재로 이용하고 있다. 책상에는 짐이 쌓여 있고, 곳곳에 아이들 장난감이 있고, 빨래도 건조하고 있어 드레스룸보다는 '짐을 쌓아두는 방'에 가깝다.

▶ **방의 용도 정하기** — solution

방의 용도가 정해지지 않으면 사용하지 않는 물건들을 하나둘 쌓아두어 차츰 창고 방으로 변하게 된다. '드레스룸'으로 사용하고 싶다면 옷 수납과 관련 없는 가구와 물건은 치우는 것이 좋다.

---

2. 정리를 못하는 사람에게 부적합한 오픈형 가구

 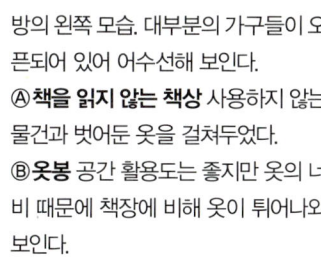

방의 왼쪽 모습. 대부분의 가구들이 오픈되어 있어 어수선해 보인다.
ⓐ **책을 읽지 않는 책상** 사용하지 않는 물건과 벗어둔 옷을 걸쳐두었다.
ⓑ **옷봉** 공간 활용도는 좋지만 옷의 너비 때문에 책장에 비해 옷이 튀어나와 보인다.
ⓒ **옷 수납용 책장** 꺼내기는 쉽지만 쌓아둔 옷이 보여 깔끔하지 못하다.

▶ **가리는 수납** — solution

정리에 자신 없는 사람은 물건이 보이는 오픈 수납보다는 문을 이용해 확실히 가릴 수 있는 클로즈 수납이 깔끔하다. 하지만 오픈되어 있으면 꺼내기가 편하기 때문에 오픈 수납과 클로즈 수납을 2:1 정도로 섞어서 배치하는 것이 좋다.

---

3. 제대로 활용하지 않은 옷장

옷장을 제대로 활용하지 못해 결혼하는 친구들에게도 옷장보다는 오픈형 드레스룸을 권유한다는 주부. 방 이곳저곳에 옷이 많은 것과 달리 옷장 안은 대체로 비어 있다.

▶ **옷장 안과 밖의 수납을 구분하기** — solution

정리에 자신 없다면 옷장 문을 여는 수고를 아끼지 말자. 옷장 안에 수납할 물건과 밖에 수납할 물건을 구분한다. 옷은 옷장 안에 수납하는 것이 좋으며 한 번 입은 옷, 가방, 생필품 등 자주 사용하는 물건만 옷장 밖에 수납한다.

옷장 속 구성의 기본

1.

'선반' 안쪽도 놓치지 않고 활용하기
선반에 옷을 수납할 때는 안쪽의 옷도 쉽게 꺼낼 수 있도록 박스를 넣어 '서랍'처럼 활용한다.

2.

'키높이 이상'의 선반, 통째로 꺼낼 수 있도록 수납하기
손이 잘 닿지 않는 높은 곳에 수납된 물건은 통째로 꺼낼 수 있도록 박스에 넣거나 말아서 묶는다.

3.

'서랍'칸 만들기
서랍 안에 옷, 소품 등을 수납할 때는 정리함이나 칸막이 소품을 이용해 칸을 만들어 섞이지 않도록 구분한다.

4.

'가장자리'도 효율적으로
옷이나 박스를 한쪽으로 밀면 가장자리에 약간의 여유 공간이 남는다. 특히 옷장 문은 오른쪽이나 왼쪽으로 열리기 때문에 가장자리는 옷을 쉽게 꺼낼 수 있는 좋은 위치이다. 네트를 걸어서 수납하거나 아크릴로 칸을 만들어 수납하는 등 위치나 크기에 맞춰 활용한다.

재활용품 이용
속옷, 양말은 우유팩, 소품은 상자, 티슈 케이스를 이용해 정리할 수 있다. 저렴하고 크기를 맞추기 쉽지만 정리하기 전부터 모아두어야 하는 번거로움이 있다.

털팽이's advice
우유팩은 초등학교 급식소에서 한꺼번에 많이 구할 수 있어요. 깨끗이 씻은 후에 가위로 입구를 오려내고 말린 후 원하는 크기에 맞춰 테이프로 감아서 만드세요.

속옷 정리함
플라스틱, 종이, 부직포로 나온 제품들을 이용하면 빠르고 쉽게 정리할 수 있다. 속옷함 크기를 측정한 뒤 구입한다. 아크릴, 두꺼운 종이, pp 필름 등과 함께 사용하면 더 실용적으로 수납할 수 있다.

Check! 옷 개기의 원리
의류의 종류에 따라 개는 방법은 다양하지만 원리를 이해하면 쉽게 갤 수 있다.

가로 수납? 세로 수납? 수납 방법을 결정한다

 가로 수납 차곡차곡 위로 쌓는 방법으로 정리하기는 쉽지만 꺼내고 넣을 때 쉽게 흐트러진다.

가로 수납해야 하는 경우
① 옷을 세워놓을 만큼 서랍의 높이가 높지 않을 때.
② 바지처럼 갠 후 크기가 커서 세로 수납하기 힘든 옷.
③ 재킷이나 코트 등 접는 횟수를 줄여 구김 가지 않게 개어야 하는 옷.

 세로 수납 책장에 책을 꽂듯이 옆으로 채워나가는 방법으로 내용물을 확인하기 쉽고 꺼내고 넣을 때 덜 흐트러진다. 일반적으로 옷은 세로 수납을 해야 정리가 쉽다.

일정한 크기로 개기
크기가 일정해야 더 많이 수납할 수 있는데 책받침이나 노트를 대고 개면 일정한 크기로 갤 수 있다. 세로 수납할 때에는 갠 옷을 2등분이나 3등분한다.

풀어지지 않게 개기
옷이든 속옷이든 풀어지지 않게 개야 옷장 안이 덜 흐트러진다. 양말이나 내의는 끼워 넣고, 나머지 의류는 접은 면을 잡고 집어넣는다.

● **접은 면 잡기**
접은 단면이 위를 향하게 놓는다. 접은 단면을 밑으로 넣으면 꺼낼 때 쉽게 풀어진다.

● **끼워 넣기**
양말, 스타킹, 내의 하의 등 길이가 긴 의류는 허릿단, 발목단 등 고무줄 부분을 활용해 끼워 넣으면 풀어지지 않는다.

코너별 정리

1. 침구 정리

옷장 정리순서

빨리 해치울 수 있는 곳부터 정리한다. 예컨대 이불, 패브릭은 금방 갤 수 있고 수납공간도 많이 차지하므로 옷보다 먼저 정리하는 것이 좋다. 반대로 목도리, 가방 등 의류 소품은 정리하고 남은 자투리 공간에 넣는 경우가 많으므로 마지막에 정리한다. 아래의 순서를 참조해두자.

- 이불장
- ▼
- 거는 옷
- ▼
- 개는 옷
- ▼
- 안 입는 옷
- ▼
- 양말, 속옷
- ▼
- 의류 소품

침구의 레이아웃 정하기

이불을 구분하지 않고 섞어서 수납하면 통째로 들어내야 하는 일이 많기 때문에 종류별로 구분해 정리하는 것이 좋다. 특히 자주 세탁하는 베갯잇, 매트 커버는 따로 수납해야 오염되지 않는다.

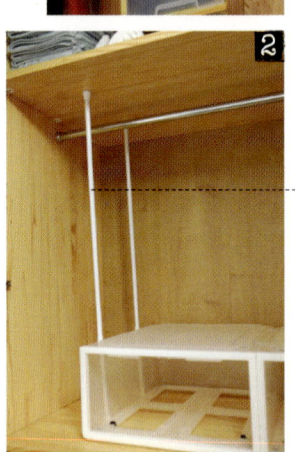

"아래에 깔린 이불 한 번 꺼내려면 통째로 들어내야 해서 힘들고 불편해요. 쉽게 꺼낼 수 있는 방법 있나요?"

준비물 : 압축봉, 시스템 서랍 속통

1. 시스템 서랍의 속통 2개를 선반 하단에 배치한다.
   ▶ 시스템 서랍의 속통은 선반에 옷 정리용으로 사용한다.

2. 서랍 왼쪽에 압축봉 2개를 끼워 칸막이를 만든다.
   ▶ 압축봉은 길이가 다양하기 때문에 선반 높이를 확인한 뒤 구입한다.

+info
알루미늄 신축봉
나사나 못 없이 파이프를 돌려 설치할 수 있는 신축봉. 압축봉은 길이가 다양하기 때문에 선반 높이를 확인한 뒤 구입한다.
다이소 제품, 55~90cm, 2000원

before

침구 정리

- **상단 선반** ➡ 가끔 쓰는 이불, 패브릭
  돌돌 말아 풀리지 않도록 끈으로 묶은 뒤 수납한다. 부피를 줄이고 쉽게 꺼낼 수 있다.

- **중간단** ➡ 이불
  아래쪽에는 요, 위쪽에는 솜이불, 자주 덮는 이불을 수납한다.

- **왼쪽** ➡ 베개
  꺼내기 쉽게 전용 칸을 만든다. 좁은 공간에 세워서 수납할 수 있어 간편하다.

- **하단** ➡ 유아용 이불, 무릎 담요, 패드
  자주 세탁하는 패드나 소형 이불을 서랍 속 통에 말아서 수납한다. 위생적으로 보관할 수 있도록 이불과 구분해 수납한다.

옷 정리

행어 ▷ 코트, 점퍼 등
외투, 개어두기에 부피가 큰 옷을 걸어둔다. 오른쪽이 옷을 꺼내기에 편하므로 계절이 지난 옷은 왼쪽, 현재 입는 옷은 오른쪽에 배치한다.

중간단 ▷ 내의
아이들은 실내에서 주로 내의를 입고 생활하기 때문에 자주 꺼내며 양도 많다. 내의는 부피가 작으므로 상하으로 구분한 뒤 속옷함에 꽂아서 정리한다.
종이 정리함은 칸막이를 조립해 끼워 넣는다. 내의의 크기에 따라 칸막이 위치를 조절한다.

오른쪽 가장자리 ▷ 모자, 장갑
자주 쓰는 모자나 장갑 등을 집게로 걸어둔다. 모자도 자리를 정해두면 외출할 때 쉽게 찾고 정리할 수 있다.

오른쪽 하단 가장자리 ▷ 크기가 큰 내의
크기가 큰 보디슈트를 개어 정리한다. 윗부분이 막히지 않은 박스 형태의 공간이기 때문에 사이즈가 큰 옷들을 세로 수납하기에 좋다.

하단 ▷ 평상복
서랍장을 넣어 평상복을 정리한다. 하의와 상의로 구분해 세로로 수납한다.

before

아이디어 수납법

어린이용 옷걸이

일반 옷걸이로 아이 옷을 걸면 어깨 사이즈가 달라 옷 모양을 망칠 수 있다. 철사 옷걸이를 이용하면 어린이용 옷걸이를 쉽게 만들 수 있다.

재료 : 철사 옷걸이

서랍+박스

행어 아래 남은 공간을 서랍과 박스로 정리한다. 서랍을 2단으로 올리기에 높이가 부족한 경우에는 뚜껑 없이 위가 트인 박스를 서랍 위에 올리면 위 공간을 여유롭게 활용할 수 있다. 아이 옷은 상하의로 나누어 한 줄로 세로 수납한다.

❶ 철사 옷걸이를 준비한다.   ❷ 어깨 사이즈에 맞춰 옷걸이를 구부린다.

❸ 옷걸이의 하단 부분을 아래쪽으로 펴서 '원피스' 모양을 만든다.   ❹ 완성된 모양. 다양한 크기의 어깨 사이즈에 맞출 수 있다.

이중 수납법

옷장은 깊이가 깊기 때문에 앞부분만 사용하는 경우가 많으므로 앞뒤를 구분해서 정리한다. 앞쪽에는 자주 입는 내의, 손이 닿지 않는 안쪽에는 계절이 지난 옷을 수납한다.

"아이 옷은 크기가 작아서 어른 옷걸이에 걸면 어깨가 튀어나와요. 좋은 방법 있나요?"

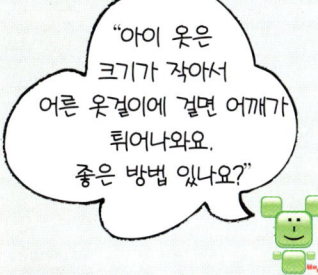

구름 속옷 24칸 정리함

속옷, 양말, 넥타이, 스타킹까지 다양하게 수납할 수 있는 속옷 정리함. 속옷의 크기에 따라 칸막이를 조정할 수 있다.
온라인 숍 2001아울렛 구입, 3p 세트, 8500원

2. 옷장 행어 정리법

가끔 입는 옷 ← → **자주 입는 옷**

짧은 옷

긴 옷

빈도별 구분
여닫이형 옷장의 경우 열었을 때 바로 보이는 중간 부분이 사용하기 편한 위치다. 중간에는 자주 입는 옷을, 가장자리에는 철 지난 옷을 정리한다.

길이별 정리
긴 옷에서 짧은 옷 순으로 정리한다. 일반적으로 원피스, 재킷, 코트 등 종류별로 길이가 다르기 때문에 길이별로 정리하다 보면 자연스럽게 종류별로 구분된다.

짧은 옷의 아래 활용
짧은 옷의 아래에 서랍, 박스 등을 넣어 공간을 활용한다.

행어 아래 자투리 공간 활용하기

상단의 서랍은 활용하기 좋은 위치이므로 자주 사용하는 내의와 속옷을 정리하고, 하단은 서랍을 빼고 패브릭은 접은 뒤 세로 수납해 하나씩 꺼낼 수 있도록 정리한다.

책장 사이에 튀어나온 양말 수납장.
긴 옷장 아래 빈 공간에 넣는다.

아이디어 수납법

옷걸이를 통일하자!

옷걸이는 한 가지로 통일한다. 어깨 폭이 넓고 두꺼운 옷걸이는 공간을 많이 차지하므로 얇고 흘러내리지 않는 옷걸이로 교체한다. 시각적으로 정돈되어 보일 뿐 아니라 공간도 절약할 수 있다.

+info

매직 논슬립 옷걸이
벨벳 처리되어 흘러내리지 않는 논슬립 옷걸이. 넥타이걸이, 클립, 옷걸이를 연결할 수 있는 후크 등 다양한 액세서리가 포함되어 행어를 깔끔하게 정리할 수 있다.
온라인 숍 왕자행거 제품, 40개 구성, 3만6000원

행어 부피 줄이기

❶ 의류 압축백으로 부피를 줄인다. 부피를 많이 차지하고 잘 입지 않는 옷을 넣는 것이 좋다.

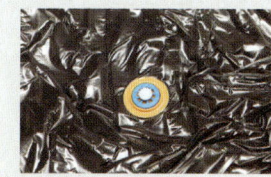

압축백은 공기 흡입구로 공기가 빠져 불량률이 높은 아이템 중 하나이다. 흡입구를 매개로 막을 수 있는 제품을 구입하면 공기가 빠지지 않는다.

입던 옷, 티셔츠, 목도리, 모자 등 자주 쓰는 의류 소품을 넣어두면 좋다.

❷ 행어 정리함을 이용해 남은 공간을 활용한다.

3. 오픈형 행어 정리법

베란다가 없어서 짐들을 행어 아래에 쌓아두어 옷과 짐이 구분되지 않는다. 왼쪽에는 옷, 오른쪽에는 짐을 정리한다.

의자 없이도 걸 수 있도록 상단 행어의 높이를 조정한다.

왼쪽 상단 ⇨ 가끔 입는 와이셔츠
티셔츠에 비해 가끔 입는 와이셔츠는 긴팔, 짧은 팔을 구분한 뒤 상단의 행어에 정리한다.

왼쪽 하단 ⇨ 티셔츠, 바지
자주 입는 티셔츠와 바지는 꺼내기 쉬운 하단에 정리한다. 바지는 공간을 줄이기 위해 반을 접어 걸어둔다.

오른쪽 ⇨ 가방
책장 서랍장을 배치해 잡동사니를 수납하고 큰 짐들은 그 위에 올려서 수납한다. 손잡이 가방들은 바닥에 두면 공간을 많이 차지하므로 걸어서 정리한다.

오른쪽 가장자리 ⇨
골프채, 다리미판 등 긴 물건
기대어 세워둘 수 있는 오른쪽에는 길이가 긴 짐들을 정리한다.

하단 ⇨ 양말, 속옷
하단에 양말과 속옷 서랍장을 두어 옷장을 열지 않고도 겉옷에서 속옷까지 토털 코디할 수 있도록 한다.

아이디어 수납법

지저분한 짐들을 가려주는 롤스크린

천장에 롤스크린을 설치했다. 천장이 시멘트가 아닌 석고보드일 때 설치할 수 있다. 석고보드는 힘이 없기 때문에 석고 피스를 박은 뒤 나사못을 돌려서 설치한다.

A 롤스크린
창문뿐 아니라 칸막이와 행어, 드레스룸을 가리는 용도로 사용할 수 있는 롤스크린. 색상과 디자인이 다양하며 맞춤 제작한다. 온라인 숍 옥션 구입(판매자 스위티몰), 크기에 따라 5200원부터 3만5200원까지

행어형 가방고리 만들기

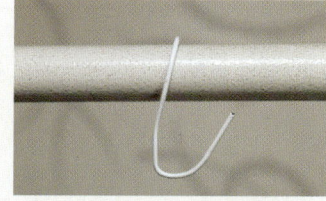

행어에 가방이나 모자를 걸기 위해 S자 고리를 만들 때는 S자 고리의 꼬리를 뒤쪽으로 향하게 한다.

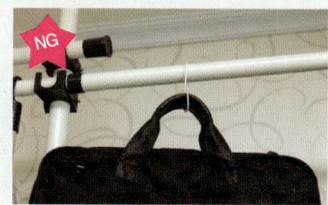

● 일반 S자 고리
가방의 앞면이 정면을 향해 공간을 많이 차지한다.

● 꼬리를 뒤쪽으로 돌린 S자 고리
가방의 앞면이 옆을 향해 공간을 절약할 수 있다.

박스로 만든 옷걸이 보관함

행어에서 빈 옷걸이를 빼면 공간을 절약할 수 있다. 옷장 구석에 옷걸이 보관함을 만들어 옷걸이를 따로 보관한다. 옷걸이는 길이가 길어 긴 박스에 사선으로 보관하는 것이 좋다.

박스를 세로로 길게 세운 뒤 윗면을 잘라내고 쇼핑백용 손잡이를 단다.

4. 선반 & 서랍 정리법

선반과 서랍의 활용법

선반 선반 위에는 옷을 차곡차곡 잘 개어두어도 안쪽에 수납한 옷을 꺼내기 어렵다. 또한 옷을 가로로 눕혀서 수납할 수밖에 없어 아래쪽에 깔린 옷을 꺼내려면 옷이 흐트러지기 쉽다.

서랍식 선반 앞으로 잡아당기면 안쪽에 수납한 옷을 쉽게 꺼낼 수 있고, 세로 수납을 할 수 있어 수납한 물건을 쉽게 확인할 수 있으며 꺼낼 때 흐트러지지 않는다.

'선반'→'서랍'으로 바꾸기

1.

선반의 폭, 높이, 깊이를 측정한다.
- 깊이 : 40cm 내외인 옷장 수납용, 언더베드용 제품을 구입한다.
- 높이 : 20cm 내외인 제품이 적당하다. 바지나 철 지난 옷을 보관할 때는 높이가 높은 제품을 구입하는 것도 좋다.
- 폭 : 문 안쪽 경첩에 걸릴 수 있으므로 경첩 크기를 고려해 구입한다.

2.

크기에 맞는 플라스틱 서랍장을 구입한 뒤 서랍만 꺼낸다.

몸통은 사이즈가 큰 점퍼, 패브릭, 이불을 말아서 수납하는 용도로 활용한다. 몸통이 독립적으로 떨어져서 각각 활용할 수 있는 제품이 좋다.

3.

옷을 개어 세로로 수납한다.

4.

플라스틱 서랍은 앞쪽이 뒤쪽보다 폭이 넓다. 경첩에 걸린다면 앞면과 뒷면의 위치를 바꾼다.

선반에 넣고 라벨을 붙인다.

 모아시스템즈 시스템 수납장 다단으로 쌓고 연결할 수 있는 반투명 화이트 색상의 플라스틱 수납장. 모아시스템즈 제품, 중형 사이즈 4개 세트, 4만9900원

책장을 드레스장으로 활용한 수납법

상단 ⇨ 패브릭
베개 커버, 쿠션 커버, 작은 이불 등 패브릭을 수납한다.

중간단 ⇨ 자주 입는 옷, 수건
자주 입는 면 티셔츠와 바지는 박스 안에 세로로 수납한다. 수건은 아크릴로 선반을 만들어 2단으로 수납한다.

하단 ⇨ 생활용품
다리미, 화장지, 물티슈 등 생활용품을 수납한다. 천을 이용해 보이지 않게 가린다.

before

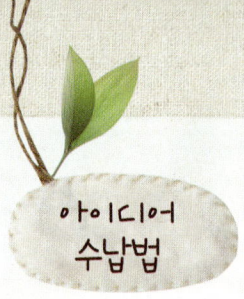

아이디어 수납법

분리용 아크릴 선반

2단으로 나눠지지 않아 아래에 쌓인 옷을 빼내기가 어려울 경우 아크릴을 잘라 선반을 만들 수 있다.

재료 : 아크릴(3mm), 나사못

❶ 선반 너비에 맞춰 아크릴을 재단한다. 중간이 휘어지지 않도록 약간 도톰한 아크릴을 사용한다.

❷ 선반을 끼워 넣을 위치에 양쪽에 2개씩 나사못을 박은 뒤 아크릴을 얹는다.

❸ 옷을 종류별로 구분해 선반 위아래에 정리한다.

박스에 단 손잡이

손잡이가 없으면 꺼낼 때마다 박스의 윗면을 당겨야 해서 불편하고 구겨지기 쉽다.

재료 : 볼펜, 쇼핑백 끈

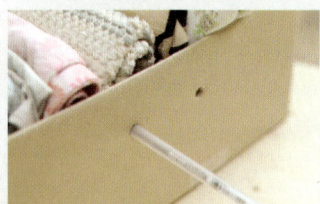

❶ 손잡이를 끼울 부분에 볼펜으로 구멍을 뚫는다.

❷ 면 끈이나 쇼핑백 끈을 끼운 뒤 빠지지 않도록 매듭을 짓는다.

박스로 만든 2단 선반

가벼운 물건은 박스를 이용해 2단 선반을 만들 수 있다.

❶ 선반에 들어가는 박스를 준비한 뒤 선반 중간 정도의 높이로 오린다.

❷ 가장자리를 깨끗이 오려낸 뒤 앞면을 오린다.

❸ 오려낸 앞면을 안쪽으로 붙여 고정한다.

❹ 하단에 무거운 물건을 넣고 상단에 가벼운 물건을 올린다.

5. 옷장 문 활용하기

행어탭을 이용한 모자걸이

옷장이 좁아서 모자를 수납할 공간이 없다면 문을 활용해보는 것도 좋다. 가벼운 물건을 걸 수 있는 스티커로 모자를 수납해보았다. 행어를 걸거나 못을 박지 않아도 손쉽게 붙일 수 있다.

다용도 소품걸이

옷걸이에 네트와 포켓식 비닐걸이를 연결해 장갑, 모자 등 각종 소품을 걸어서 수납한다.

준비물 : 행어탭

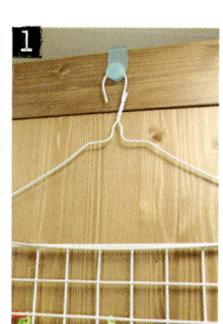

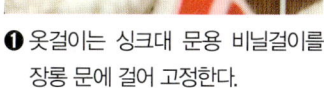

❶ 옷장 문에 행어탭을 붙인 뒤 철사 옷걸이로 작은 S자 고리를 만들어 행어탭에 끼워 모자를 건다.
❷ 고리가 없는 모자는 행어탭에 케이블타이로 집게를 연결하여 집는다.

❶ 옷걸이는 싱크대 문용 비닐걸이를 장롱 문에 걸어 고정한다.
❷ 모자나 장갑은 집게로 집는다.
❸ 허리띠 등 고리가 있는 제품은 철사 옷걸이로 S자 고리를 만들어 고정한다.
❹ 허리띠는 돌돌 감아 고리에 고무줄을 걸면 풀리지 않게 고정할 수 있다.

행어탭 간편하게 붙여서 옷걸이나 가벼운 물건을 걸 수 있는 스티커형 행어. 250g까지 걸 수 있다.
다이소 제품, 48개 묶음, 1000원

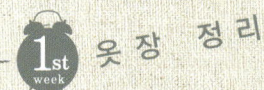 옷장 정리

토털 코디용 드레스룸

남자들의 로망이 편안하게 영화를 감상할 수 있는 아늑한 AV룸이라면, 여자들의 로망은 매장에 온 듯한 착각이 들 정도로 예쁜 옷과 신발이 가득 찬 드레스룸일 거예요. 그런데 실제는 드레스룸이 있어도 수납 양이 충분치 않아 장롱을 별도로 사용하는 경우가 많기 때문에, 제대로 활용하지 못하거나 안 입는 옷과 짐을 쌓아두는 창고로 변하는 경우가 많습니다. 드레스룸의 활용도를 높이는 아이디어와 드레스룸 구석구석을 잘 활용하는 방법에 대해 살펴보겠습니다.

문제점 진단

주상복합 아파트의 독립된 드레스룸. 10자 장롱 정도의 옷을 수납할 수 있는 공간이지만, 가지고 있는 옷과 이불 양이 많아 안방에 있는 장롱과 함께 사용하고 있는 케이스다.

1. '어디에 있지?' → 동선이 길어진다

'외투는 행어가 많은 드레스룸에, 티셔츠는 선반이 있는 옷장 안에, 양말은 안방 서랍장 안.' 옷을 여기저기 흩어두면 입을 때마다 여기저기 움직여야 하므로 번거롭다.

▶ **solution** 한곳에 모아서 정리한다

옷을 여기저기 나누어 수납하는 것은 좋지 않다.
특히 계절이 바뀔 때마다 위치를 바꾸지 않고도 사용할 수 있도록 정리하는 것이 편하다.
한곳에서 속옷부터 외투까지 입을 수 있도록 정리하는 것이 좋다.

2. 드레스룸 안의 김치냉장고

주상복합의 특성상 주방 베란다가 좁아 김치냉장고를 드레스룸에 놓고 사용하고 있다. 보기에도 좋지 않지만 옷을 꺼내기도 불편하다. 또한 큰 짐들을 수납할 베란다나 다른 공간이 없어 그나마 사람이 자지 않는 드레스룸 안에 짐을 두었다.

▶ **solution** 드레스룸은 드레스룸답게!

이런저런 이유로 제자리가 아닌 물건들이 하나 둘 들어오다 보면 어느새 본래의 기능을 잃고 창고처럼 변하게 된다. 김치냉장고는 제자리인 주방 베란다로 옮기고 그 자리에 의류 소품을 수납해 드레스룸답게 활용한다.

3. 쌓아두기식 정리

드레스룸 안의 수납장. 수납장 안에는 앨범, 장식품 등이 들어 있고 모자나 가방 등은 수납할 곳이 없어 수납장 위에 쌓아두었다.

▶ **solution** 의류 소품 수납장

공간 용도는 배치된 물건들에 따라 정해지는 법, 드레스룸과 관련 없는 물건들은 치운다. 의류, 속옷, 모자 등은 꼭 사용해야 하는 물건이므로 쌓아두지 말고 제대로 된 전용 수납장을 만든다.

수납 양에 따른 드레스룸 활용법

case 1 옷장 수납 양 : 드레스룸 수납 양 = **2 : 1**
시즌 의류, 입던 옷 위주로 수납

드레스룸의 수납 양이 많지 않으므로 옷은 기본적으로 옷장에 수납한다. 일반적으로 드라이클리닝한 옷들은 한두 번 입고 세탁하는 경우가 드물기 때문에 드레스룸에는 외출복, 입던 옷 위주로 수납한다. 위생적으로도 좋고 입던 옷들로 방 안이 지저분해질 염려도 줄어든다.

case 2 옷장 수납 양 : 드레스 룸 수납 양 = **1 : 1**
사람별 구분

드레스룸의 크기가 작지는 않지만 옷의 양도 만만치 않아 장롱을 버리지 못하고 가지고 있는 경우가 많다. 옷을 장롱과 드레스룸 양쪽에 흩어두면 찾기도 어렵고 옷 입을 때마다 드레스룸과 옷장을 번갈아 왔다 갔다 해야 하는 경우가 생겨 결과적으로 정리할 거리도 두 배로 늘어난다. '엄마는 드레스룸, 아빠는 옷장'식으로 사람별로 구분해 수납하는 것이 좋다.

case 3 옷장 수납 양 : 드레스룸 수납 양 = **1 : 2**
이불을 제외한 사계절 의류 수납

드레스룸에 모든 옷을 수납할 수 있는 경우이다. 드레스룸은 이불을 수납하기 어려우므로 드레스룸에는 옷, 옷장에는 이불 위주로 정리한다.

코너별 정리 포인트

필요 없는 물건 옮기기

본격적인 정리 전에 옮겨야 할 가구나 가전 제품을 치운다. 옷을 꺼내는 데 불편하게 하는 김치냉장고는 베란다로 치운다.

일 년 내내 그대로 두고 입는 심플 드레스룸 정리법

1.
사용하기 편한 위치에 따른 옷 정리하기
움직임, 공간의 크기 등을 고려해 드레스룸에서 사용하기 편한 위치를 먼저 파악하고 옷을 배치한다.

- ❶ 들어갔을 때 바로 보이는 넓은 공간
- ❷ 왼쪽으로 틀면 보이는 넓은 공간
- ❸ 오른쪽으로 틀면 보이는 좁은 공간
- ❹ 손이 잘 닿지 않아 정리가 어려운 코너

2.
계절별·길이별 분류
길이가 긴 옷과 짧은 옷(바지, 긴팔 상의, 여름 상의, 외투)으로 분류한다.

3.
위치 정하기
긴 옷은 긴 옷 행어에 배치하고, 짧은 옷은 많이 입는 옷 순으로 편한 위치에 배치한다.

- ❶ 긴팔 상의 – 여름을 제외한 9개월
- ❷ 외투 – 늦가을에서 봄까지 6개월
- ❸ 여름 상의 – 초여름에서 초가을까지 4~5개월

드레스룸 수납장

드레스룸은 보통 행어 위주여서 겉옷 중심으로 정리하지만 속옷과 양말, 가방, 모자까지 한곳에서 코디할 수 있도록 수납하면 활용도가 더욱 높아진다.

티셔츠
옷장 안에 수납했던 티셔츠는 드레스룸에 정리한다. 상판을 깨끗이 치우고 조립식 수납박스를 이용해 차곡차곡 개어 색상별로 구분해 수납한다.

골프용품
남편의 골프용품도 모아서 한곳에 정리한다. 서랍이 완전히 열리지 않아 뒤쪽에는 긴 물건을 세로 방향으로 정리하고, 앞면은 박스를 이용해 잡동사니를 정리한다.

속옷, 양말
속옷과 양말 등을 모아 한곳에 정리한다. 양말 수납함을 양옆으로 배열하고 중간에 러닝셔츠를 정리한다.

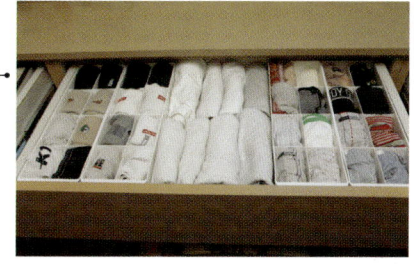

계절 소품
앨범, 장식품 등 수납할 곳이 없는 물건들을 모두 꺼내 집안 곳곳 있어야 할 곳에 정리한 뒤 장갑 등 계절 소품, 화장품 등을 바구니에 담아 정리한다.

before

아이디어 수납법

짐 수납법

드레스룸의 경우 옷장보다 공간이 넓기 때문에 옷 이외에 많은 짐을 수납할 수 있다. 단 짐을 수납할 때는 옷을 꺼내는 데 방해되지 않도록 한다. 옷 이외에 모든 짐을 꺼낸다.

니트 걸기 니트를 옷걸이에 걸어두면 어깨 부분이 처져서 흠집이 날 수 있다. 양쪽 팔을 어깨 위로 올려 걸치면 어깨가 늘어나지 않는다.

길이가 긴 물건 형광등, 스키, 벽지 등 길이가 긴 물건은 긴 박스에 넣는다. 드레스룸 모서리 기둥 뒤에 끼워서 고정한다.

선풍기 옷 커버에 넣은 뒤 고무줄과 끈으로 고정한다. 옷 뒤로 삼각형 형태의 공간이 남는 코너 하단에 숨긴다.

교자상 바닥 부분이 없는 긴 행어의 옷 뒤 벽에 기대어 수납한다. 쓰러져도 바닥으로 넘어지지 않도록 고무줄로 끈을 만들어 건다.

민소매 옷 민소매 옷은 옷걸이에 걸면 어깨가 흘러내려 바닥에 떨어진다. 옷걸이 윗부분을 V자 형태가 되도록 만들면 어깨가 흘러내리지 않는다.

화장지 크기가 넉넉한 수납박스에 담는다. 윗면이 앞을 보도록 하면 쉽게 꺼낼 수 있다.

이불 압축백에 넣어 폭이 넓은 천장에 올려서 수납한다.

모자, 가방 수납 박스 만들기

"모자나 가방을 둘 데가 없어서 여기저기 쌓아둬요. 손쉽게 수납공간을 늘이는 방법 있나요?"

❶ 드레스룸의 빈 공간 크기에 맞춰 수납 박스를 조립한다.

❷ 수납할 물건을 넣어가면서 원하는 형태로 조립한다.

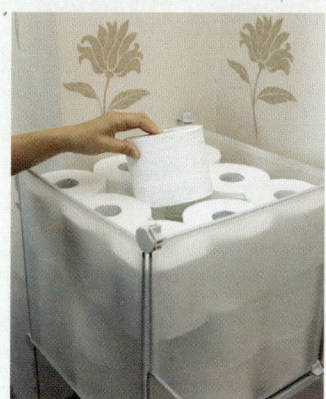
❸ 최상단은 자유롭게 넣을 수 있도록 박스 형태로 조립하는 것이 좋다.

❹ 완성된 수납 박스.

케이블타이를 이용해 판을 연결하면 덮개를 만들 수 있다.

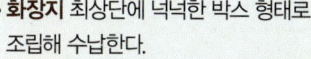
화장지 최상단에 넉넉한 박스 형태로 조립해 수납한다.

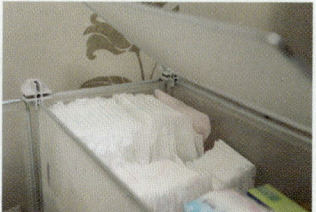
여성용품 상단에 덮개를 만들어 수납한다.

모자 색상별로 겹쳐서 정리한다.

가방 크기별로 구분해 세워서 수납한다.

크로스 스퀘어
원하는 크기로 연결해 조립할 수 있는 멀티 수납 박스.
CJ몰 구입, 공간 박스 12개 분량, 6만9000원

before

 안방 정리

다기능을 갖춘 침실 공간

안방은 부부의 공간입니다. 신혼 때는 안방을 아늑하고 예쁜 침실로만 사용했지만, 아이가 생기고 짐이 많아지면 현실은 달라집니다. 넘치는 아이 옷과 육아용품도 수납해야 하고, 아이 방 때문에 서재가 없어지면 컴퓨터 또한 안방에 자리 잡게 됩니다. 그렇지만 서랍장 안은 빽빽하더라도 보이는 곳만은 아름답게 꾸미고 싶은 것이 주부의 마음이지요. 로맨틱함과 실용성 어느 것 하나 포기하지 못하는 분들을 위한 안방의 미적 수납 노하우를 이제부터 공개합니다!

문제점 진단

1. 양이 많은 패브릭

화장실을 개조한 드레스룸. 옷장이 따로 있어 드레스룸에는 계절이 지난 옷과 패브릭을 보관하고 있다. 특히 커튼이나 커버류가 많아 드레스룸뿐 아니라 집 안 여기저기에 나누어 보관하고 있다.

▶

행어의 넓이 조절 `solution`

수납 방법만 바꾸어도 더 많은 양의 옷을 효율적으로 정리할 수 있다. 행어 선반은 칸 사이의 넓이를 조절하는 것이 중요한데, 애매하게 좁게 사용하는 것보다 칸의 넓이를 조절하여 작은 물건은 물론 이불 등 큰 물건도 수납할 수 있게 한다.

2. 수납공간이 부족한 책상

안방 창가의 작업 공간. 인테리어에 관심이 많아 예쁘게 잘 꾸민 공간이지만 책상 위에 수납공간이 부족해 사용하는 물건조차 마음껏 쌓아두지 못하고 있다.

▶

미적 수납 `solution`

보이지 않는 공간은 실용적으로, 보이는 곳은 아름답게 수납한다.

A. 책상과 어울리는 색상과 소재의 책꽂이로 책을 수납한다.
B. 책상을 좁게 만드는 키보드와 컴퓨터 선 등을 깔끔하게 정리한다.
C. 뒤가 트인 책상은 책상 아래의 컴퓨터 선을 잘 정리하면 훨씬 깔끔해 보인다.
D. 책상이 좁아 바닥에 내려둔 프린터와 복합기는 사용하기 편하고 청소하기도 쉽게 정리한다.

코너별 정리

화장실을 개조한 드레스룸
잘 들어가지 않는 어둡고 좁은 화장실을 개조해 드레스룸으로 꾸몄다. 벽은 나무 판넬을 붙인 뒤 도배를 하고, 바닥은 장판을 깔았다.

1. 드레스룸 코너

행어 수납법

- **계절 지난 외투**
  길이별로 배열한 뒤 먼지 타지 않도록 옷 커버를 씌운다.

- **자주 꺼내는 패브릭**
  실내용 슬리퍼, 패브릭 등 빈번히 사용하는 물건을 바구니에 담아 정리한다.

- **계절 지난 옷, 패브릭**
  철 지난 옷과 패브릭을 박스에 담아 보관한다. 위쪽에는 쉽게 꺼낼 수 있는 덮개식 박스를, 아래쪽에는 튼튼히 적재할 수 있는 뚜껑식 박스를 배치한다.

  ▶ 덮개식 박스는 살짝만 들어도 물건을 꺼낼 수 있지만 뚜껑식은 뚜껑에 턱이 있어 완전히 들어올려야 내용물을 확인할 수 있어 좁은 틈으로 꺼내기에는 불편하다.

before

필요 없는 물건 옮기기

액자나 침대 헤드 등 큰 짐은 어느 집이나 처치 곤란이다.
가구나 행어는 끝까지 붙이지 말고 틈을 남기면 좋은 수납공간이 된다.

1.
구석 공간 채우기

화장실이었기 때문에 천장이 열려 행어를 고정하지 못했다. 널빤지를 대고 행어를 고정했다.

어디든 구석 공간이 생기면 짐이 쌓이기 마련이다. 가구를 배치한 벽이라면 가구를, 행어를 배치한 벽이라면 끝까지 행어를 채우는 것이 좋다.

2.
큰 짐은 행어 뒤로

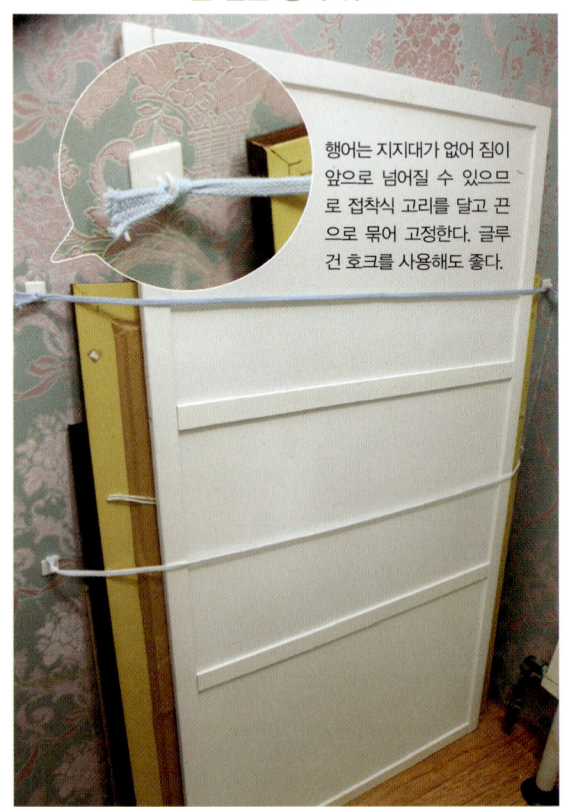

행어는 지지대가 없어 짐이 앞으로 넘어질 수 있으므로 접착식 고리를 달고 끈으로 묶어 고정한다. 글루건 호크를 사용해도 좋다.

앨범 또한 보관하기 어려운 물건 중 하나. 짐 옆의 구석에 수납한다.

계절 지난 의류 수납하기

거는 옷은 옷 커버를 씌워 보관한다
장롱과 달리 행어는 먼지가 타기 쉬우므로 계절 지난 옷은 옷 커버를 씌운다.

함께 입는 옷끼리 세트 수납
양말을 짝 맞추듯 계절 지난 옷도 한 번에 찾아 입을 수 있도록 짝을 맞춰 세트로 정리한다.

수영복 수납

❶ 바지를 돌돌 만다.

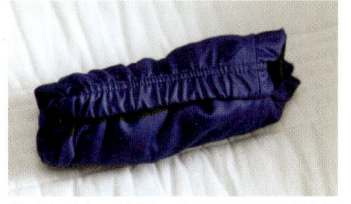

❷ 허리의 고무 밴드 안으로 집어넣어 풀리지 않게 고정한다.

❸ 바지를 모자 안에 넣는다.

❹ 풀어지지 않게 고정한다.

체육복 수납

❶ 상의와 하의를 준비한 뒤 상의를 네모나게 접는다.

❷ 하의를 길게 편 뒤 중간에 상의를 얹고 접는다.

❸ 발목을 허리 고무줄에 끼워 넣어 고정한다.

▶색상 옷은 뒤집어 보관하면 보풀이 묻거나 색이 바래는 것을 줄일 수 있다.

군복 수납

군복은 상하의 함께 입는 옷이므로 함께 수납한다. 상의를 반 접은 뒤 중간에 하의를 올리고 함께 접어서 수납한다. 모자도 집게로 집어서 함께 수납한다.

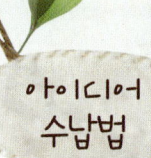

아이디어 수납법

"옷을 오랫동안 보관해도 색상이 변하지 않게 새 옷처럼 보관하는 방법이 있나요?"

세탁한 후 오랫동안 방치한 의류는 색이 누렇게 변하고 냄새가 나서 다시 세탁해야 하는 경우가 있다. 넉넉한 사이즈의 포장용 비닐을 이용하면 이불이나 많은 양의 옷을 깔끔하게 보관할 수 있다. 압축백에 비해 가격도 저렴하고 지퍼백에 비해 크기도 넉넉해 이모저모 유용하게 사용할 수 있다.

+info Ⓐ 투명 폴리백
옷이나 패브릭 등에 먼지가 묻지 않게 보관할 수 있는 접착식 투명 비닐.
옥션 판매자 대박밍밍,
50장 묶음, 7500원.

폴리백 보관법

물려줘야 하는 옷 넉넉한 크기의 폴리백에 모아서 보관한다. 입는 옷과 섞이지 않아 편리하다.

여름용 침대 패드, 커튼 세탁한 뒤 세트별로 묶어 폴리백에 보관한다. 오랫동안 보관해도 변색되거나 때가 타지 않는다.

패딩 부피 줄이기

"패딩을 압축백 안에 넣었더니 솜이 상해서 별로더라고요. 손쉽게 부피 줄이는 방법 알려주세요."

패딩 의류는 돌돌 말아 고무줄로 묶어두면 부피를 줄일 수 있다.

❶ 평평하게 편 뒤 팔과 모자를 접어 네모 모양을 만든다.   ❷ 세로로 반 접은 뒤 돌돌 만다.

❸ 박스 안에 차곡차곡 보관한다.

전용 지퍼백 이용하기

수영복을 보관하는 지퍼백은 오랫동안 사용하는 경우가 많으므로 이름 스티커를 이용해 전용 백을 만든다. 지퍼백에 넣은 뒤 납작하게 눌러 공기를 빼고 이름 스티커를 붙인 뒤 바구니에 수납한다.

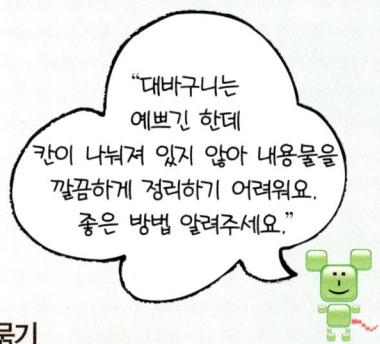

리본으로 묶기

베개, 방석 보, 테이블클로스 등 크기가 작은 패브릭은 돌돌 만 뒤 리본으로 묶어 수납한다. 뽑아 쓰기도 편하고 근사하게 보관할 수 있다.

대바구니 칸 나누기

대바구니의 틈 사이로 고무줄을 끼워 물건이 섞이지 않게 칸을 나눴다. 높이가 있는 대바구니에는 물건을 세워 보관하는 것이 좋다.

이름 스티커
아이 물건에 붙일 수 있는 다양한 맞춤 스티커.
온라인 숍 스타네임 스티커 세트당 50~120개, 3000원 내외

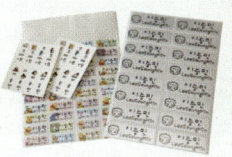

1.
침구류 보관법

선반의 하단을 올려 넉넉한 공간을 만든 뒤 압축백에 수납한 이불을 세워서 정리한다.

2.
커버류 크기에 맞춰 접기

"바구니 크기에 맞춰 깔끔하게 접는 방법 알려주세요."

❶ 바구니의 중앙에 패브릭의 중앙을 맞춰 편다.
❷ 바구니의 폭에 맞춰 양옆을 접는다.
❸ 바구니의 높이에 맞춰 접은 뒤 세로로 수납한다.

3.
패드 보관법

자주 사용하는 패드는 비닐백이나 이불백에 담은 뒤 선반에 수납한다.

4.
옷걸이 홀더

"남은 옷걸이는 어떻게 보관하나요?"

면 끈으로 옷걸이 보관 홀더를 만들어 행어와 벽 사이의 빈 공간을 활용한다. 그리고 긴 끈을 반 접은 뒤 선반의 봉에 걸고, 5cm 간격으로 매듭을 묶는다. 매듭에 옷걸이를 끼워서 보관한다.

5.
벨트 정리법

벨트는 풀 수 있는 케이블타이로 묶어서 고정한다.

6.
메모리 박스

평생 보관하고 싶은 사진, 추억과 관련된 물건들을 박스에 담아 보관한다.

+info 케이블타이
구슬 모양의 홈이 있어 반복 사용할 수 있는 케이블타이.
다이소 제품, 1000원

크래프트지 라벨 만들기

❶ 크래프트지를 A4용지 크기에 맞춰 자른다.

❷ 프린트한 뒤 자를 대고 칼로 자른다.

❸ 끈을 매달 구멍을 뚫고 아일릿 심을 박으면 튼튼히 만들 수 있다.

❹ 끈을 달아 선반에 묶는다.

❺ 지끈을 풀어서 묶는다.

❻ 지끈 라벨 바구니의 틈으로 지끈을 넣어 라벨을 묶는다. 라벨을 간단히 고정할 수 있다.

2. 화장대 정리법

화장대 상단 부분

화장품은 기초, 보디 제품, 향수, 색조 등으로 구분한 뒤 화장품 정리함에 넣어 정리한다.

너무나 깨끗해서 불편한 화장대

화장대 위가 흐트러지는 것이 싫어 화장품은 장롱 옆 자투리 장에, 작은 화장품은 화장대 서랍에 보관하고 있다.

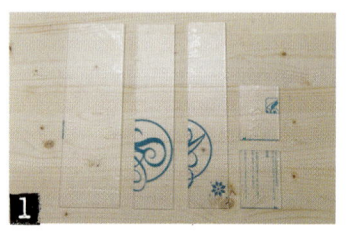
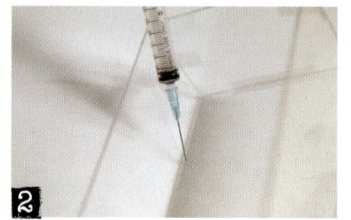

D.I.Y. 맞춤 화장품 정리함

화장대 위에 화장품을 어지럽게 올려두는 것이 싫다면 아크릴을 이용해 맞춤 정리함을 만드는 것도 좋다. 가지고 있는 화장품의 양과 화장대 크기에 맞춰 정리할 수 있는 장점이 있다.

재료 : 재단한 아크릴, 아크릴 본드, 주사기, 테이프

❶ 재단한 아크릴을 준비한다.
　▶ 재단한 아크릴은 온라인 쇼핑몰에서 구입할 수 있다. 화장대 크기에 맞춰 사이즈를 정한 뒤 전개도를 그려 주문한다.

❷ 아크릴 본드를 주사기에 넣은 뒤 아크릴을 붙인다.

❸ 모서리에 테이프를 붙이면 각 맞춰 정확히 고정할 수 있다.

❹ 화장품 크기에 맞춰 두 가지 사이즈를 만든다.

❺ 라벨기로 라벨을 만들어 붙인다. 라벨이 있으면 사용한 뒤 제자리에 정리하는 습관을 기를 수 있다.

D.I.Y. 화장대 서랍 속 정리

재료 : 아크릴 수납함, 발사목

❶ 화장품을 꺼내고 종류별로 구분한다.
❷ 아크릴 수납함을 앞부분에 배치한 후 수납함이 움직이지 않도록 발사목으로 지지대를 만든다.
❸ 칸의 크기와 배치에 맞춰 물건을 정리한다. 칸막이를 만들 때는 다양한 크기의 칸을 적절히 배치하면 서랍을 편리하게 이용할 수 있다.
A 긴 칸 고데기나 브러시 등 자주 쓰는 도구들은 앞부분에 긴 칸을 만들어 수납한다.
B 작은 칸 작은 물건은 칸막이 수납함을 이용해 정리한다. 자주 쓰므로 앞부분에 배치하는 것이 좋다.
C 좁은 틈 모서리의 좁은 틈에는 빗을 수납한다.
D 높은 칸 펜슬류는 높이 있는 수납함에 꽂아서 정리한다. 모서리에 붙이면 2칸, 좌우로 움직이면 3칸으로 나눌 수 있다.
E 넓은 칸 개봉하지 않은 화장품이나 사용하지 않는 화장품은 뒷부분에 보관한다.

양옆이 고정되어 수납함을 좌우로 움직일 수 있다. 물건의 크기에 맞춰 너비를 조절할 수 있다.

3. 컴퓨터 책상 정리법

before

수납 소품을 활용하자

예쁜 책상이지만 수납공간이 부족하다.
수납공간도 늘리고 컴퓨터 선도 깔끔히 정리한다.

책상 정리

넉넉한 크기의 파일함과 서랍을 이용해 책상의
수납공간을 늘린다. 책상의 색상과 수납함의
색상을 통일하면 훨씬 깔끔해 보인다.

D.I.Y. 원목 파일함 만들기

❶ 조립용 파일박스를 준비한다.

❷ 연결 부위에 목공 본드를 바른다.

❸ 머리 없는 못으로 연결한다.

❹ 도장이 필요하면 사포질을 하고 페인트와 바니시를 바른다.

❺ 명찰꽂이를 붙이면 라벨지를 쉽게 끼울 수 있다.

+info
미송사선 파일 박스
파일, 책을 정리할 수 있는
조립형 파일박스.
온라인 숍 손잡이닷컴 구입, 8200원

1.
복사 용지

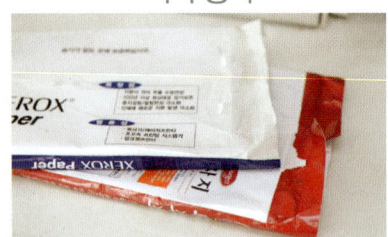

대충 찢은 틈 사이로 복사 용지를 꺼내는 것은 은근한 스트레스. 복사 용지의 포장은 상단을 깨끗이 잘라서 사용한다.

2.
케이블 정리

가끔 사용하는 케이블은 늘어놓지 말고 집게로 고정해보자. 사용하는 케이블은 풀기 편한 수납용품을 이용해 정리한다.

3.
키보드 수납

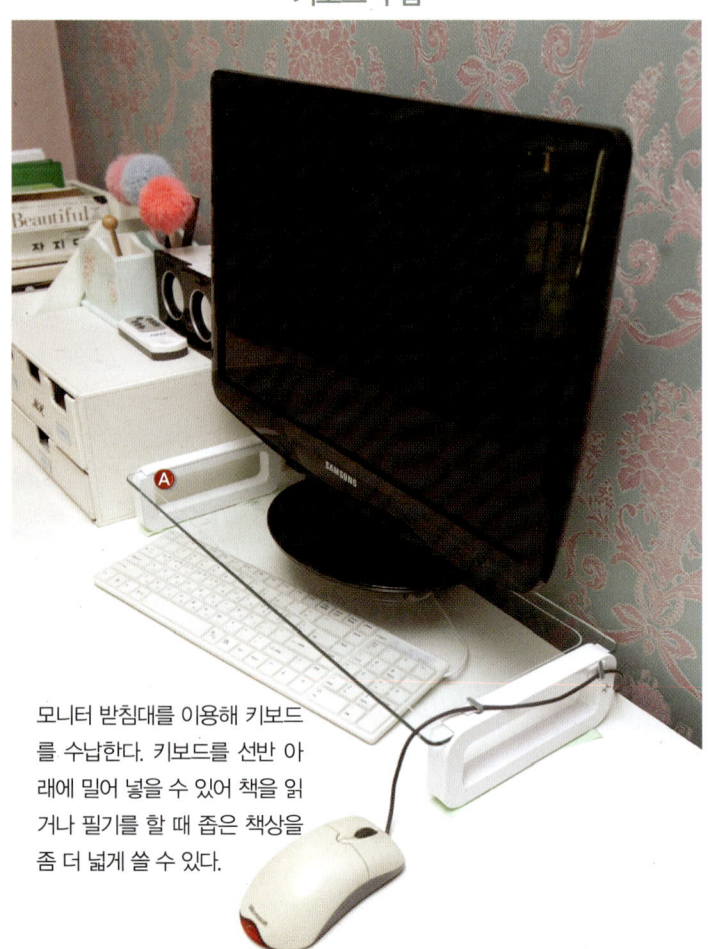

모니터 받침대를 이용해 키보드를 수납한다. 키보드를 선반 아래에 밀어 넣을 수 있어 책을 읽거나 필기를 할 때 좁은 책상을 좀 더 넓게 쓸 수 있다.

Ⓐ **유보드** 키보드를 모니터 아래로 밀어 넣어 작업 공간을 넓혀주는 키보드 수납 선반. 썬앤원 제품, 3만9000원

전선 정리 클립
전선을 고정할 수 있는 집게형 클립.
다이소 제품, 2000원

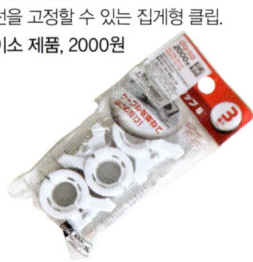

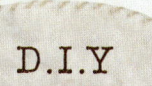

책상 아래 컴퓨터 선 정리

컴퓨터 아래에 전선들을 아무렇게나 늘어놓으면 청소도 어렵고 먼지로 인한 화재의 위험도 높아진다. 박스를 이용해 전선을 보이지 않게 정리하고 프린터는 박스 위에 수납한다.

"컴퓨터 아래에 선이 너무 많아서 청소도 어렵고 지저분해요. 깔끔하게 정리하는 방법 알려주세요."

❶ 전선을 넣을 수 있도록 박스 옆면을 판다.

❷ 멀티잭을 박스 안에 넣는다.

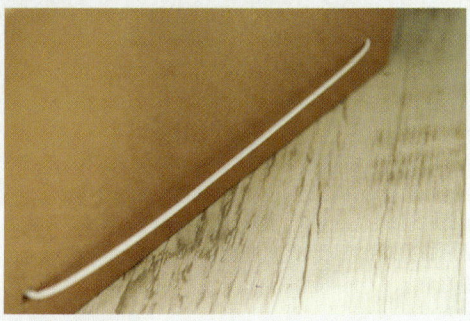

❸ 철사 옷걸이를 ㄷ자로 구부려 박스에 넣는다.

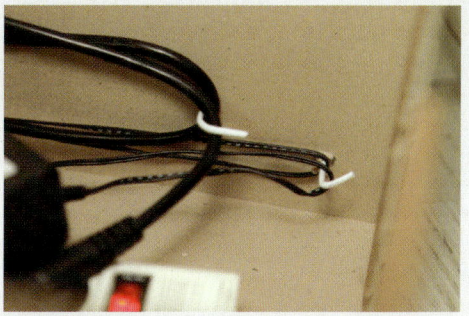

❹ 전선을 감을 수 있도록 끝부분을 직각으로 꺾는다.

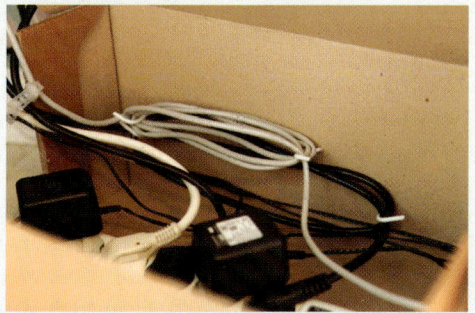

❺ 왼쪽으로 플러그를 넣고, 긴 선은 옷걸이에 감은 뒤 멀티잭에 꼽는다.

❻ 박스 위에 프린터를 얹는다.

30days' storaging plan!

주방과 냉장고

양말을 꺼낼 때마다 정리된 모습에 놀라는 한 주를 보내셨나요?
이번 주는 당신만의 공간, 주방입니다. 하나씩 꼼꼼히 따라 해보세요.
나만의 살림 비법으로 남게 될 거예요.

 주방 정리

비좁은 일자형 주방의 수납

일자형 주방은 좁은 집에서 흔히 볼 수 있는 형태의 주방입니다. 일자형 주방의 정리 방법을 보면서 기본적인 정리법을 익히고 부족한 여유 공간을 어떻게 활용했는지 배워보세요. 주방에 들어서는 순간부터 앞치마를 벗고 나갈 때까지, 마치 마술처럼 나의 움직임에 따라 물건이 따라오는 동선의 비법에 놀라실 거예요.

문제점 진단

1. 살림의 양에 비해 좁은 주방

일자 주방이다 보니 살림 양에 비해 주방 공간이 좁다. 차곡차곡 쌓아서 물건을 수납했지만 항상 수납공간이 부족하다.

▶ **solution — 숨은 공간 찾기**

바닥뿐 아니라 천장, 옆면도 활용한다. 좁은 공간일수록 수납이 잘 되면 공간의 효율성 또한 좋아지므로 숨은 공간을 찾아 구석구석 활용한다.

2. 함께 사용하는 물건

함께 사용하는 물건들이 여기저기 흩어져 있다. 예컨대 설탕, 소금 등 가루 양념은 개수대 하단에, 간장, 식용유 등 병 양념은 조리대 옆 드래그장에 나뉘어 있다.

▶ **solution — 용도별로 모으기**

함께 사용하는 물건은 한곳에 배치한다.

3. 자주 사용하는 물건

요리할 때마다 자주 사용하는 물건들이 구석진 곳에 배치되어 있다. 특히 쟁반처럼 자주 사용하는 물건들을 높은 장의 안쪽에 수납하고 있어 꺼내기가 어렵다.

▶ **solution — 사용 물건 우선 배치**

물건은 사용 물건과 보관 물건으로 나누어 사용하는 물건은 쉽게 꺼낼 수 있는 곳에 배치해야 움직임이 적어진다.

동선 체크 & 수납장 구성하기

Step ❶ 효율적인 주방 배치도를 그려보자!

사용 공간과 보관 공간
움직임이 많은 개수대에서 조리대까지를 사용 공간으로 하여 각 동선에 해당하는 물건을 배치하고, 그 외의 공간은 보관 공간으로 구분하여 사용 빈도수가 낮은 물건을 배치한다.

Step ❷ 물건을 분류한 뒤 넣을 위치 정하기

1. 꺼내고 분류하기

싱크대의 한 곳씩 물건을 꺼낸 뒤 종류별, 사용 빈도별로 분류한다. 이때 싱크대 이곳저곳의 물건을 모두 꺼내는 것은 좋지 않다. 물건의 종류가 많아져 분류하기 힘들 뿐 아니라 바닥에 물건이 가득하면 움직이기 어려워 쉽게 지친다.

2. 세트 분류법

습관적으로 함께 사용하는 물건끼리 세트로 묶어 정리한다. 예컨대 토스터와 빵 접시, 모닝 커피용 컵 등 종류는 다르지만 함께 사용하는 물건을 묶어서 배치하면 바쁜 아침에 이것저것 챙길 필요 없이 편하게 사용할 수 있다.

Step ❸ 물건을 넣어보면서 수납장 구성하기

줄자로 수납장의 크기를 측정한 뒤 사이즈에 맞는 수납용품을 준비하고 하나씩 넣어보면서 수납장 내부를 구성한다.

사이즈 측정 (폭, 높이, 깊이)

수납용품으로 수납장 내부를 레이아웃하기 전에는 반드시 줄자로 수납할 공간의 폭, 높이, 깊이를 측정한다. 측정한 사이즈는 수첩에 꼼꼼히 적는다.

❶ 폭 : 수납장 내부의 가로 폭을 측정한다.

수납장 중간에 나무 지지대가 있는 경우에는 위치를 표시한다. 바구니나 박스를 넣을 경우 지지대 때문에 출납이 불편할 수 있으므로 지지대를 피해서 넣는 것이 좋다.

❷ 높이 : 수납장의 높이를 측정한다.

수납장 내부가 선반으로 나뉘지지 않은 경우 물건을 쌓아서 수납할 것인지, 2단으로 나눌 것인지 결정한다. 2단으로 나눌 때 깊이가 깊지 않으면 2단 선반을, 깊이가 깊으면 싱크대 가게에서 나무 선반을 맞춰 넣는 것이 좋다.

❸ 깊이 : 싱크대의 깊이를 측정한다.

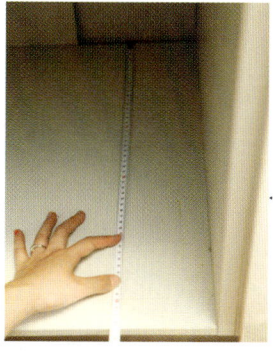

깊이가 깊은 경우 냄비, 전자제품처럼 큰 사이즈는 통째로, 작은 사이즈는 바구니 등을 이용해 수납한다. 깊이가 40cm 이상이 되면 바구니 두 개를 앞뒤로 나누어 수납하는 것이 편리하다.

Step ❹ 공간이 부족할 때는 남은 공간을 활용

수납공간이 부족하다면 여러 가지 수납 기술을 이용해 숨은 공간을 활용한다.

1.
선반 아래

물건과 선반 사이에 남는 공간이다. 간단한 작은 물건이라면 굵은 고무 밴드나 물음표 고리 등을 이용해 매달아 수납한다. 선반의 물건을 꺼낼 때 방해되지 않도록 한다.

2.
문 안쪽

문과 수납장 안 물건과의 사이에 생긴 공간이다. 가벼운 물건은 양면테이프로 고정하고 무거운 물건은 싱크대용 비닐걸이를 이용해 매달아 수납하거나 나사로 고정한다.

3.
수납도구의 틈새

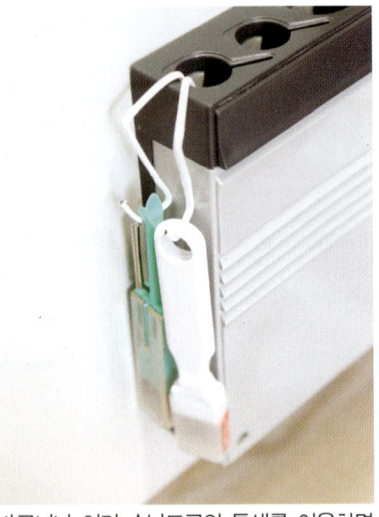

바구니나 여러 수납도구의 틈새를 이용하면 남는 물건을 유용하게 걸 수 있다. S자 고리 등을 끼워 넣으면 자주 사용하는 물건을 걸어둘 수 있다.

Step ❺ 라벨 붙이기

내용물이 보이지 않는 바구니나 박스에는 라벨을 붙인다. 또한 아무 데나 물건을 넣는 습관이 있다면 포스트잇을 이용해 '1단 유리 밀폐용기, 2단 플라스틱 밀폐용기, 3단 전자제품' 등으로 간단히 메모해 붙여둔다.

코너별 정리

1. 개수대 아랫부분

수납하기 적당한 물건 가려내기
개수대 아래 어떤 물건이 배치되어 있는지 살펴보고 수납할 물건을 결정한다.

개수대 아래는 배수관 때문에 수납이 어려운 공간이지만 자주 사용하는 위치이기 때문에 꼼꼼히 수납하면 효과를 많이 느낄 수 있는 공간이다. 배관 때문에 습기가 많기 때문에 식재료나 식기보다는 냄비나 볼 등 조리용 도구를 수납하는 것이 좋다.

배치하기
수납공간을 구분(냄비, 도마와 쟁반, 세제)해 물건을 넣어보면서 레이아웃한다. 사용 빈도수에 따라 밖에서 안쪽으로 배치한다.

D.I.Y. 배수관 통과하는 냄비 정리대

개수대 아래는 배수관 때문에 선반을 설치하기 어렵지만
배수관을 분리해 네트에 끼워 넣으면 간단히 선반을 설치할 수 있다.

재료 : 네트, 접이식 선반, 케이블 타이, 플라스틱 파일함

> "개수대 아래는 선반이 없어서 냄비를 쌓아두다 보니 무너지고 꺼내기 어려워요. 배수관 위치에 상관없이 선반 만드는 방법이 있나요?"

❶ 길이가 긴 접이식 선반을 배치한다. 선반이 공간을 나누지 않는 것이 좋으며, 네트의 중간을 지지해야 냄비를 올렸을 때 처짐이 적다.

▶ 선반 다리가 공간을 어중간하게 가로지르면 냄비를 꺼낼 때 불편해 공간 활용도가 떨어진다.

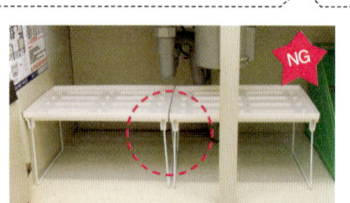

짧은 2단 선반 2개. 선반 다리가 왼쪽 폭을 2개로 나눠 공간 활용도가 떨어진다.

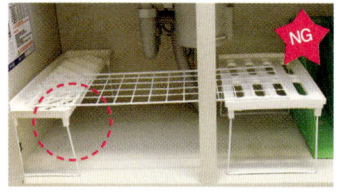

긴 선반 1개와 짧은 선반 1개. 선반 다리 때문에 냄비를 꺼내기가 불편하다.

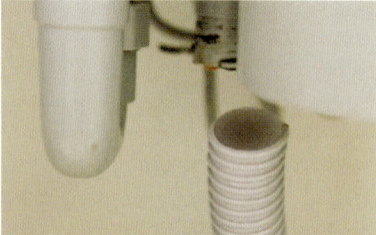

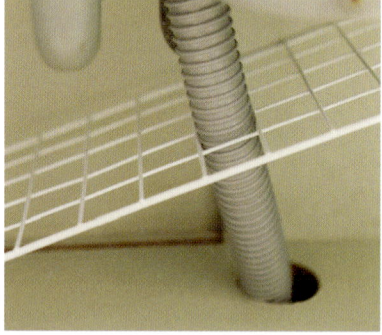

❷ 배수관을 분리한 후 선반 위에 올릴 네트를 분리한 배수관에 끼워 넣는다.

접이식 선반의 경우 배수관을 끼워 넣기에 폭이 좁으면 화훼용 가위나 칼을 이용해 배수관 폭에 맞게 망을 잘라낸다.

❸ 케이블타이를 이용해 네트를 연결하고, 네트와 선반도 서로 묶는다.

❹ 네트의 끝부분이 벽에 닿지 않는다면 네트를 ㄱ자 형태로 연결해 적당한 높이의 벽을 만든다. 네트가 스탠드처럼 양옆으로 받쳐주어 물건을 안정적으로 세워둘 수 있다.

 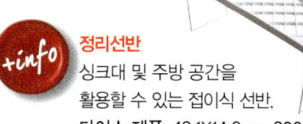

정리선반
싱크대 및 주방 공간을 활용할 수 있는 접이식 선반.
다이소 제품, 43.1X14.6cm, 2000원

 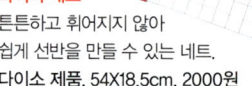

와이어 네트
튼튼하고 휘어지지 않아 쉽게 선반을 만들 수 있는 네트.
다이소 제품, 54X18.5cm, 2000원

D.I.Y. 도마 스탠드와 세제함

개수대 하부는 높이가 높고 조리대와 가까워서 길이가 긴 도마, 쟁반을 수납하기에 좋은 공간이다.
냄비를 정리하고 남은 자투리 공간에 파일 박스를 이용해 수납한다.

재료 : 파일박스, 플라스틱 바구니, 케이블 타이

❷ 파일 박스끼리 움직이지 않도록 케이블 타이로 묶는다.

❸ 상단에 커버를 끼워 넣는다.
▶ 파일박스는 상단과 앞부분, 두 곳에 커버를 끼워 넣도록 홈이 있다. 앞부분에 끼워 넣으면 물건을 꺼낼 때 걸려 불편할 수 있기 때문에 상단에 끼워 넣어 위 공간을 활용하는 것이 좋다.

둥근 물체를 넣을 경우에는 안전하게 보관하기 위해 홈에 고무줄을 묶는다.

❶ 냄비를 정리하고 남은 공간에 파일 박스를 채워 넣는다.
▶ 파일 박스의 평균 사이즈는 깊이 25cm, 높이 30cm 내외이다. 싱크대 하부는 깊이가 깊기 때문에 파일 스탠드를 세우지 않고 눕혀둔다.

❹ 파일 박스 위에 바구니를 케이블타이로 연결한다.
▶ 바구니와 파일박스를 케이블타이로 연결하면 떨어지지 않기 때문에 윗면보다 폭이 더 깊은 바구니를 선택해도 좋다.

❺ 완성.

털팽이's advice
파일함 위쪽의 바구니에는 리필용 세제나 청소도구 등을 모아서 정리해보았어요. 파일함에 수납할 때는 큰 물건을 가장자리에 배열해야 세제함의 물건을 쉽게 꺼낼 수 있어요.

아이디어 수납법

냄비 뚜껑을 따로 모아두려면 크기가 제각각이어서 정리가 어렵기 마련이다.
이럴 때는 바구니에 옷걸이로 홀더를 만들어 손잡이를 걸어서 보관하면 깔끔하게 정리할 수 있다.

냄비 뚜껑 정리대

재료 : 바구니, 세탁소 옷걸이, 펜치나 절단기

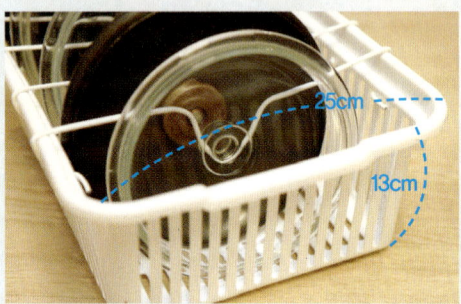

❶ 짧은 쪽 폭이 25cm, 높이가 13cm 내외인 메시 바구니를 준비한다. 냄비는 일반적으로 16~24cm 내외이다. 따라서 짧은 쪽의 폭이 25cm 내외인 바구니를 구입하면 여러 종류의 냄비 뚜껑을 수납할 수 있다. 높이 또한 홀더에 반 정도 걸쳐지려면 반지름이 12.5cm 내외인 것이 좋다.

❷ 세탁소 옷걸이의 고리 부분을 떼어내고 자른 옷걸이를 반으로 접어 뚜껑 이음새 부분에 맞춰 둥글린다.

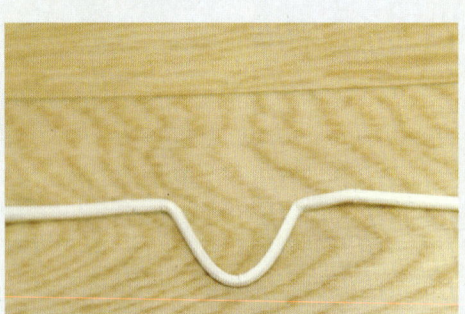

❸ 펜치로 양옆을 꺾는다. 홀더 부분의 깊이가 낮으면 작은 냄비를, 깊이가 깊으면 큰 냄비를 걸 수 있다.

❹ 바구니의 양옆으로 5cm 정도 여유를 두고 자른 뒤 끝부분을 망에 끼워 넣어 감아서 고정한다. 큰 냄비에서 작은 냄비 순으로 걸 수 있도록 깊은 홀더에서 낮은 홀더 순으로 끼워 넣는다.

2. 개수대 위 식기장

수납하기 적당한 물건 가려내기

개수대 위 식기장은 자주 사용하는 위치이므로 컵이나 식기를 보관하면 좋다.
보통 유리문으로 처리되어 안이 잘 보이므로 깔끔히 정리해보자. 배치된 물건을 살펴보고 수납할 물건을 결정한다.

컵과 식기가 여기저기 분산되어 있으며, 약이나 플라스틱 밀폐용기도 수납되어 있다.

배치하기

컵과 식기의 수납공간을 구분하고 물건을 넣어보면서 배치한다. 사용 빈도수에 따라 아래에서 위로 배치한다.

오목 접시 vs 납작 접시

납작 접시는 ➩ 접시 스탠드
납작한 접시는 접시 스탠드를 이용해 파일함에 서류를 꽂듯이 세워서 수납한다. 세로 수납하면 한 장씩 쉽게 꺼낼 수 있다.

오목 접시는 ➩ 2단 선반
오목한 접시는 높이가 있기 때문에 접시 스탠드에 세워서 정리하기에 적당하지 않다. 오목 접시는 2단 선반을 이용해 종류별로 구분해 정리한다.

● 접시 전용 선반은 정리용 2단 선반보다 낮고 가장자리도 접시처럼 둥근 형태이다. 특히 하단이 10cm 정도로 낮기 때문에 큰 접시를 상단에, 소스 그릇처럼 작은 접시를 하단에 정리하는 것이 좋다.

"접시를 층층이 쌓아두면 꺼낼 때마다 들어내야 해서 불편해요. 쉽게 정리하는 방법이 있나요?"

네트를 이용한 대롱대롱 컵 수납법

수납장 선반 아랫면에 와이어로 네트를 묶어 수납해본다. 하단에 공간이 남아 다른 물건을 수납할 수 있으며 네트의 특성상 컵을 원하는 곳에 달 수 있는 장점이 있다.

재료 : 네트, 철끈(와이어), 철제 옷걸이

❶ 선반 크기에 맞는 네트를 준비하고 두께 1mm 이상의 와이어를 이용해 네트를 한 칸 한칸 엮으며 묶는다.

❷ 끝부분은 풀어지지 않게 여러 번 감아서 고정한다.

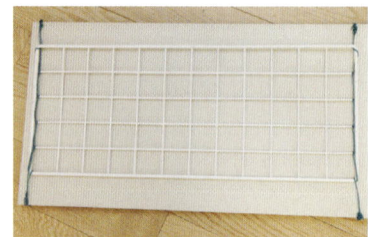 

❸ 양쪽을 대칭으로 묶는다.

❹ 철제 옷걸이로 소형 S자 고리를 만들어 커피잔을 매달아 수납한다.

털팽이's advice

컵을 매달면 혹시라도 떨어져 깨지고 다칠 수 있기 때문에 일반 실보다 두껍고 끊어지지 않는 와이어로 고정했습니다. 컵을 매달면 하단에 공간이 생기는데 커피잔이나 주전자와 같이 함께 사용하는 물건을 정리하는 것이 좋습니다.

A 접시 선반
접시를 2단으로 정리할 수 있는 접시 전용 선반. 다이소 제품, 1000원

B 접시 스탠드
접시나 각종 뚜껑을 세워서 수납할 수 있는 접시 스탠드.
다이소 제품, 1000원

철끈 물건을 묶거나 포장하고 전선을 정리하는 등 다용도로 사용할 수 있는 컬러 와이어. 두께와 색상이 다양하므로 용도에 따라 선택한다. 다이소 제품, 1000원

식기는 세트별로 정리한다

항상 사용하는 식기는 식구 수대로 공기와 대접을 세트별로 포개어 정리한다. 공기와 대접을 따로 정리하면 식사 때마다 밥그릇과 국그릇을 따로 챙겨야 하지만, 포개어 앞쪽에 정리해두면 한 번에 꺼낼 수 있다.

사용하지 않는 물건은 박스 속에

사용하지 않는 식기나 컵은 상자에 담아 싱크대 상단에 정리한다. 라벨을 붙여두지 않으면 상자를 모두 꺼내어 뒤져야 하므로 종류별로 잘 분류해 라벨을 붙여둔다. 박스를 접을 때 양옆을 자르면 박스가 약해지므로 자르지 않고 끼워 넣는다.

네트 100% 활용! 끼우는 선반

물건과 선반 사이의 공간은 끼우는 선반을 이용해 활용한다. 끼우는 선반은 시중에서 많이 판매되지만 여러 개를 구입하기에는 가격이 부담스러운데 네트를 이용하면 저렴한 가격에 만들 수 있다.

재료 : 네트, 절단기

❶ 길이 40cm 이상의 네트를 준비한다.
　▶ 양쪽으로 구부리는 양과 물건 넣을 곳의 사이즈를 고려해 네트 길이를 계산한다.

❷ 싱크대 모서리를 이용해 ㄷ자 형태로 구부린다.

❸ 절단기를 이용해 양끝 부분의 철사를 자른다.
　▶ 네트의 가장자리 두 군데의 철사는 일반 펜치를 이용해 자를 수 없다. 절단기로 자르거나 남편에게 부탁해보자. 절단기는 철물점이나 다이소에서 구입할 수 있다.

❹ 선반에 끼워 넣는다.

수납하기 적당한 물건
작거나 길이가 긴 조리도구, 각종 수저류, 랩 포일, 빨대, 수저, 이쑤시개 등 소모품.

서랍은 자주 쓰는 물건을 쉽게 찾을 수 있는 공간이다. 서랍은 물건마다 칸을 잘 만드는 것이 포인트이므로 칸 만드는 방법을 익히는 데 주목해보자. 서랍 안에는 한 칸에 한 가지 물건을 정리한다. 여러 종류의 물건을 칸으로 나누지 않고 배열하면 처음에는 정리되어 보이지만 사용하다 보면 섞여서 흐트러지기 쉽다.

3. 서랍 정리법

메시 바구니로 서랍 안 구성하기

주방용품은 길이도 길고 양도 많아서 서랍 정리함으로는 정리하기가 어렵다. 우유팩이나 박스는 크기를 맞추기는 쉽지만 내구성이 약하다. 구멍이 뚫린 메시 정리함을 자르고 이어서 정리해보자. 서랍 크기에 맞춰 늘이고 줄일 수 있어 원하는 크기로 맞춤 수납을 할 수 있다.

재료 : 메시 정리함, 케이블 타이

❶ 메시 정리함을 서랍 크기에 맞춰 배열한다.

바구니의 바닥까지 구멍이 뚫린 제품이 자르고 이어 쓰기 쉽다.

❷ 조리도구의 길이에 맞춰 얼마만큼 늘여야 할지 가늠한 뒤 잘라 이을 곳을 표시한다.

❸ 바구니의 망에 케이블타이를 연결해 단단히 잇는다.

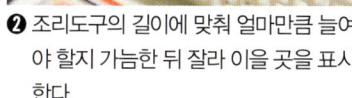

패션 슬림 바스켓 (L)
각종 서랍 안을 가지런히 정리할 수 있는 슬림한 바구니.
락앤락 제품, 225X90X50cm, 1200원

서랍 부속을 이용한 휴지걸이

싱크대 서랍의 봉을 이용해 키친타월을 수납해보자.

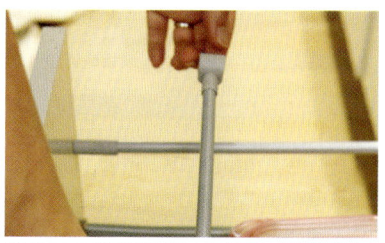

❶ 싱크대 서랍의 봉을 분리한다. 양끝 부분이 고무로 되어 있어 안쪽으로 밀면 쉽게 분리할 수 있다.

❷ 키친타월과 화장지를 끼운다.

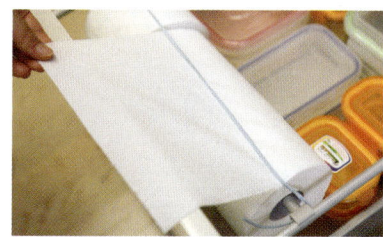

❸ 봉걸이 부분에 천 재질의 고무줄을 끼운다. 고무줄 때문에 한 방향으로만 풀려 깔끔히 고정된다.

화장지가 풀어져서 다른 물건을 가린다.

4. 조미료용 드래그장

수납할 물건 가려내기

조미료는 음식을 무치고, 튀기고, 끓이는 중간 중간에 꼭 필요한 식재료이므로 조리대와 가스레인지 주변의 꺼내기 쉬운 위치에 비치해야 한다. 하지만 실제로는 사용하기 불편한 위치에 비위생적으로 방치되는 경우도 많다. 작은 부분이지만 관심을 갖고 정리하면 요리 시간이 훨씬 편해진다.

❶ 습관은 정리의 적!

정리를 막는 심리적인 요인 중 하나는 오랫동안 지속해왔던 습관이다. 조미료를 비닐째 사용했다면 덜어서 사용하는 것은 습관상 불편한 일이다. 하지만 허리를 굽혀 꺼내고 포장 용기 또한 통일되지 않아 어떤 것은 봉지째 어떤 것은 뚜껑을 열어 사용해야 한다면 다른 수납법을 찾아보는 것이 좋다. 정리를 잘 하기 위해 습관을 버리고 새로운 것도 시도해 보자.

❷ 가루 조미료는 소량씩 정리

조미료는 자주 사용하므로 덜어서 드래그장에 정리한다. 조미료통의 크기가 일률적이지 않으면 빈 공간이 생겨 공간의 낭비가 많으므로 드래그장의 크기에 맞춰 한 가지로 통일하는 것이 좋다.

조미료통은 드래그장의 크기에 맞아야 하며 투명해 내용물을 쉽게 확인할 수 있는 것이 좋다. 또한 리필하기 쉽도록 입구가 적당히 넓은 것이 좋다.

❸ 조미료 봉투 밀봉 보관법

여러 종류의 가루는 사용한 후 밀봉하지 않으면 습기와 냄새를 빨아들여 품질이 떨어진다. 조미료는 봉투의 재질이나 모양에 맞춰 고무줄이나 집게 등을 이용해 밀봉한다.

밀가루 — 바닥이 넓어 세울 수 있고 비닐의 재질이 도톰하기 때문에 끝부분을 돌돌 말아 집게로 고정한다.

지퍼백 형태 — 내용물이 많을 때는 그대로 사용하고 내용물이 줄어들면 접은 뒤 고무줄로 고정해 부피를 줄인다.

잘라서 개봉하는 형태 — 부침가루, 튀김가루, 빵가루 등 가위로 잘라서 개봉하는 형태의 가루 조미료는 입구를 고무줄로 묶거나 봉투 집게로 밀봉해 수납하기 좋게 네모로 접어 보관한다.

5. 좁은 장 코너

단을 구분하는 선반이 없을 경우 선반을 설치하는 대신 가끔 사용하는 큰 냄비들을 쌓아서 보관하고 앞부분은 들어서 꺼낼 수 있도록 박스를 이용해 수납한다.

1.

가끔 사용하는 냄비를 안쪽에 쌓는다.

2.

문 칸에 플라스틱 파일 박스를 달아 식재료를 수납한다.

●파일함 고정하기

고정할 위치를 표시하고 테이프로 임시 고정한다.
문에 매단 물건 때문에 문이 덜 닫히지는 않는지, 문을 여닫을 때마다 내용물이 흔들리지 않는지 확인한다.

나사못으로 각 모서리 부분을 고정한다.

3.

한 번에 들어낼 수 있는 박스를 이용해 가루 조미료를 수납한다.

냄비의 앞쪽에 2단 선반을 놓으면 물건을 높게 쌓을 수 있지만 뒤쪽의 냄비를 꺼내려면 2단 선반 위아래 물건을 모두 들어내야 해 불편하다.

 주방 정리

빌트인 가전을 갖춘 ㄱ자형 주방

요즘 아파트들은 인테리어만큼 주방 공간도 잘 설계되어 있습니다. 단순한 수납장에서 벗어나 편리한 기능을 두루 갖추고 가전제품들 또한 빌트인으로 설치되어 고급스럽고 깔끔합니다. 그런데 실제 거주하는 주부님들은 의외로 주방이 좁아 불편하다는 경우가 많습니다. 오븐, 식기세척기가 설치되어 있어도 사용하지 않는 사람이 많고, 냉장고 또한 빌트인 보다는 용량이 큰 양문형 냉장고를 쓰는 경우가 많습니다. 보기보다 수납공간이 부족한 주방, 구석구석 활용하는 방법을 살펴보겠습니다.

문제점 진단

❶ 냉장고
❷ 후드
❸ 음식물처리기
식기세척기

제대로 수납할 수 있는 공간은 50% 이하

사진은 주거형 오피스텔의 주방 형태이다. ㄱ자형으로 좁은 공간은 아니지만 빌트인 가전제품이 절반 이상의 공간을 차지해, 물건을 제대로 수납할 수 있는 공간은 전체 수납장 10개 중 4개, 즉 절반 이하이다.

1. 빌트인 냉장고

양문형 냉장고가 따로 있어 용량이 적은 빌트인 냉장고는 식기장으로 활용한다.

▶

solution
공간 효율성 높이기
칸칸 나눠져 있고 조리대 근처에 위치해 식기장으로 사용해도 나쁘지는 않지만 고가의 가전제품이므로 좀 더 효율적으로 활용하는 것이 좋다. 곳곳에 흩어져 있는 약, 식품, 간식을 수납하고 실내온도가 높아지는 여름철에는 냉장고를 작동해 신선하게 보관한다.

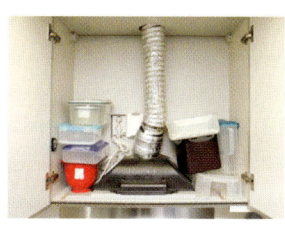

2. 후드장

기계 때문에 바닥에 물건을 놓기가 어렵다. 또한 배기통이 중앙을 가로지르고 있어서 선반을 설치하기가 어려워 윗부분은 활용하지 못한다.

▶

solution
밀폐용기 보관 장소로
배기통 부분을 파낸 U자형 칸막이를 설치해 물건을 수납한다. 꺼내기 어려운 공간이기 때문에 자주 사용하는 물건보다는 잘 사용하지 않지만 크기가 큰 밀폐용기 위주로 수납한다.

3. 개수대 아래

왼쪽은 음식물 처리기, 오른쪽은 정수기, 중앙은 수전과 배관 때문에 냄비 몇 개 정도만 쌓아둔다.

▶

solution
아이디어 수납법 활용
공간 상태는 좋지 않지만 설거지하며 꺼내기 편한 위치이다. 다양한 수납 기술을 활용해 개수대에서 필요한 물건을 수납한다.

두께가 얇은 쟁반

조리묘구

가벼운 볼

가끔 사용

사용빈도 수

냄비, 망

자주 사용

길고 얇은 물건

Rinnai VIUUM

정리가 잘 된 개수대 하부장의 모습
보통은 수전과 배관만 있는데 음식물 처리기와 정수기까지 설치되어 있어 공간이 매우 비좁다.

1. 하부장 정리법

개수대 아랫부분

공간이 도막 나지 않도록 최대한 길고 네모나게 나눈다. 넓은 공간은 쪼개어 분할할수록, 좁은 공간은 조각들을 모아서 붙일수록 효율성이 높아진다.

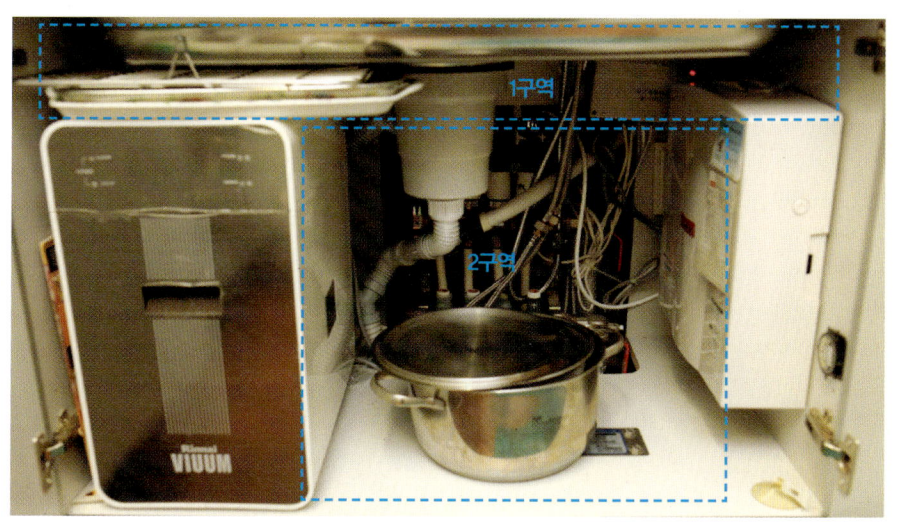

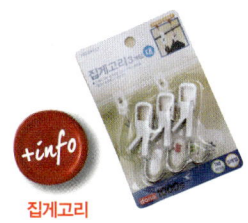

집게고리
집게와 고리가 함께 달려 있어 수세미, 행주를 집거나 소품을 걸어둘 수 있다.
다이소 제품, 1000원

1구역 수납하기

음식물 처리기와 정수기의 높이가 비슷하므로 넓은 네트를 올려 선반을 만든다.

배수관이 걸려서 들어가지 않으면 배수관 위치의 네트를 잘라서 끼워 맞춘다.

2구역 수납하기

케이블타이를 이용해 네트에 ㄷ자 선반을 매단다. 바닥이 좁으면 선반의 다리를 천장에 고정한다.

가로로 2개의 볼을 놓을 수 있는 공간이다.
ㄷ자 선반을 바닥에 둘 경우 선반의 다리 때문에 볼을 하나만 수납할 수 있다.

얕은 서랍칸

재료 : 벌집 형태의 정리함, 긴 바구니

❶ 서랍 안의 물건을 꺼내고 길이가 긴 물건과 나머지로 구분한다.

❷ 벌집 정리함은 끝부분을 화훼용 가위로 잘라 크기를 맞춘다.

❸ 바구니는 잘라서 크기를 맞춘 뒤 케이블타이로 잇는다.

❹ 서랍 안에 벌집 정리함과 바구니를 배열한 뒤 서랍 크기에 맞춰 칸을 만든다.

벌집 정리함에는 행주·수세미·잡동사니들을 수납하고, 바구니에는 젓가락·포크 등 긴 물건을 수납한다.

깊은 서랍칸

재료 : 바구니, 북엔드

식품을 크기별, 종류별로 분류한 뒤 사이드바를 이용해 정리한다.

파우치형 식품은 북엔드로 세운 뒤 봉으로 구분한다.

국수, 스파게티 등 긴 식품은 사이드바를 이용해 세워서 수납한다.

코너장

❶ 사용하기 편한 위치를 파악한다.

❷ 냄비를 사용 빈도별로 배열한다.

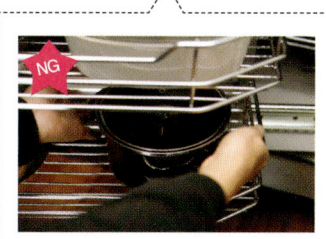

하단은 양수 냄비보다는 손잡이가 긴 편수 냄비를 수납하는 것이 꺼내기 편하다.

2. 상부장 정리법

식기 수납장

재료 : 접시 선반, 네트, 케이블타이

접시 선반으로 접시를 수납했다. 전체 폭에 비해 접시 선반 크기가 작아 많이 수납할 수 없다.

❶ 접시 선반 사이에 네트를 올린다.

❷ 케이블 타이로 네트와 접시 선반을 연결한다.

수납할 수 없었던 가장자리에도 접시를 올릴 수 있어 수납량이 두 배로 늘어난다.

후드장 속 수납

재료 : 재단한 코팅 합판, 나사못 또는 다보 못

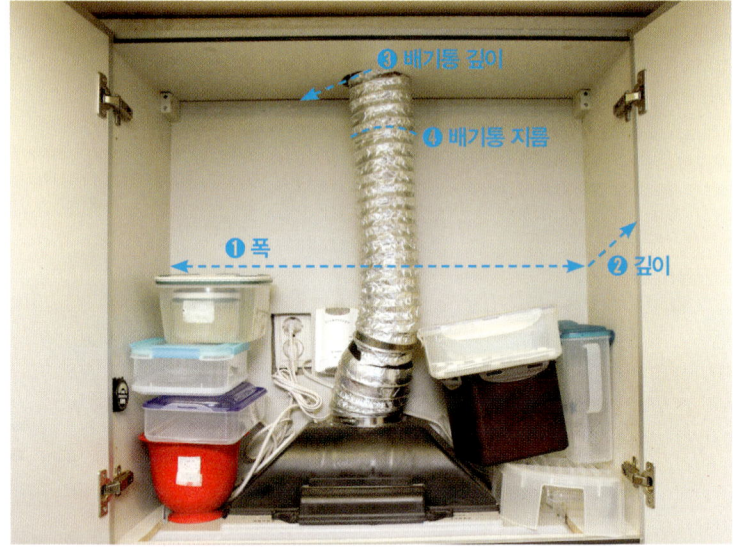

❶ 후드장의 폭과 깊이, 배기통의 지름과 깊이를 측정한 뒤 선반을 주문한다.

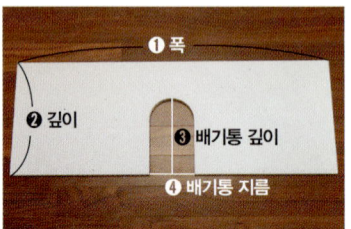

❷ 선반을 준비한다.

❸ 선반을 설치한다.

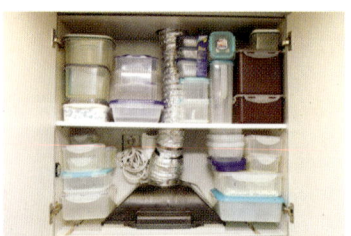

❹ 밀폐용기를 차곡차곡 쌓아서 선반에 정리한다.

3. 빌트인 가전의 수납법

빌트인 냉장고

보관하고 있던 식기는 조리대 근처로 옮기고, 가전제품이라는 장점을 살려 약, 식품, 간식을 수납했다. 평소에는 꺼두고 실내온도가 높은 여름에는 작동해 식품을 신선하게 보관한다.

오븐

사용하지 않는 오븐이라면 빈 공간에 프라이팬을 수납한다. 요리하면서 쉽게 꺼낼 수 있는 위치이므로 편리하게 사용할 수 있다.

행주는 오븐 손잡이에 걸어 말리고, S자 고리에 수건과 장갑을 건다.

일회용품 고정 밴드 철망 선반에 고무줄을 묶은 뒤 장갑, 비닐을 끼운다. 하단에는 랩, 포일 등을 정리한다. 매달아 수납하면 제품이 고정되기 때문에 쉽게 뽑아 쓸 수 있고 공간도 절약된다.

4. 조리대·식탁·etc.

조리대 정리

조리대 비우기
싱크대 상판에서 가장 넓은 공간을 확보해야 하는 곳은 조리대이다. 칼, 도마, 냄비, 볼, 다듬어야 할 재료들. 양념장 등을 올려둬야 하기 때문에 넓게 비워두는 것이 좋다. 전자레인지를 다른 위치로 옮기고 요리에 필요한 조미료, 조리도구를 배치한다.

조리도구 개수 줄이기
물건이 많으면 쉽게 흐트러지고 꺼내기도 어렵다. 조리도구는 자주 사용하는 것만 남기고 나머지는 따로 담아둔다.

양념통 관리법
양념통에는 설탕, 소금뿐 아니라 국물용 재료도 함께 보관한다. 설탕, 소금은 쉽게 여닫을 수 있는 원터치형 양념통에 보관하고 깨, 건어물 등 변질이 쉬운 재료는 밀폐형 양념통에 보관한다. 또 스푼을 꽂아두면 깔끔하게 관리 가능하다.

요리책 홀더
요리하면서 책까지 펴두면 조리대가 더욱 좁아진다. 요리책은 자석 홀더를 이용해 전자레인지나 냉장고에 고정해두면 조리대를 더 넓게 사용할 수 있다.

Ⓐ 락앤락 양념통 7p 세트
여닫기 쉬운 원터치형과 장기간 보관할 수 있는 밀폐형으로 구성된 양념통 세트.
락앤락 제품, 3만4800원

Ⓑ 키친 레서피 자석 홀더
요리책을 붙여둘 수 있는 일본산 강력 마그넷 자석 홀더.
온라인 숍 마미마켓

물 빠짐이 쉬운 매달기

수납 개수대는 물기 때문에 곰팡이나 세균이 번식할 수 있으므로 모든 물건은 걸거나 매달아 정리한다. 망 형태의 수세미 경우 수도꼭지에 걸어두면 물기도 빼고 말릴 수 있다. 청소 솔도 후크 형태의 제품을 모서리에 부착해두면 청소도 쉽고 위생적이다.

개수대 정리

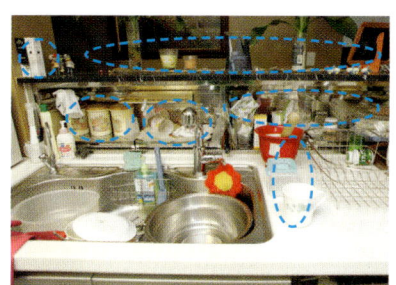

'깨진 유리창의 법칙'
개수대 위는 쉽게 어수선해지는 곳이다. 깨끗한 곳은 깨끗이 쓸고 닦게 되고 어수선한 곳은 이것저것 아무 생각 없이 늘어놓게 되는 법이다. 설거지와 관련이 없는 물건들은 모두 치우고 물건을 재배치한다.

전선 정리
개수대는 물이 많이 튀므로 근처에 전선이 지나가야 할 때는 선반의 하단에 쫄대를 붙여 정리한다.

수저 건조
수저를 보관하는 수저통 안에도 물때와 습기가 생기기 쉬우므로 항상 씻어주어야 한다. 수저통의 위생이 염려된다면 식기건조대의 망에 꽂아서 수납해보자. 깨끗이 마를 뿐 아니라 사용하기도 편하다.

적층형 용기
시리얼이나 잡곡 등 자주 먹는 식품은 전용 용기에 담아둔다. 용기 입구가 앞면에 있으면 위로 여러 개를 쌓아도 내용물을 쉽게 꺼낼 수 있다.

키치토 싱크 정리 세트
스펀지, 세제, 쓰레기 포켓으로 구성된 일본산 주방 정리 세트.
온라인 숍 마미마켓 구입

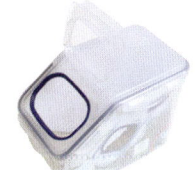

락앤락 잡곡통
뚜껑이 앞면에 있어서 잡곡, 과자, 사탕, 세제 등을 보관하기에 좋다.
락앤락 제품, 7800원

before

식탁 정리

쓰임새에 맞춰 정리하기
식탁은 식사하는 공간이지만 식탁에서 영수증 정리와 아이 숙제를 봐준다면 이에 맞춰 정리하는 것이 좋다. 치워도 그 자리에서 쓰이는 물건은 다시 쌓이기 때문이다. 식탁 정리 선반을 이용해 간식과 약, 식탁 위에서 펼쳐 보는 영수증과 안내장 등을 정리한다.

집중 수납 vs 분산 수납
물건은 제자리에 집중시켜 정리하는 것이 좋지만, 자주 사용하는 물건은 실제 사용하는 곳에 분산시켜 정리한다. 예컨대 항상 먹는 약은 약장이 제자리이지만 날마다 가져오고 돌려두기를 반복하기보다 식탁 근처에 수납하는 것이 편하다.

 내추럴 너비 조절 3단 키친 선반
식탁과 싱크대의 크기에 맞춰 너비를 조절할 수 있는 선반. 스토피아 제품, 화이트/체리 색상, 1만9800원

기타 부분의 정리

양파 보관
양파, 고구마, 마늘 등 건조하게 보관해야 하는 채소는 통풍이 잘되는 망 바구니에 담아 보관한다.

베란다장
건어물·미역 등 해조류, 당면·과자·라면 등 포장이 크고 대량으로 구입한 식품은 베란다에 수납하는 것이 좋다.
해조류, 건어물 등 포장이 큰 식품은 사선형 박스에 과자, 라면 등 포장이 작은 식품은 일반 박스에 나눠 수납한다.

양파걸이
플라스틱 체인을 빨래건조대에 달고 S자 고리를 걸어 양파나 마늘 등을 걸어둔다.

비닐
끈이 달린 바스켓에 담아 베란다 문 손잡이에 걸어둔다. 자리도 차지하지 않고 안이 잘 보여 꺼내기 쉽다.

+info 켄트 손잡이 햄퍼
손잡이를 벽에 걸어둘 수 있는 원통형 면직물 바구니. 세탁물뿐 아니라 수납·장식용으로 다양하게 사용할 수 있다.
모던하우스 제품, 7900원

+info 플라스틱 체인
강도가 강해 쉽게 끊어지지 않는 플라스틱 체인.
옥션 판매자 충정 안전공사 구입, 1m당 1400원

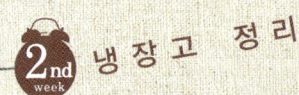 냉장고 정리

양문형 냉장고 수납법

냉장고는 주부들이 가장 정리하기 어려워하는 공간이지만, 수납 방법을 알면 가장 정리하기 쉬운 공간이 냉장고입니다. 다른 곳은 사이즈를 재고 내용물을 확인해야만 꼼꼼히 수납할 수 있지만 냉장고는 내부구조가 비슷하고, 한국 사람이라면 보관하는 식품들 또한 비슷하기 때문에 필수적으로 필요한 수납용품 몇 개만 준비하면 어려움 없이 정리할 수 있는 곳입니다. 이번 파트에서는 냉장고 정리를 위한 필수 아이템을 중심으로 식품들을 신선하게 보관하는 방법들에 대해 살펴보겠습니다.

문제점 진단

1.
봉지를 이용한 수납이 일반적

특별히 지저분하지도 깔끔하지도 않은, 흔히 볼 수 있는 냉장고이다. 음식은 밀폐용기나 비닐에 정리하며, 한 달에 한 번 정도 청소한다. 냉장실은 오래된 음식물들이 많아서, 냉동실은 꺼낼 때마다 덩어리 봉투들이 쏟아져서 불편하다.

▶

solution
불편한 점을 고민하자!
봉투나 밀폐용기를 이용하는 일반적인 정리 방법이지만, 봉투에 담아서 쌓아두면 무너지게 되고, 담아서 넣어두기만 하면 안쪽 음식들은 상하기 쉽다. 냉장고 문을 열 때마다 항상 당연하다 생각하기 때문에 365일 불편을 겪게 된다. 어떤 점이 불편한지 찾고 고민해야 해결점을 찾을 수 있다.

2.
냉장실 선반

상단에는 양념, 그 외에는 반찬을 넣어두었다.
A. 양념이 위칸에 정리되어 꺼내기 어려워 보인다. B. 반찬은 정리했다기보다는 아무 데나 빈 곳에 넣어둔 듯하다. C. 채소를 선반 앞부분에 쌓아두어 반찬의 출입을 방해하고 있다.
전체적으로도 선반의 앞쪽은 붐비는 반면 안쪽은 한산해 보인다.

▶

solution
구분을 잘 해둔다
음식을 종류별로 구분해 칸을 정해주면 냉장고 정리를 잘 할 수 있다. 반찬도 날마다 그때그때 만드는 반찬, 오랫동안 두고 먹는 밑반찬, 큰 통에서 덜어 먹는 김치, 장아찌 등 여러 가지로 구분할 수 있다. 이렇게 특징에 맞게 구분한 뒤 적당한 위치에 보관하면 찾기도 쉽고 신선하게 관리할 수 있다.

3.
냉동실 선반

A. 플라스틱 통의 크기가 선반보다 작아 오히려 수납에 방해가 된다. 식품의 양 또한 너무 많고 안쪽의 식품은 꺼내기 어려워 산패될 우려가 있다.
B. 작은 덩어리 식품들을 앞쪽에 두어 다른 식품을 꺼내기 불편해 보인다.

▶

solution
바구니 선택이 수납량을 결정한다
A. 바구니는 수납공간 크기에 딱 맞는 제품이 좋다. 바구니 크기가 수납할 공간과 비슷할수록 낭비하는 공간이 적어지기 때문이다.
B. 부피가 큰 식품은 선반에 보관하는 것이 좋지만 떡이나 고기처럼 부피가 작은 식품은 서랍 안에 칸을 나누어 정리하면 훨씬 정돈돼 보인다.

냉장고 정리를 위한 필수 아이템 7

재활용품부터 수납용품까지, 식재료를 구분해주고 신선하게 보관해주는 냉장고 정리용 필수 아이템이다.

냉장실 정리용

대파 보관함
생선뿐 아니라 대파, 오이 등 긴 채소를 정리하기에 좋다. 밀폐력이 뛰어나 오랫동안 신선하게 보관할 수 있다. **락앤락 제품, 멀티락 생선용 중간 사이즈**

채소 보관함
요리하고 남은 채소, 부재료를 모아서 보관하기에 좋다. 칸칸이 나눠져 있어 비닐에 묶지 않아도 종류별로 구분할 수 있다. **락앤락 제품, 멀티락 알뜰형大 칸칸형**

진공백
식품의 신선함을 더 오랫동안 유지해주는 냉장고용 진공백이다. 입구를 열처리하여 밀봉하는 제품과 이불 압축백처럼 지퍼를 닫은 후 공기를 빼내는 제품이 있다. 냉장고에 보관한 식재료는 여러 번 나누어 쓰는 경우가 많기 때문에 지퍼식 제품이 편리하다. 채소, 과일도 오랫동안 신선하게 보관할 수 있다. 진공백은 재사용할 수 있다. **락앤락 제품, 스마트세이버핸디**

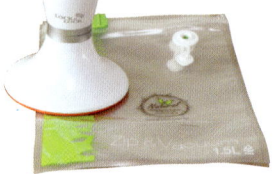

냉동실 정리용

지퍼백
비닐에 담아 얼리면 둥글게 돌덩이처럼 얼어서 공간을 많이 차지하고 매듭도 풀기 어렵고 밀폐력도 떨어진다. 특히 지퍼백은 평평하게 얼릴 수 있으며 꺼내기 쉽고 밀폐력이 좋다.

냉동실 트레이
냉동실용 바구니는 구멍이 뚫려 냉기 전달이 잘 되고, 높이가 적당해 식품들이 쓰러지지 않아야 한다. A4 파일함은 사이즈가 냉동실 선반에 적당하며 화이트 색상은 수납했을 때 깔끔하다. **다이소 제품, 다이소 메시정리함 (A4 사이즈)**

문칸 정리함
문칸을 잘 활용할 수 있는 도어 포켓용기이다. 자주 꺼내는 가루, 건어물, 깨, 견과류 등을 칸칸 신선하게 보관할 수 있다. 냉장고 용량에 따라 문 한 칸의 폭과 깊이가 다르므로 크기를 측정한 후 구입한다. **락앤락 제품, 멀티락 도어 포켓**

서랍, 문칸 정리용

구석구석 정리용
냉장고 구석구석을 정리할 수 있는 재활용품이다. 페트병은 내구성이 좋고 우유팩은 자르기 쉬우며 내부 색상이 깨끗하다. 페트병은 원형보다 정사각 형태 특히 삼다수 병이 좋다.

정리 전에 꼭 알아두자!

1.
'무조건 칸 나누기'는 좋지 않다.

'수납' 하면 가장 먼저 떠오르는 이미지가 칸 나누기지만 실제 서랍 안을 칸칸 나누면 오히려 수납에 방해된다. 특히 채소나 과일은 큰 봉지째 구입하는 경우가 많기 때문이다. 칸을 나눌 때는 최소한으로 나누고, 큰 덩어리가 생기면 위치를 움직일 수 있게 하는 것이 좋다.

2.
정리 전 3~4일은 '냉장고 다이어트 기간'

3일 전 / 3일 후

냉장고 정리를 계획했다면 정리 전 3~4일은 장보기를 멈추고 식품의 양을 줄인다. 언젠가 먹으려던 식품들도 요리하고, 오래된 것은 하나 둘 없앤다. 식품의 양이 줄어드는 것만으로도 충분히 정리 효과를 볼 수 있다.

3.
귀찮더라도 '라벨링'은 필수!

정리를 습관화하기 위해 가장 중요한 과정이 '라벨링'이다. 당장은 알 것 같지만 며칠만 지나면 아무데나 음식을 채워 넣게 되고 그러다 보면 다시 엉망이 된다. 그래서 정리가 끝난 시점에 바로 라벨을 붙이는 것이 좋다.

1. 냉장실 선반칸

꺼내기, 버리기, 용기 옮기기

식품의 자리를 옮기는 것이 아니라 사용하기 편하도록 배치를 통째로 바꾼다는 생각으로 정리한다. 모두 꺼낸 뒤 유통기한이 지난 식품, 상한 식품, 먹지 않은 식품은 버린다.

제자리 정하기

- **최상단** ⇨ 자유석
- **상단** ⇨ 달걀, 자투리 채소 등 준비용 식재료
- **중간단** ⇨ 자주 꺼내는 반찬
- **하단** ⇨ 된장, 고추장, 양념장 등 무겁고 냄새가 강한 식품

하단 : 양념칸 정리하기

트레이를 이용해 용기를 모아서 정리한다. 작고 가벼운 용기는 앞쪽에 배열하면 쉽게 찾을 수 있다.

Check!

냉장실 트레이 사용법

냉장고의 용량이 커질수록 선반 깊이가 깊어져 안쪽의 음식을 꺼내기가 어려워진다. 이때 트레이를 활용하면 좋은데 식품의 특성에 따라 트레이 사용법이 달라진다.

가볍거나 상단에 보관한 식품
식품을 모아서 트레이째 꺼낸다. 높이가 높고 손잡이가 있는 제품을 사용하는 것이 좋다.

무거운 식품
된장, 고추장 등은 무거워서 트레이를 잡아당겨 꺼내는 일은 거의 없다. 이때 트레이는 식품을 종류별로 구분해 정리하는 역할을 한다.

이런 트레이는 NG!! – ①
공간을 나누는 어중간한 폭은 피한다. 항상 구비해두는 식품은 용기 크기에 맞추어 트레이를 준비한다.

이런 트레이는 NG!! – ②
용기를 가리는 높은 트레이는 좋지 않다. 트레이의 앞면 때문에 용기가 가려서 꺼낼 때마다 트레이를 당겨야 한다.

중간단 : 반찬칸 정리하기

반찬통은 매트로 구분하여 정리한다. 바닥이 지저분해지면 매트만 꺼내 씻으면 되므로 청소가 수월하다. 줄지어 정리할 수 있으므로 시각적으로도 정돈되어 보이는 효과가 있다. 반찬통은 트레이에 담아 정리하면 공간을 나누어 정리에 방해가 된다.

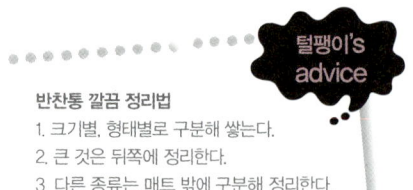

털팽이's advice

반찬통 깔끔 정리법
1. 크기별, 형태별로 구분해 쌓는다.
2. 큰 것은 뒤쪽에 정리한다.
3. 다른 종류는 매트 밖에 구분해 정리한다.

Check!

밀폐용기 고르기

정사각형 vs 직사각형
냉장고 선반은 세로로 긴 직사각 형태이므로 정사각형보다는 직사각형 밀폐용기가 공간 활용도가 좋다.

단색 vs 알록달록
단색의 용기가 정리했을 때 통일감 있고 정돈되어 보인다. 또한 원색보다는 냉장고 색상과 비슷한 화이트나 톤 다운된 파스텔 색상이 단정해 보이며, 난색보다는 한색이 청량감이 있어 신선해 보인다.

빙글빙글 회전 선반
선반에 식품을 수납하면 바깥 부분의 식품은 잘 보이지만 안쪽 식품은 보이지도 않고 꺼내기도 어렵다. 따라서 쟁반을 이용해 빙글빙글 돌려가면서 꺼낼 수 있도록 한다.

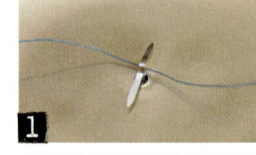

재료 : 냄비 뚜껑이나 쟁반, 할핀, 철사, 2단 선반

❶ 양은 냄비 뚜껑의 손잡이를 빼낸 뒤 할핀을 꽂고 철사로 감고 할핀을 벌린다.

❷ 드릴이 있다면 쟁반에 구멍을 뚫어서 만들어도 된다.

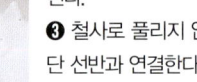

❸ 철사로 풀리지 않게 2단 선반과 연결한다.

❹ 빙글빙글 돌리면 뒤쪽의 물건을 꺼낼 수 있다.

상단 : 달걀, 자투리 채소, 대파 정리하기

1.
달걀 신선 보관법

❶ **선반에 보관** 문칸에 보관하면 문을 닫을 때 충격이 가서 신선도를 떨어뜨릴 수 있으므로 선반의 상단에 보관한다.
❷ **뾰족한 부분은 아래로** 달걀은 공기주머니가 있는 둥근 부분을 위로 향하게 해야 신선하게 보관할 수 있다.
❸ **뚜껑 용기에 보관** 달걀 표면에는 1만 개의 기공이 있어서 냄새를 흡수하기 때문에 뚜껑이 있는 용기에 넣어 보관한다. 또한 김치 등 냄새가 강한 식품 옆에 보관하지 않는다.

3.
자유석 비워두기

냉장실 최상단은 비워둔다. 국 냄비, 수박, 채소 묶음 등 큰 덩어리가 생겨도 치우지 않고 보관할 수 있어 편리하다. 자유석은 활용도가 낮아 덜 사용하는 최상단이 좋다.

2.
자투리 채소

사용하고 남아 잘라둔 채소들은 쉽게 무르므로 밀폐용기에 담아 보관한다. 자투리 채소통은 애호박, 당근 등 부피가 있는 채소들을 보관할 수 있도록 크기가 적당히 큰 것이 좋다.

대파
대파는 수분이 90% 이상을 차지해 쉽게 무르고 곰팡이가 나는 채소이므로 신문지에 싸서 돌돌 만 뒤 진공백에 보관한다. 진공백 내부의 공기를 제거하기 때문에 세균과 곰팡이를 차단하면 보관기간을 1~2주 이상 연장할 수 있다.

양파
양파는 항상 조각이 남아 비닐에 넣어두는데 전용함을 만들면 신선하고 깔끔하게 보관할 수 있다.

"대파는 쉽게 곰팡이가 생기는데 어떻게 보관해야 하나요?"

+info **Ⓐ 양파 케이스**
남은 양파, 과일을 보관하기에 좋은 둥근 돔 스타일의 밀폐용기. 락앤락 제품, 2800원

2. 냉장실 서랍 정리법

냉장 보관 NO
여름 채소(오이, 가지, 토마토, 고구마, 양파 등)와 열대과일(바나나, 파인애플, 망고 등)은 낮은 온도에서 보관하면 조직이 상해 무르는 '저온 장해'가 일어난다. 7~10℃가 적당하며 차갑게 할 때는 먹기 몇 시간 전에 냉장 보관하는 것이 좋다.

바나나 보관법
바나나는 실온 보관하는 것이 좋은데 바닥에 내려두면 닿는 부분부터 무르기 시작한다. 바나나 전용 스탠드나 S자 고리에 걸어서 보관하면 오랫동안 무르지 않게 보관할 수 있다.

과일칸
과일은 둥글고 크기가 일정하지 않기 때문에 칸을 나누어 수납하면 많은 양을 보관할 수 없다. 종이팩, 신문지로 만든 봉투, 쇼핑백 등을 이용해 2~3칸 정도로 구분한 뒤 수납한다. 봉투는 한 달에 한 번 정도 바닥에 먼지가 쌓이면 교환한다.

바구니 안
애호박, 당근처럼 작고 긴 채소, 고추, 팽이버섯 등 쉽게 무르는 채소.

긴 바구니 칸 나누기
바구니의 구멍에 고무줄을 넣고 이쑤시개로 고정하여 칸을 만든다. 탄력성이 있어 채소가 칸보다 크더라도 넣을 수 있다.

채소칸
좁은 바구니를 이용해 좌우로 구분한다. 넣을 채소가 커지면 한쪽으로 밀거나 벽에 붙인다.

 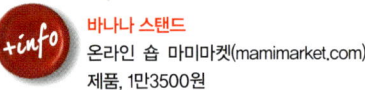
바나나 스탠드
온라인 숍 마미마켓(mamimarket.com)
제품, 1만3500원

냉장실 문칸 정리법

문칸 위치 정하기

병의 무게 ⇨ 가벼운 병
가벼운 병(소스, 음료수, 약 등)은 위쪽, 무거운 병(술, 장류, 꿀 등)은 아래쪽에 정리해야 꺼내기 편하다.

사용 빈도 ⇨ 자주 꺼내는 병
자주 꺼내는 병은 중간 칸, 나머지는 위칸이나 아래칸에 정리한다.

병의 길이와 폭 ⇨ 높고 두꺼운 병
음료수, 소스를 종류별로 분류한 뒤 큰 병은 큰 칸에, 작은 병은 작은 칸에 위치를 정한다.

병의 길이와 폭 ⇨ 얇고 작은 병

키 순 배열법

1열 배열법 좁은 선반은 왼쪽에 큰 병, 오른쪽에 작은 병 순으로 배열.

2열 배열법 폭이 넓은 선반은 뒤쪽 병도 잘 보일 수 있도록 뒤쪽에 큰 병, 앞쪽에 작은 병 순으로 배열.

유제품 선반

유제품 선반은 밀폐용기에 담아 정리하면 덮개에 걸려 꺼내기 어렵다.

페트병을 사선으로 비스듬하게 자른 뒤 양면테이프로 고정하고 식품을 가로로 쌓아 정리한다.

tip.
냉동실 식품의 신선 포장법

냉동실에 식품을 보관할 때 대충 묶어서 넣어두면 식품이 쉽게 마르고 냄새도 빨아들이는 것 같아요. 검은 봉투에 넣어 대충 묶어둔 식품은 밀폐력이 좋고 공간을 절약할 수 있는 용기에 재포장합니다.

	NG	Good	Best
분말류	 **비닐 봉투** 꺼낼 때 가루가 날리며 밀폐력이 좋지 않아 가루에 냄새가 밴다.	 **문칸 보관용기** 사용하기 편하고 밀폐력이 좋다. 가루가 소량일 때, 조금씩 덜어 먹을 때 좋다.	 **봉투 집게** 간편하고 수납하기도 편하다. 가루가 한꺼번에 나오지 않도록 봉투의 끝부분을 살짝만 자르고 밀봉한다.
냉동식품	 **구입 봉투** 밀폐되지 않아 냉동 건조되고 식품의 양이 줄어들어도 많은 공간을 차지한다.	 **애니락** 기존의 비닐에 끼워 넣어 밀봉할 수 있다. 두꺼운 비닐에도 장착할 수 있으며 팩을 접어 끼울 수 있어 공간이 절약된다. 봉투가 커지면 밀대도 커져서 가로 공간을 많이 차지하는 단점이 있다.	 **봉투 밀봉기** 내용물이 줄어들 때마다 크기를 줄여가며 밀봉할 수 있다. 두꺼운 비닐은 밀봉하기 어렵다.

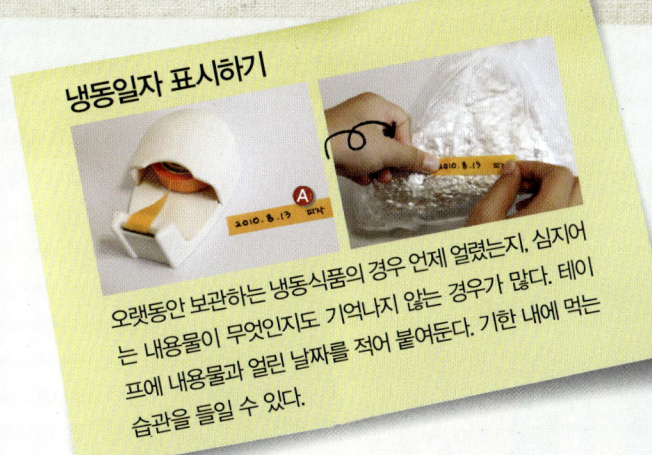

냉동일자 표시하기

오랫동안 보관하는 냉동식품의 경우 언제 얼렸는지, 심지어는 내용물이 무엇인지도 기억나지 않는 경우가 많다. 테이프에 내용물과 얼린 날짜를 적어 붙여둔다. 기한 내에 먹는 습관을 들일 수 있다.

A 키친 편리 테이프
냉장고나 전자레인지에 붙여둘 수 있는 마그넷 타입의 일본산 테이프. 테이프 위에 글씨를 써서 식품의 유효기간을 관리할 수 있다.
온라인 숍 마미마켓 제품. 6500원

	NG	Good	Best

생선

덩어리째
해동이 어렵고 가시 때문에 비닐이 손상되어 성에가 끼기 쉽다.

지퍼백
한 마리씩 비닐에 담은 뒤 지퍼백으로 포장한다. 비닐보다 질기고 밀폐력이 좋다.

진공백
한 마리씩 비닐에 넣은 뒤 진공백에 담는다. 밀폐력이 뛰어나고 오랫동안 신선하게 보관할 수 있다.

나물

덩어리째
비닐 해동이 어렵고 식감이 떨어진다.

지퍼백+물
공간을 덜 차지하지만 녹으면서 물이 샐 가능성이 높다.

밀폐용기+물
작은 밀폐용기에 물을 부어 냉동한다. 해동이 쉽고 물이 샐 가능성이 적다.

4. 냉동실 정리법

제자리 정하기

- **선반** ⇨ 꺼내기 쉽지만 층층이 쌓기 어렵다.
  바구니를 이용해 세로 수납하거나 용기에 넣어 보관한다.

- **홈바** ⇨ 아이스크림 등 빈번히 꺼내는 식품을 보관한다.

- **문칸** ⇨ 꺼내기 쉽지만 온도 변화가 크다.
  온도에 민감하지 않은 가루, 건어물 위주로 보관한다.

- **서랍칸** ⇨ 차곡차곡 담아두기 좋고 온도 변화도 적지만 선반보다 꺼내기 번거롭다.
  고기나 생선, 나물, 국물 등 덩어리 식품을 보관한다.

바구니를 이용한 세로 수납

라벨 연결하기
냉장고 안은 젖을 수 있기 때문에 라벨을 코팅한다. 라벨 상단에 구멍을 내고 케이블타이로 연결해 고정한다.

식품은 지퍼백에 담은 뒤 바구니에 세로 수납한다. 바구니 안을 구분하고 싶으면 고무줄을 끼워 넣어 칸을 만든다.

선반 깊이가 다르다면?

냉동실 선반의 깊이가 다르다면 바구니의 깊이를 줄여 조정한다.

❶ 바구니의 옆면을 자른다.

❷ 냉동실에 넣어 적당한 깊이를 표시한 뒤 화훼용 가위로 바구니를 자른다.

❸ 송곳으로 연결할 밑면에 구멍을 뚫는다.

❹ 케이블타이로 옆면과 밑면을 연결한다.

급속 냉동용 선반 만들기

돌덩이처럼 둥글게 얼리면 식품을 많이 수납할 수 없다. 선반 밑면에 알루미늄 쟁반을 매달아 납작하게 얼릴 수 있도록 한다. 알루미늄 쟁반은 냉기의 전도율이 빨라 급속 냉동할 수 있다.

서랍칸 정리하기

박스 칸막이 만들기

냉동실 서랍 안은 박스로 칸막이를 만들어 구분한다.

❶ 송곳을 이용해 알루미늄 선반의 옆면에 구멍을 뚫는다.

❷ 구멍에 고무줄을 넣은 뒤 3cm 정도를 남기고 매듭을 짓는다. 선반을 감을 긴 끈을 준비한 뒤 끝을 매듭 짓고 고무줄과 케이블타이로 연결한다.

❶ 박스를 서랍의 2/3 정도의 높이로 자른 뒤 ㄷ자형으로 구부린다.

❸ 고무줄로 묶으면 늘어나고 끈으로 묶으면 신축성이 없어 식품 넣기가 어렵다.

❹ 선반에 끼워 매단다.

❷ 시트지로 감싼다. 시트지 색상은 냉장고 내부와 같은 흰색이 좋다.

❸ 칸막이를 넣어 식품을 구분한다.

▶ 냉동실은 서랍이 좁기 때문에 칸을 많이 나누지 않고, 지퍼백과 덩어리 식품으로 구분한다.

냉동할 때 평평하게 얼리고 싶은데 빈 선반이 없어요. 좋은 방법 있나요?

❺ 완성. 식품을 빨리 얼릴 수 있다.

냉동실 문칸의 완벽 정리술

문칸은 병을 수납하기 위해 설계된 공간인데 냉동실은 수납할 병이 없어서 봉지에 수납한다. 칸막이가 낮기 때문에 수납하고 정리하기가 어렵다.

1.
문칸 전용 용기 활용하기

대량으로 구입했다면 덜어두는 것도 좋으며 멸치와 다시마, 마늘가루와 생강가루 등 세트로 묶어서 수납한다.

❶ 문칸 용기에 자주 사용하는 것 위주로 덜어둔다. 나머지는 밀폐력이 좋은 지퍼백에 담아 선반에 수납한다.

❷ 문칸은 성에가 끼면 내용물이 잘 보이지 않으므로 라벨을 표시하는 것이 좋다. 사용한 흰색 페인트마커는 아세톤으로 지울 수 있다.

문칸 용기 사용법
폭 : 냉장고 용량에 따라 문칸의 폭과 너비가 다르다. 깊이가 9cm, 11cm인 두 가지 종류가 있으므로 확인하고 구입한다.
높이 : 쉽게 꺼내려면 용기 위로 10cm 정도의 여유 공간을 남기는 것이 좋다. 최상단은 여유 공간 없이 수납해도 좋다.

2.
냉동 보관해야 하는 가루 vs 실온에 두어도 되는 가루

소금과 설탕처럼 변질되지 않는 가루는 실온에 밀봉 보관한다. 청국장가루, 천연조미료, 깨소금 등 쉽게 변질되는 가루는 냉동실에 보관한다.

3.
고무줄 칸막이 만들기

전선 정리용 후크를 붙인 뒤 고무줄을 걸었다. 봉지를 쌓아도 무너지지 않고 고무줄이 늘어나기 때문에 쉽게 꺼낼 수 있다. 글루건 후크를 붙인 뒤 끝부분을 구부려 만들 수도 있다.

> 봉지를 높이까지 쌓기 어렵고 무너지기 쉽다.

4.
홈 바

냉동실에서 가장 많이 꺼내는 식품 위주로 정리한다. 페트병으로 아이스크림을 세워서 보관할 수 있다.

❶ 홈바 문턱 높이에 맞춰 페트병을 자른 뒤 바닥에 벨크로를 붙인다.

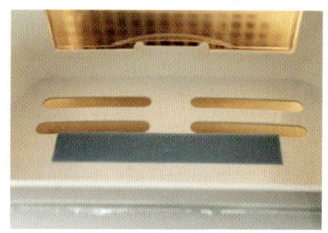

❷ 홈바 바닥에 벨크로를 붙인다.

❸ 페트병을 붙인 뒤 아이스크림을 세워서 정리한다.
▶ 벨크로를 붙이면 페트병이 움직이지 않을 뿐 아니라 컵 아이스크림을 넣어야 할 경우 쉽게 떼어낼 수 있다.

2nd week 냉장고 정리

김치냉장고 활용법

요즘 주부들 김치는 못 담아도 김치냉장고는 구입합니다. 한 조사에 따르면 우리나라의 김치냉장고 보유비율은 2001년에 10%였던 것이 2010년에는 80%를 넘어섰고, 저장용량도 70포기를 저장할 수 있는 200리터대까지 늘어났다고 합니다. 그런데 용량 큰 냉장고와 함께 사용하다 보면 제대로 활용하지 못하는 경우도 많습니다. 김치도 식품도 제대로 보관할 수 있는 똑똑한 김치냉장고 수납법을 살펴보겠습니다.

문제점 진단

1.
김치보관칸 (아래칸)
여러 종류의 김치를 서랍 형식의 아래칸에, 남은 공간에는 된장, 고추장, 육류를 보관하고 있다.

▶ **식품 교체** — *solution*
된장, 고추장, 육류 등 비교적 자주 꺼내는 음식은 냉기 손실이 큰 서랍보다는 위칸에 보관하는 것이 좋다.

2.
김치보관칸 (중간칸)
위아래칸에 비해 꺼내기 간편하기 때문에 김치통 위에 아이가 자주 먹는 우유, 요구르트를 보관하고 있어 김치통을 꺼낼 때 불편하다.

▶ **수납 네트의 활용** — *solution*
유제품은 하루에도 몇 번씩 꺼내기 때문에 냉기 손실을 막기 위해 위칸에 보관하는 것이 좋다. 꼭 보관해야 한다면 네트 등을 이용해 받침을 만들어 김치를 꺼내는 데 방해되지 않도록 한다.

뚜껑형 vs 스탠드형, 원리를 알면 똑똑하게 활용할 수 있다!

뚜껑형 김치냉장고

직접 방식	냉각파이프가 벽면을 둘러싸고 있어 냉기 단속이 잘 된다. 온도의 변화가 적어 오랫동안 신선하게 보관하기 때문에 식품보다 김치를 보관하기에 좋다.
온도의 특성	벽면에 붙을수록 아래쪽에 둘수록 온도가 낮아진다. 숙성이 빠른 김치는 아래쪽에, 숙성이 늦은 김치는 위쪽에 보관하면 숙성 정도를 조절할 수 있다.
단점	성에가 끼기 쉽고 공간 활용도가 좋지 않다. 김치통을 층층으로 쌓아두어 아래쪽에 깔린 김치통은 꺼내기 힘들다.

스탠드형 김치냉장고

간접 + 직접방식	브랜드마다 차이는 있지만 상실은 냉장고처럼 냉기가 순환하는 간접 방식을, 중실과 하실은 직접 방식을 사용하는 추세다. 상실이 냉장고와 비슷한 성능과 구조이기 때문에 김치와 식품을 함께 보관하는 사람에게 적합하다.
온도의 특성	상실은 온도 변화가 커서 식품을 보관하고 중실과 하실은 서랍 형식으로 냉기가 잘 빠지므로 보관용 김치와 꺼내 먹는 김치를 구분하여 문 여는 횟수를 줄인다.
단점	냉기가 잘 빠지는 구조이다. 칸마다 식품의 종류를 구별해 온도 변화를 줄인다.

코너별 정리

냉동식품
냉동실 용량이 부족하다면 냉동실로 이용

대량 구입식품
대량 구입해 냉장고에 보관하기 어려운 식품(과일, 채소, 한약 등)

간식
냉장고는 반찬 위주, 김치냉장고는 간식 위주로 보관

윗칸 정리법

음료수 수납법

서랍은 넓고 깊기 때문에 음료수를 꺼내기 불편하다. 바구니를 이용해 바닥을 경사지게 해 음료수를 꺼낼 때 자동으로 굴러 내려가도록 해보자. 바구니의 가로 폭은 음료수의 길이와 비슷한 10cm 내외가 적당하다.

재료 : 낮은 형태의 직사각형 바구니

❶ 서랍의 뒤쪽에 좁고 낮은 바구니를 얹어 경사면을 만든다.

❷ 낮은 바구니 위에 음료수를 수납할 바구니를 얹는다.

❸ 뒤쪽 남은 공간에 좁은 바구니를 넣어 앞뒤로 밀리지 않도록 한다.
▶ 바구니의 크기가 맞지 않아 공간이 남으면 페트병 등 큰 음료수를 수납한다. 바구니가 스탠드 역할을 해 넘어지지 않게 쌓을 수 있다.

❹ 완성. 음료수를 가로로 수납한다.

손잡이와 가까이에 있는 앞쪽 음료수를 꺼낸다.

바닥의 경사 때문에 음료수가 자동으로 굴러 내려 간다.

패션 슬림 바스켓(L)
좁고 낮은 메시 바구니. 낮은 서랍 안을 정리하기에 좋다.
온라인 숍 락앤락몰 구입, 락앤락 제품, 22X90X50mm

Ⓐ 패션 핸들 바스켓
냉장고 서랍 안을 정리하기에 좋은 높이 있는 바구니.
온라인 숍 락앤락몰 구입, 락앤락 제품, 275X165X110mm

파우치형 식품 수납법

한약같이 규격이 같은 파우치형 식품은 일렬로 세워두기만 해도 정리가 된다. 바구니를 넣으면 빈 공간이 많이 생기기 때문에 칸막이를 이용하는 것이 좋다.

재료 : 서랍 칸막이

❶ 파우치를 일렬로 정리한 뒤 파우치가 넘어지지 않게 칸을 만든다.
▶ 일반적으로 김치냉장고의 서랍은 50cm, 서랍 칸막이는 이보다 짧은 40cm이므로 양쪽으로 적당한 폭을 두고 칸막이를 조립한다.

❷ 칸이 좁으면 세로로 배열하여 정리한다.

칸막이 늘이기
칸막이를 조립하다 보면 짧은 조각이 생기게 되는데, 양면테이프를 이용하면 길게 이어서 쓸 수 있다.

신선 식품 수납법

신선 식품은 차가운 냉기가 모이는 상단 아래쪽 서랍에 보관하는 것이 좋다. 식품의 크기가 다양할 때는 앞쪽에 좁은 바구니를 넣어 작은 식품을 보관하고 나머지 안쪽 공간은 칸을 나누지 않는 것이 편리하다.

재료 : 좁은 바구니, 케이블타이

❶ 좁은 바구니를 이용해 서랍 앞쪽에 칸을 만든다.

❷ 케이블타이를 이용해 바구니가 움직이지 않도록 이어 붙인다.

❸ 식품을 수납한다. 햄, 소시지, 순두부 등 작은 식품은 바구니에 수납하고 큰 식품은 안쪽에 수납한다.

최상단의 수납법

손이 닿지 않아 정리가 어려운 최상단은 바구니를 이용해 정리하는데 이때 바구니의 앞면을 낮게 잘라 내용물을 쉽게 확인할 수 있도록 한다.

재료 : 낮은 형태의 사각형 바구니

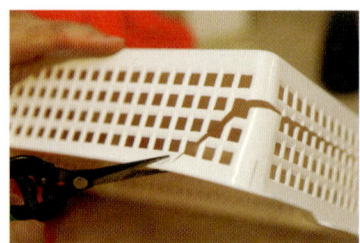 

❶ 서랍 폭에 맞춰 바구니를 준비한 뒤 화훼용 가위를 이용해 앞면은 낮게, 옆면은 사선으로 자른다.

❷ 케이블타이 2개를 연결해 바구니 앞부분에 끼우고 손잡이가 움직이지 않게 바구니와 케이블타이를 묶는다.

❸ 완성된 모양.

❹ 잡곡은 지퍼백에 담아 수납한다.

바구니의 앞면이 높으면 내용물을 확인할 수 없다.

+info

전지가위
꽃이나 나무를 자를 때 사용하는 전지가위.
플라스틱이나 페트병, 얇은 철사 등을 쉽게 자를 수 있다.
다이소 제품, 2000원

서랍칸의 수납법

김치냉장고의 서랍칸은 자주 열고 닫으면 냉기가 빠지기 때문에 김치통 외에 다른 식품을 올려두지 않는 것이 좋지만, 올려둔다면 한꺼번에 쉽게 들어낼 수 있도록 수납하는 것이 좋다.

재료 : 네트, 노란 고무줄

> 김치용기 위에 공간이 남아 반찬통과 비닐째로 이것저것을 올려두는데요. 김치통을 꺼내려면 모두 들어내야 해서 불편해요. 좋은 방법이 있나요?

자른 부위는 녹이 슬지 않도록 핫멜트를 녹인 뒤 묻혀서 코팅한다.

기존에 사용하던 대파 보관용기의 홈에 고무줄을 끼워 네트에 연결한다. 대파용기는 다이소에서 구매할 수 있다.

한꺼번에 들 수 있어 김치통을 꺼내기 쉽다.

❶ 서랍 위에 네트를 대고 어느 위치를 구부릴지 표시한 뒤 구부린다.
▶ 네트는 양쪽으로 구부릴 폭을 가늠해서 서랍 폭보다 20cm 정도 넓은 제품을 준비한다.

❷ 네트가 김치냉장고의 깊이보다 길면 절단기를 이용해 잘라낸다.
▶ 네트의 가장자리 굵은 철사는 자르기 힘들기 때문에 절단기를 지렛대처럼 바닥에 기댄 채 여러 번 눌러 자른다.

❸ 가장자리에 노란 고무줄을 묶어 네트를 들 때 식품이 떨어지지 않게 한다.

❹ 식품을 수납한다.

30days' storaging plan!

거실과 현관,
욕실, 베란다

정리가 중반에 들어섰네요. 약간은 지치신다고요. 처음의 목표를
다시 한 번 떠올려보세요. 그 목표가 여러분을 끝까지 이끌어갈 원동력입니다.
그럼 가족을 위해 거실 정리를 시작해볼까요?

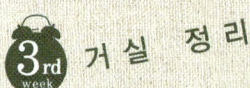 거실 정리

깔끔하게 감추는 거실 수납법

거실은 가족이 함께 사용하는 곳이기도 하지만 손님을 맞이하는 곳이기 때문에 깔끔하고 넓게 꾸미고 싶은 것이 주부의 마음입니다. 하지만 거실에서는 TV를 보고, 신문도 보고, 아이들은 숙제도 하고, 우편물을 정리하기도 합니다. 이렇게 여러 용도로 함께 공유하는 공간이다 보니 아무리 깨끗이 치워도 생활 속에서 꼭 필요한 물건들이 다시 모이는 경우가 많은데 이런 잡동사니를 정리하려면 거실장 수납부터 꼼꼼히 해야 합니다. 여러 수납 아이디어들을 활용해 물건을 깔끔하게 감추는 방법에 대해 살펴보겠습니다.

문제점 진단

정리하기

1.
TV장 서랍의 수납 상태

전체적으로 깨끗한 거실이지만 서랍 안은 정리 상태가 좋지 않다. 서랍마다 유아용품과 화장품, 문구 등으로 구분되어 있지만 물건이 섞여서 찾을 때마다 구석구석 뒤져야 한다.

▼

물건에 따라 구획 나누기부터 *solution*

서랍마다 수납하는 물건의 크기와 종류에 맞춰 적당한 수납용품을 이용해 칸을 나눈다. 키 큰 물건들은 문을 열 때 넘어지지 않게 높이가 높은 수납함에 정리하고, 작은 물건은 섞이지 않게 칸을 작게 나눠 정리한다.

1.
꺼내고 버리고 분류하기

서랍 안의 물건을 꺼내 종류별로 분류한다. 오랫동안 사용하지 않은 물건은 다시 사용할 것인지 판단한다. 사용기한이 지났거나 대체할 만한 더 좋은 물건을 구입했다면 버린다. 사용하기로 결정했다면 다시 집어넣지 말고 눈에 잘 띄는 곳에 둔다.

2.
돌려두기

거실에서 여러 일을 하다 보니 자연스레 물건이 쌓이게 된다. 거실에서 사용하지 않는 물건은 사용하는 위치에 돌려둔다.

1. 생활용품의 수납법

생활용품 정리 박스 만들기

❶ 적당한 크기의 종이박스를 준비하고 내부에 테이프를 붙인 뒤 옆면은 자르지 말고 안쪽으로 넣어 고정한다.

❷ 서랍 안에 박스를 레이아웃한다.

❸ 자투리 공간이 생겨 박스 크기가 맞지 않을 때는 A를 크기에 맞게 자른 뒤 B를 다른 쪽 면에 끼워 넣는다.

❹ 작은 물건은 박스의 덮개 부분을 잘라 칸막이를 만들어 칸칸 정리한다.

레이아웃의 규칙

- **비례** : 안쪽과 바깥쪽 박스가 일정한 비례를 이루도록 한 라인의 박스끼리 깊이를 맞춘다.
- **대칭** : 박스의 좌우가 1:1, 1:1:1 등 대칭을 이루도록 너비를 맞춘다.
- **통일** : 한 서랍 안의 수납박스는 색상을 통일하는 것이 좋다.

① 박스의 덮개 부분을 자른다.

② 가로 1개, 세로 2개를 준비한다.

③ 홈을 파서 연결되도록 끼운 뒤 박스 안에 끼워 넣는다.

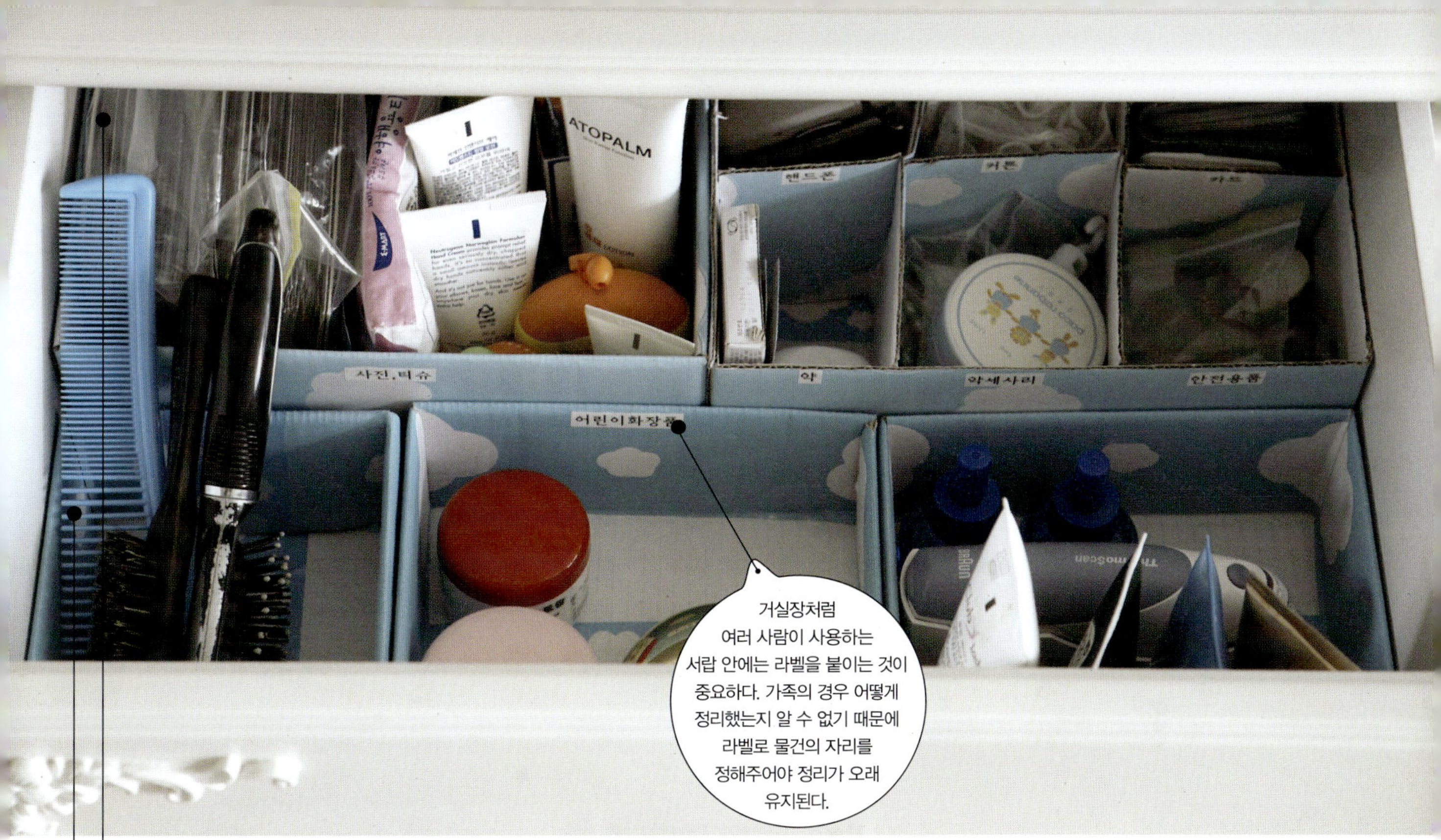

> 거실장처럼 여러 사람이 사용하는 서랍 안에는 라벨을 붙이는 것이 중요하다. 가족의 경우 어떻게 정리했는지 알 수 없기 때문에 라벨로 물건의 자리를 정해주어야 정리가 오래 유지된다.

물건의 사용 빈도와 크기에 맞게 정리

사진 사진은 지퍼백에 넣어 정리한 뒤 소형 북엔드를 이용해 넘어지지 않게 고정한다.

크기가 다양한 물건 크기별로 구분한 뒤 키 큰 물건은 가장자리에 기대고 긴 체온계로 넘어지지 않게 구분한다.

빗 가족이 자주 사용하는 빗은 제자리를 만들어 꺼내기 쉬운 위치에 정리한다.

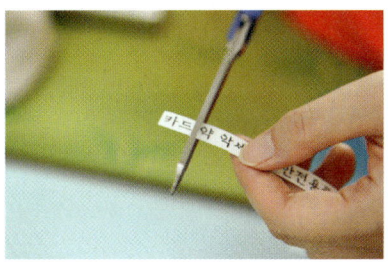

라벨 붙이기 분류한 물건별로 라벨을 만들어 붙인다.

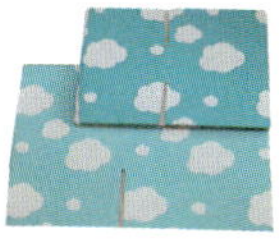

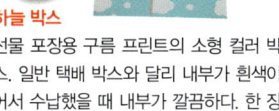

하늘 박스 선물 포장용 구름 프린트의 소형 컬러 박스. 일반 택배 박스와 달리 내부가 흰색이어서 수납했을 때 내부가 깔끔하다. 한 장씩 소량으로 구입할 수 있다.
온라인 숍 박스세일(boxsale.co.kr) 제품, 낱개 구매 시 장당 308~480원

미니 꼬마 북엔드 사이즈가 작은 책이나 물건을 넘어지지 않게 세워주는 미니 북엔드. 색상이 다양해 인테리어 소품으로 활용하기에 좋다.
다이소 제품, 1000원

라벨 터치 라벨을 바로바로 뽑아 쓸 수 있는 라벨 프린터. 카트리지가 특수 재질이어서 물에 젖거나 불에 타지 않아 생활 속에서 다방면으로 활용할 수 있다.
부라더 제품, 4만5000원

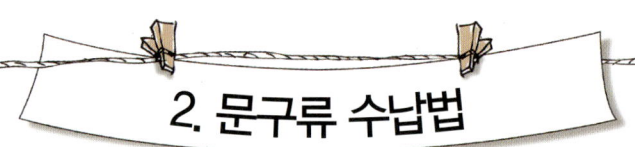

2. 문구류 수납법

쿠폰, 영수증, 명세서는 분류한 뒤 아코디언식 파일함에 종류별로 정리한다.
멤버십 카드는 분류한 뒤 카드지갑에 정리하고 라벨을 붙인다.

"전화번호부, 설명서, 쿠폰들은 서랍 안에 넣어두면 섞여서 찾기가 어려워요. 쉽게 구분하는 방법이 있나요?"

문구류 정리함 만들기

재료 : 칸막이 정리함, 아크릴판(3T), 칸막이 조절판, 아크릴 전용 칼

❶ 칸막이 정리함을 넣은 뒤 정리함을 움직여 물건을 좌우로 구분한다.

❷ 정리함이 움직이지 않도록 바닥을 양면테이프로 고정한다.

❸ 정리함 높이에 맞춰 아크릴을 자른다. 두께가 다양한 아크릴은 칸막이 조절판을 이용할 경우 3mm 두께 아크릴판을 사용한다.

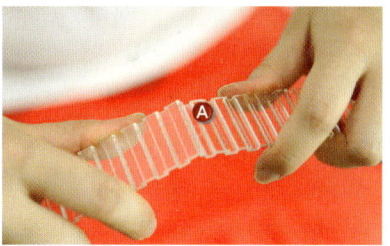

❹ 칸을 나누고 싶은 곳의 크기에 맞춰 칸막이 조절판을 자른 뒤 뒷면에 양면테이프를 붙인다.

❺ 양쪽 가장자리에 칸막이 조절판을 붙이고 아크릴을 잘라서 끼워 넣어 칸을 나눈다.

❻ 물건의 크기와 사용 빈도에 맞춰 정리한다.

Ⓐ 아크릴 칸막이 조절판
아크릴을 끼워 넣어 칸막이를 만드는 칸막이 조절판. 양쪽 면에 3mm와 5mm의 칸막이를 끼워 넣을 수 있다. 온라인 숍 자작아크릴(jajak.co.kr) 제품, 295X30(mm), 600원

3. 거실장의 화장품 수납법

화장품 정리칸 꾸미기

재료 : 손잡이 정리 박스, 칸막이 정리함

❶ 손잡이 박스의 뚜껑을 분리한다. 박스째 꺼내 화장한다면 뚜껑을 그대로 둔다.

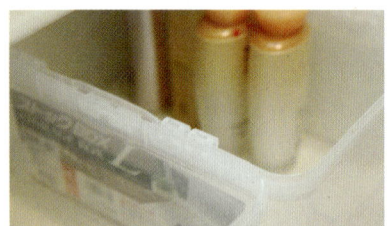

❷ 뚜껑 이음새 부분과 박스 옆면을 끼워 연결한 후 칸막이를 만든다.

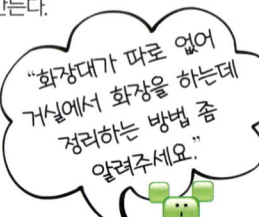

"화장대가 따로 없어 거실에서 화장을 하는데 정리하는 방법 좀 알려주세요."

빨대로 칸막이 만들기

❶ 크기에 맞게 PVC필름을 자른다. 책받침, 두꺼운 종이, 샴푸 포장지 등을 이용해도 좋다.

❷ 빨대를 잘라 양면테이프에 붙인다.

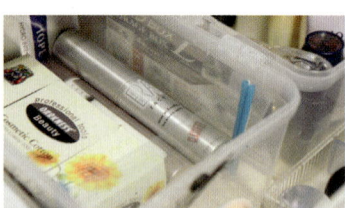

❸ 박스 옆면에 빨대를 붙이고 중간에 PVC필름을 끼운다.

고무줄로 거울 스탠드 만들기

❶ 전선 고정 클립이나 후크를 박스 옆면에 붙이고 고무줄을 끼워 묶는다.

공간을 구분하고 물건이 넘어지지 않게 한다.

❷ 모서리에 거울, 빗, 팩 등 정리하고 싶은 물건을 수납한다.

❸ 사용 빈도와 크기에 맞춰 정리한다.

자주 사용하지 않는 화장품은 파우치에 담아 따로 정리한다.

샘플, 메이크업 제품 등 크기가 작은 화장품은 칸막이 정리함을 이용해 구분한 뒤 잘 보이게 서랍 앞쪽에 정리한다.

스킨, 로션 등 높이가 있는 화장품은 깊이가 있는 박스에 정리해 서랍을 열 때 넘어지지 않게 한다.

거실 물건 꼭꼭 숨기는 아이디어!

소파 옆 노트북 선

노트북 충전기는 사용하지 않을 때도 계속 방치되는 경우가 많다. 매번 콘센트를 뽑아 서랍 안에 넣어둘 만큼 부지런하지 않다면 소파 등받이 뒤에 숨겨둔다.
충전할 때만 꺼내 충전한다.

노트북의 전선이 길면 동글동글 묶어 길이를 줄인다.

케이블 TV 수신기

케이블 TV 수신기는 특별한 기능이 없어 조작할 필요가 없는 기계이다. 어린아이가 만지고 먼지 타는 것이 귀찮다면 거실장 아래에 숨겨둔다.

어린이용 테이블

어린이용 테이블은 어린이가 있을 경우 대부분 사용하는 물건이다. 수납할 공간이 마땅치 않아 365일 펴두거나 구석에 기대어 두었다면 소파 아래로 밀어 넣어 숨긴다.

소파 커버링의 경우 청소를 쉽게 하기 위해 **짧게** 만들지만, 길게 만들면 물건을 숨겨두기에 유용하다. 청소도구, 찻상은 물론 바구니를 이용해 장난감 등도 숨길 수 있다. 물론 물건을 깨끗이 보관하기 위해 청소는 꼼꼼히 하는 것이 좋다.

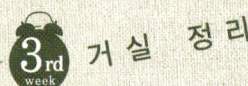 거실 정리

아이 공간을 겸한 기능의 거실 수납법

신혼 때는 어느 집이나 군더더기 없이 깔끔하지만 아이를 키우다 보면 집 안 전체가 아이의 놀이터가 되고 여기저기 장난감이 돌아다니기 마련입니다. 더구나 아이 방을 만들어 주어도 거실에서 엄마랑 노는 시간이 많다 보니 장난감이며 책을 들고 아이 방과 거실을 왔다 갔다 하는 것도 불편하고 무의미한 일입니다. 그래서 거실을 깔끔히 유지하면서 아이가 맘껏 놀 수 있도록 거실 한쪽에 아이 전용 공간을 마련해보았습니다.

문제점 진단

1. 아이 물건이 점령한 거실

두 살, 네 살짜리 두 아이를 키우는 집의 거실. 넓지만 아이 책이며 장난감들이 많다 보니 거실이 아이 방이 되었다.

▶

solution

아이 공간과 공유 공간으로 분리하기

거실 여기저기에 아이 물건을 늘어 놓는 것보다 한 쪽으로 몰아 아이 전용 공간을 따로 만들어주는 것이 좋다. 아이 공간은 낮은 책장 등으로 살짝 가려주어 거실에서 한눈에 보이지 않게 한다.

2. 어수선해 보이는 거실 전면

TV, 책상과 책장이 배치된 거실 전면. 가구의 색상도 비슷하고 벽지에도 어울리지만 왠지 어수선해 보인다.

▶

solution

가구 키 맞추기

TV를 중심으로 양쪽 가구의 키가 다르므로 키가 맞는 책장을 배치하여 통일감을 준다. 또한 오픈되어 있는 물건들도 깔끔하게 정리한다.

3. 한산한 아이 방

거실 옆의 아이 방. 볕이 들어 환한 방을 아이 방으로 쓰고 있지만 아이가 거실 전체를 사용하다 보니 공간을 제대로 활용하지 못하고 있다.

▶

solution

거실에서는 놀고 방에서는 공부하기

물건이 가득 차서 공간을 제대로 활용하지 못하는 것도 문제지만 공간을 비워두는 것 또한 좋은 활용법은 아니다. 거실에서는 놀고 방에서는 집중해서 공부할 수 있도록 책, 교구 중심으로 학습 공간을 꾸민다.

코너별 정리

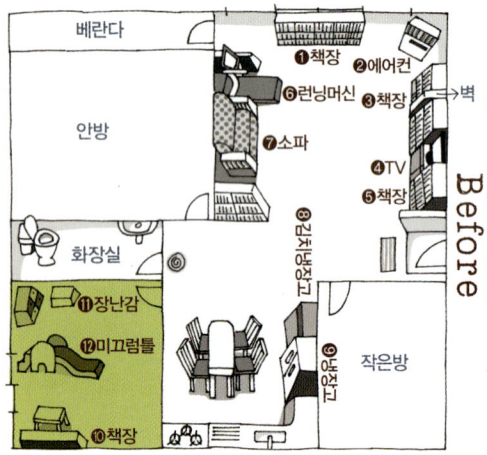

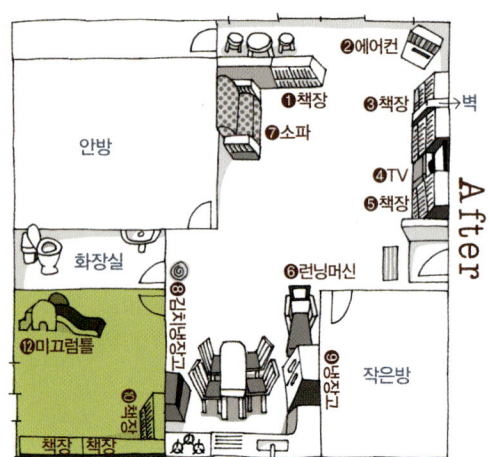

1.
거실 정면의 변신

A. 높이 맞추기
TV를 중심으로 책상과 높이가 같은 책장을 배치한다.

B. 색상 맞추기
화이트 워시 색상인 왼쪽 가구와 달리 오른쪽 책장은 붉은색을 띠므로 색상을 맞추기 위해 중앙에 화이트 문을 단다.(p190참조)

1. 가구 재배치하기

2. 거실 측면의 변신

시야를 가리는 물건 없애기
사람의 시선은 거실의 끝인 창가에서 멈추므로 창 앞에는 키 큰 가구를 두지 않아야 시원해 보인다.
A. 러닝머신은 시야를 가리지 않는 주방 쪽으로 이동
B. 창문을 가리는 책장은 아이 방으로 이동

키가 작은 가구로 키즈존 만들기
거실의 확장한 공간을 키즈존으로 꾸몄다.
C. 창가에 두어도 시야를 가리지 않는 낮은 책장 이동

창틀 색 가리기
창틀의 체리색이 흰색 몰딩과 어울리지 않아 답답해 보인다.
D. 몰딩과 같은 색상인 흰색 롤스크린을 설치해 체리색 창틀 가리기

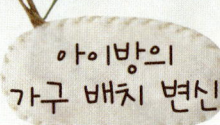

아이방의 가구 배치 변신

거실에서 옮긴 가구들을 일렬로 배치한다.
방문과 먼 쪽의 벽을 중심으로 키 순으로
가구를 배치해 좁아 보이지 않도록 고려한다.

before

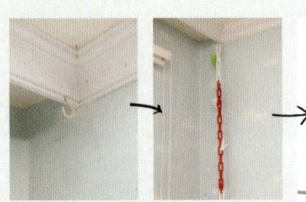

줄줄이 인형걸이
인형을 체인에 대롱대롱 매달아보자. 많은 양을 수납할 수 있을 뿐 아니라 귀여운 장식이 될 수 있다.

❶ 천장 나무 몰딩에 물음표 고리를 돌려서 고정한다.
❷ 플라스틱 체인을 걸고 케이블타이로 빨래집게를 중간 중간 고정한다.
❸ 빨래집게로 봉제 인형을 하나씩 집어서 수납한다.

2. 아이를 위한 공간 정리

뒷면이 보이도록 배치
칸막이용 책장은 수납한 장난감들이 보이지 않도록 거꾸로 배치한다.

데코 스티커
노란색 벽지와 어울리는 녹색 로봇 무늬 스티커를 붙여 아이의 공간임을 표시한다.

before

❶ 수납함으로 꾸민 놀이 공간
키즈존 안쪽은 책장과 장난감 수납함으로 꾸미며 수납공간이 부족하지 않도록 한다. 수납공간에 비해 장난감 양이 너무 많으면 아이 또한 정리에 스트레스를 받을 수 있다.

❷ 교구 수납
교구는 종류별로 나누어 내용물이 보이는 투명한 플라스틱 정리함에 담아 수납한다. 안이 보여 다양한 교구를 쉽게 찾을 수 있다.

❸ 수납 겸용 테이블
장난감은 종류별로 나누어 뚜껑이 있는 바스켓에 수납한다. 수납용 바구니나, 테이블과 의자로도 사용할 수 있다.

❹ 테이프 주차 선
자동차를 타고 나서 아무 곳에 둔다면 테이프로 주차 선을 그려보자. 아이 스스로 재미있게 정리하게 된다.

Ⓐ 키즈 수납 겸용 테이블 테이블로 사용할 수 있는 바스켓형 장난감 수납함. 모던하우스 제품, 3만9900원

3. 벽면 가구들 정리법

문을 단 오픈형 책장
책장의 중간을 문으로 가려주면 깔끔할 뿐 아니라 보여주기 싫은 물건이나 서류를 가릴 수 있어 실용적이다.

크기와 모양이 다른 책 정리하기
문 안쪽에는 크기가 다르거나 모양이 깔끔하지 않은 책들을 정리한다.

책 케이스 이용한 수납
폭이 좁은 그림책 뒤에 책 케이스를 넣으면 책장 앞에 무심코 쌓아두기 쉬운 영수증이나 화장품 등을 수납할 수 있다.

❶ 책장의 세로 길이와 한 칸의 가로 길이를 측정한 뒤 동네 싱크대 가게에서 문을 맞춘다.
❷ 책장 안쪽에 경첩을 고정한다. 경첩은 보통 3~4개 다는데 책장의 가로 선반이 지나가는 위치에는 달 수 없으므로 문을 맞출 때 가로 선반의 위치를 알려주는 것이 좋다.

양 방향 CD 수납
CD는 보통 한 방향으로 정리하는데 쌓기(가로 수납)와 세우기(세로 수납)를 번갈아가며 폭과 높이를 맞추면 통일감 있게 정리할 수 있다.

컴퓨터 책상 정리

요즘은 아이들의 컴퓨터 사용을 제한하기 위해 거실에 컴퓨터를 두는 경우가 많다. 거실에 둘 경우 쉽게 눈에 띄기 때문에 컴퓨터 선이나 문구를 더욱 꼼꼼히 정리하는 것이 좋다.

보드판에 자석 후크를 붙여 휴대전화 콘센트를 수납한다.

다양한 문구는 여러 개의 수납함에 정리하기보다 오거나이저를 이용해 모아서 정리한다. 안경닦이는 자주 사용하므로 눈에 띄는 곳에 집게로 고정한다.

자석 핀, 철사 등을 붙여서 정리한다. 자석은 스펀지 양면테이프로 고정한다.

후크 열쇠나 고리 등을 걸어서 정리한다.

서랍 속은 뚜껑이 있는 상자의 바닥 면을 4등분한 뒤, 이를 끼워 넣어 칸을 만들어 정리한다.

before

3rd week 현관 정리

신발장의 여유로운 수납

현관은 집의 첫인상, 집에 들어가기 위해 가족이든 손님이든 꼭 거쳐야 하는 장소입니다. 중요한 공간인 만큼 넓고 환하면 좋으련만 대부분의 현관은 어둡고 좁은 경우가 많죠. 가족마다 신발 한 켤레씩이라도 벗어두면 금세 비좁아지고 신발장 안은 신발이 켜켜이 쌓여 있고, 비라도 오면 우산 걸어둘 고리 하나 없지 않나요. 좁고 어두워 활용하기 어려운 공간일수록 꼼꼼한 수납이 필요합니다. 어둡고 좁아서 불편했던 현관을 시원스레 정리해봅시다. 그 변화는 외출 후 돌아온 가족이 먼저 알아차릴 거예요.

문제점 진단

1. 층층 쌓아두기

위아래 칸에 충분한 여유 공간이 있음에도 중간에는 신발이 층층이 쌓여 있다.

▼

적절한 칸 배치가 필요 *solution*

상단까지 골고루 신발을 배치하고, 가끔 신는 신발들은 수납 방법을 이용해 부피를 줄여 20% 정도의 여유 공간을 남긴다.

2. 꺼내기 힘든 위치

중간단에 신발이 쌓여 있고, 키 작은 아이 신발이 위칸에 있어 혼자 꺼내기 힘들다.

▼

사용 빈도 구분 *solution*

신발이 많이 몰려 있는 중간단이 쉽게 꺼낼 수 있는 위치이며, 상대적으로 아래쪽에 쌓인 신발들은 거의 신지 않는 신발일 가능성이 높다. 사용 빈도를 구분해 칸을 배분한다.

3. 섞여 있는 신발

한 칸에 엄마, 아빠, 아이 신발이 섞여 있다.

▼

가족 구성원별 칸 구분 *solution*

가족별로 엄마, 아빠, 아이 칸을 확실하게 구분해 정리한다.

우리 집 신발장은 몇 켤레를 수납할 수 있을까?

신발장을 정리할 때 대부분은 신발을 일일이 넣어본 후에 버리거나 처분할 신발의 수를 결정한다.
신발 사이즈는 대부분 비슷하기 때문에 계산기만 몇 번 두드려보면 신발장의 적정 수납량을 계산할 수 있다.

신발 한 켤레 약 20cm

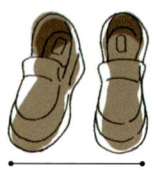

20cm

예) 신발장의 폭 79cm, 총 8단인 신발장의 적정 수납량은?

> 한 단에 4켤레 X 8단 = 32켤레

약간의 수납 기술을 이용하면 20~30%의 여유 공간을 마련할 수 있으므로, 신발장의 적정 수납량은 30켤레 내외이다.

폭 79cm

8단

한 단에 4켤레 수납 가능

신발 분류해서 버리고 칸 정하기

가족별·계절별 분류

신발은 가족별로 구분한 뒤 사계절 신는 신발(구두, 슬리퍼)과 특정 시즌에만 신는 신발(샌들, 부츠)로 분류한다.

신발장의 전용 칸 정하기

신발장을 상하 높이로 구분해 꺼내기 편한 위치에 자주 신는 신발들을 배치한다. 샌들이나 부츠, 특정 계절에만 신는 신발과 가끔 신는 신발은 최상단이나 하단에 배치하고, 자주 신는 신발과 사계절 신는 신발은 중간단에, 키 작은 아이들의 신발은 하단에 배치한다.

- **상단** ⇨ 가끔 신는 신발, 샌들이나 부츠 등 시즌이 있는 신발, 키가 큰 아빠 신발

- **중간단** ⇨ 신발 정리용품, 우산 등 사계절 사용하는 물건, 엄마 신발

- **하단** ⇨ 키가 작은 아이 신발, 가끔 신는 신발, 샌들이나 부츠 등 시즌이 있는 신발

> **털팽이's advice**
> 여닫이문의 경우 왼쪽보다는 오른쪽 문을 더 자주 열게 됩니다. 왼쪽·오른쪽으로 나누어 오른쪽에 더 자주 꺼내는 신발을 배치하세요.

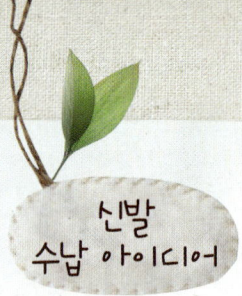

신발 수납 아이디어

안이 보이는 신발 상자

신발 상자는 안이 보이지 않아 매번 열어보아야 한다. 상자 앞면을 오려내고 투명한 필름을 붙여 안이 보이게 한다.

재료 : 신발 상자, PVC시트나 OHP필름, 양면테이프

 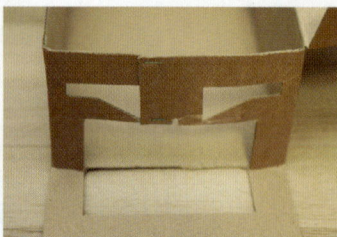 

❶ 신발 상자에 구멍을 뚫을 위치를 표시한다. 두 겹으로 되어 있다면 위아래 대칭으로 표시한다.

❷ 칼로 오려낸다. 상자가 벌어지지 않게 스테이플러를 이용해 고정한다.

❸ PVC시트를 창 크기보다 약간 크게 자른 후 가장자리에 양면테이프를 붙여 박스에 고정한다.

털팽이's advice

신발 상자에 넣으면 아무래도 꺼내기가 불편해요. 고급스러운 신발, 한복 꽃신처럼 때 타지 않게 보관하고 싶은 신발 위주로 정리해 상단에 배치하는 것이 좋아요. 상자 위쪽에 낮은 신발을 올리면 2단으로 수납할 수 있어요.

❹ 완성한 모양.

+info

데스크 박스
신발, 구두, 영수증 등을 보관할 수 있는 수납 박스.
여성용 사이즈와 남성용 사이즈가 있다.
온라인 숍 모노스트(www.monost.com) 제품, 5개, 7800원

옷걸이 슈즈랙

신발은 대부분 앞은 낮고 뒤는 높기 때문에 앞뒤를 맞물리면 한 켤레를 넣을 공간에 두 켤레를 수납할 수 있다. 이런 원리를 이용한 상품이 요즘 인기 있는 슈즈랙이다. 세탁소 옷걸이를 구부리면 슈즈랙을 간단히 만들 수 있다.

재료 : 세탁소 옷걸이

 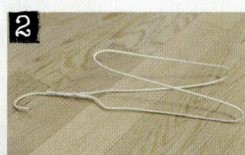

❶ 옷걸이를 위아래로 길게 잡아당긴다.
❷ 측면이 V자 형태가 되도록 반을 접어 구부린다.
❸ 고리 부분을 잡고 V자 부분과 끝부분에 신발의 발등 부분을 끼워 넣는다.

털팽이's advice

철사 옷걸이의 특성상 구부러지기 때문에 무겁고 크기가 큰 신발, 굽이 높은 신발보다는 플랫 슈즈나 스니커즈가 적당합니다. 끝부분에 한 켤레 정도의 공간이 남을 때 활용해보세요.

긴 물건 고정 밴드

긴 물건은 고무줄을 이용해 선반 하단에 매단다. 탄력성이 있기 때문에 꺼내기도 쉽고, 신발의 출납에도 방해가 되지 않는다.

재료 : 노란 고무줄

❶ 신발장 선반을 떼어낸 뒤, 고정할 물건의 길이에 맞춰 고무줄을 10~20cm 간격으로 묶는다. 모서리 부분에 매듭을 지어야 깔끔하다.

❷ 우산이나 청소도구 등 길이가 긴 물건을 끼워서 수납한다.

고정 밴드를 설치하면 긴 우산을 정리하기에도 편리해요!

페트병 부츠 키퍼

부츠를 겨울에 신던 채로 그대로 두면 발목 부분이 쓰러져 있어서 모양이 변한다. 이때 원형 페트병을 잘라 냄새와 습기도 제거할 수 있는 부츠 키퍼를 만들 수 있다.

재료 : 원형 페트병 2개, 손잡이용 끈, 신문지

❶ 원형 페트병의 밑동 부분을 잘라낸 뒤 쇼핑백용 손잡이를 끼운다.

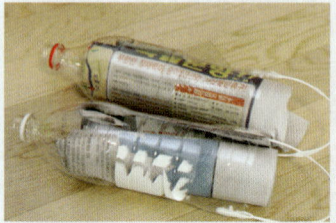

❷ 안쪽에 신문지, 실리카겔 등의 방습제를 채워 넣으면 습기와 냄새를 줄일 수 있다.

❸ 부츠 안쪽에 페트병을 끼워 넣는다.

사이즈별 보관 방식

작아진 신발을 신발장 귀퉁이에 넣어두다 보면 제때 신기지 못해 물려줄 시기를 놓치는 경우가 있다. 아이 신발은 크기 차이가 얼마 나지 않아 눈대중만으로는 정확히 확인하기가 어렵다. 물려줄 신발은 지퍼백에 담아 사이즈를 표시하면 제때 찾아 신기기 좋다.

장화 정리법

높이가 높지 않은 아이들의 장화는 겹쳐서 정리한다. 한 켤레 자리에 두 켤레를 수납할 수 있다.

> 아이들 신발은 사이즈가 작아서 선반 위 공간이 많이 남는데 겹겹이 쌓아두자니 지저분해요. 많이 보관할 수 있는 좋은 방법 없나요?

우유팩 아이 신발 정리대

아이 신발은 사이즈가 작기 때문에 우유팩이나 페트병 안에 쏙 들어간다. 먹고 난 우유팩을 모아두면 간단한 선반 정리대를 만들 수 있다.

재료 : 1000cc 우유팩, 고정용 테이프

❶ 페트병의 앞부분을 자른 뒤 선반의 폭에 맞춰 연결한다.

❷ 우유팩 안에는 볼이 좁은 실내화나 슬리퍼를 정리하고, 위쪽에는 운동화와 같이 발볼이 넓은 신발, 자주 신는 신발을 정리한다.

슬리퍼걸이

실내용 슬리퍼처럼 바닥이 깨끗하고 가벼운 신발은 걸이를 만들어 신발장 문에 수납한다.

재료 : 세탁소 옷걸이, 펜치나 절단기, 케이블 타이

❶ 펜치로 옷걸이 하단 중간 부분을 자른 뒤 일자로 편다.
❷ 상단의 ⅓ 지점(고리에서 20cm 정도의 지점)을 케이블 타이로 묶는다.
❸ 케이블타이의 하단 부분을 위로 꺾어 올린다.
❹ 꺾어 올린 부분을 병을 이용해 둥글게 구부린 뒤 슬리퍼에 끼운다.
❺ 신발장 문에 건다.

현관용 신발 정리대

좁은 현관에 높은 신발 정리대를 두면 더욱 좁아 보일 수 있어 MDF를 이용해 낮은 정리대를 만든다.

재료 : MDF판, 나사못, 목공 본드

위쪽은 어른 신발, 높이가 있는 신발, 자주 신는 신발을 놓는 것이 사용하기 편하다.

❶ 신발 정리대 크기를 결정한다. 현관이 좁아 보이지 않게 신발 수납량을 결정한다. 성인 신발 한 켤레의 폭은 20cm, 깊이는 25cm 내외이므로 이를 기준으로 크기를 정한다.
예) 세 켤레 신발 정리대=가로 60cm×세로 25cm×높이 15cm
❷ 15mm 두께의 MDF 목재를 준비한다. MDF의 색상은 현관 중문이나 신발장 색상과 맞추는 것이 좋으며, 이때 흰색은 때가 쉽게 타므로 피하는 것이 좋다.
❸ 선반과 다리를 잇는 부분에 목공용 본드를 바르고 본드가 마르면 나사못이나 못으로 한 번 더 고정한다.
❹ 위아래 여섯 켤레가 말끔이 정리된 모습.

3rd week 현관 정리

현관 선반장 수납

현관은 드나들면서 물건을 쉽게 꺼낼 수 있는 곳이므로 스포츠용품, 청소용품 이외에도 여러 물건들을 수납하기에 좋은 장소입니다. 특히 전실이 있는 아파트나 베란다가 없는 주상복합이라면 현관장을 꼼꼼히 수납해 쓸모 있게 활용해보세요.

분류하기

1.
내용물 확인하기

어떤 물건이 들어 있는지 알아야 정리계획을 세울 수 있다. 물건들을 박스별로 하나씩 꺼내어 내용물을 확인하면서 종류별로 세분하고 사용하지 않는 물건은 처분한다.

2.
메모리 팩 만들기

육아수첩, 초음파 사진 등 출산용품이나 명주실 같은 돌잡이용품 등 특별한 추억이 깃든 물건은 대부분 모아두는데, 소중하게 보관하기보다는 서랍 안에 방치한 경우가 많다. 지퍼백을 이용해 간단한 메모리 팩을 만들었다.

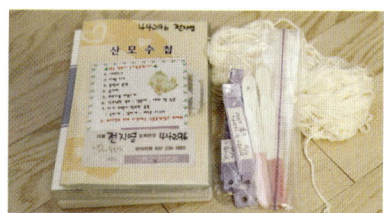

❶ 출산과 관련된 물건들을 모은다.

❷ 지퍼백에 넣고 아이 이름으로 라벨을 만들어 붙인다.

1.
다양한 물건이 한데 섞여 있다

교구, 육아용품, 청소용품 등으로 명확하지는 않지만 구분이 되어 있다. 하지만 각 박스의 내용물들은 세분되어 있지 않아 물건을 찾을 때마다 뒤져야 한다.

▼

종류별 구분이 필수! *solution*
사용할 때를 고려해 수납함 안의 물건도 묶음을 만들어 구분해두면 매번 꺼낼 때마다 뒤집어엎지 않아도 된다. 또한 수납함 안이 비치는 소재는 지저분해 보일 수 있으므로 종이로 앞을 가리는 것이 좋다.

수납장 구성하기

수납 형태 정하기
각각 선반의 높이에 따른 신체 동작을 고려해 수납 형태를 정한다.

• '키' 이상의 높이는 '박스' 타입
내용물이 보이지 않기 때문에 박스째 내려 필요한 물건을 확인하는 '박스' 타입의 수납이 적절하다.

• '눈' 높이는 '선반' 타입
선 채로 내용물이 바로 들여다보이는 위치이다. 물건의 종류를 확인하고 바로 꺼낼 수 있는 오픈된 '선반' 타입의 수납이 적절하다.

• '어깨~배'의 높이는 '칸막이 서랍' 타입
선 채로 아래를 내려다보며 물건을 꺼내게 된다. 서랍형 박스는 한눈에 들여다보이게 수납하는 '칸막이 서랍' 타입의 수납이 적절하다.

• '허리 아래' 높이는 '바스켓' 타입
물건을 꺼내기 위해 허리를 굽혔다 펴야 하는 위치이다. 길이가 긴 형태의 물건을 꽂아두었다가 들어 올리는 형식의 '바스켓' 타입의 수납이 적절하다.

재활용함 비치하기
거실에서 가까워 버리기 편한 현관장에 재활용함을 배치한다.

 모노스트 종이 재활용함
온라인 숍 모노스트(monost.com) 제품, 5개 세트, 9500원

칸막이로 선반 구분하기

선반에 물건을 수납하면 물건이 서로 섞이는 단점이 있다. 이때 박스를 이용해 칸막이를 만들면 수납한 물건들을 구분할 수 있다.

재료 : 미니 사이즈의 택배용 박스

❶ 박스 옆면을 잘라낸다. 앞면보다는 옆면을 잘라야 박스가 튼튼하다.
❷ 테이프로 박스를 감는다. 안쪽이 보이는 박스이기 때문에 박스 윗면의 덮이는 부분은 밖으로 붙여야 깔끔하다.
❸ 박스를 선반 폭에 맞춰 연결한다.

털팽이's advice

① 칸막이 수납함에는 다리미, 스프레이, 전자제품 등 박스와 크기가 비슷하고 통째로 꺼낼 수 있는 물건을 수납하는 것이 편리합니다. ② 보이지 않는 가구 내부를 수납할 때는 택배 박스를 이용하는 것도 좋은데, 재활용만으로 원하는 크기를 구하기가 쉽지 않을 때는 10장 정도의 소량으로 구입하는 것도 좋아요.

공구 서랍 정리법

일반적으로 판매하는 칸막이 서랍들은 작고 높은 서랍에는 규격이 맞지 않으므로 재활용품을 이용해 정리한다. 특히 나사, 못, 핀 등 공구 재료들은 날카롭기 때문에 통째로 꺼내 쓸 수 있도록 종이컵에 정리한다.

재료 : 상자, 종이컵

❶ 서랍의 ⅔ 정도 높이로 상자를 자른 뒤 양면테이프로 연결한다.
❷ 길이가 길거나 크기가 큰 물건도 항상 있기 마련, 끝부분은 긴 박스를 붙인다.
❸ 절반은 박스, 절반은 종이컵으로 서랍 안을 구성한다.
❹ 잡동사니는 박스에, 날카로운 물건은 종이컵에 정리한다.

+info Ⓑ 소량 택배 박스
박스를 10매 단위의 소량으로 구입할 수 있다. 크기에 따라 10매에 1300원부터 다양. 온라인 숍 박스마켓(boxmarket.co.kr) 제공

아이디어 수납법

박스 내부 수납

안도 물건들을 헤집지 않고 찾을 수 있도록 지퍼백이나 비닐 등으로 내용물을 세분히 정리한다.

쇼핑백 정리

쇼핑백은 깊이가 있는 상자에 차곡차곡 넣어두면 찾아 쓰기가 어렵다. 바닥면을 기준으로 접은 뒤 크기를 구별할 수 있게 작은 것에서 긴 것 순으로 배열한다.

분필 라벨

> 라벨 만들 때 매번 종이 위에 써서 붙이려니 불편해요. 쉽게 썼다 지웠다 할 수 있는 재료 없나요?

분필은 쓴 뒤에 쉽게 지울 수 있기 때문에 라벨로 사용하기에 좋다. 재질의 특성상 MDF나 시트지처럼 매끈한 재질보다는 박스나 진한 색 종이 위에 쓰는 것이 또렷하다.

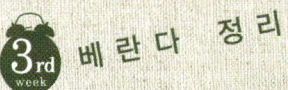 베란다 정리

휴식 공간을 겸한 베란다

요즘은 거실을 확장해 베란다가 없는 집들이 많지만 주부에게는 베란다가 꼭 필요한 공간입니다. 살림을 하다 보면 이런저런 짐들이 생기기 마련인데, 사용하지 않는 물건들을 보관할 공간이 있어야 집 안을 넓고 깨끗하게 사용할 수 있기 때문이에요. 그렇다고 쌓아두기만 하고 정리를 하지 않으면 집 안에서 가장 심각한 '문제의 공간'이 될 수 있는 곳이 베란다입니다. 창고처럼 쌓아두었던 짐을 치우고 휴식 공간까지 찾은 베란다의 변신 과정을 살펴보겠습니다.

문제점 진단

1. 통로가 막힌 베란다

쓰지 않는 인테리어 소품과 짐들이 쌓여 있는 베란다. 정리하지 않고 하나 둘 쌓아두다 보니 짐 때문에 안으로 들어가기가 어렵다.

▶

solution

늘어놓기보다는 쌓는 방법으로!
물건을 바닥에 늘어놓기 시작하면 통로가 막혀 안쪽 공간은 활용하지 못하게 된다. 짐을 보관할 때 늘어놓지 않고 세로로 쌓기만 해도 공간을 절약할 수 있다. 물론 짐을 줄여 붙박이장 안에 정리하고, 베란다는 빨래와 휴식을 위한 공간으로 활용하면 더욱 좋다.

2. 높고 깊은 붙박이장

베란다 수납장 내부. 짐들을 박스에 담아 쌓아두었다.
A. 선반으로 나눠지지 않아 밑에 깔린 박스들은 꺼내기가 쉽지 않다.
B. 붙박이장의 앞뒤가 깊어 앞에 물건을 쌓으면 뒤의 물건을 꺼낼 수 없다.

▶

solution

박스 수납장 만들기
수납은 넣기 쉽고 꺼내기 쉬워야 한다. 특히 가끔 쓰는 물건들은 더욱 찾기 쉽게 정리하는 것이 좋다. 튼튼한 박스를 이용해 붙박이장 안에 맞춤 수납장을 만들어 물건을 꺼내기 쉽게 정리한다.

코너별 정리

상단
장식품, 계절 소품 등 가벼운 물건을 박스에 담아 수납.

하단
책, 자주 찾는 물건, 박스에 수납하기 어려운 형태의 물건을 선반, 박스에 오픈 수납.

1. 수납장 구성하기

하단 수납장의 구성
수납장 내부를 정면, 왼쪽, 오른쪽으로 나눈 뒤, 뒤쪽의 물건을 꺼내기 편하도록 앞뒤로 나누어 레이아웃한다.

정면의 뒷면
박스를 이용해 물건을 꺼내기 쉽게 선반을 만든다. 공간 박스를 이용하면 더욱 튼튼하게 만들 수 있다.

좌우 옆면
길이가 긴 물건을 모서리에 기대어 세워두기에 좋은 공간이다. 30cm 정도 높이의 박스를 앞뒤로 나누어 배치한다.

박스의 크기가 맞지 않을 때
박스 옆면을 자른 뒤 끼워 맞추고 테이프로 고정한다.

정면의 앞면
양옆으로 밀어서 뒷면의 물건을 꺼낼 수 있게 바퀴 달린 수납장을 배치한다.

움직이는 수납장 만들기

재료 : 공간 박스, 바퀴, 목공 본드
❶ 공간 박스의 바닥에 바퀴를 단다.
❷ 목공 본드를 이용해 공간 박스를 원하는 높이만큼 고정한다.
❸ 바구니를 넣어 수납한다.

하단 수납장 수납하기

before

좌우
목재, 몰딩 등 긴 물건을 세워서 정리한다.

정면
박스는 무거우면 구부러지므로 무거운 물건은 하단에 수납한다. 상단과 앞면에는 자주 꺼내는 가벼운 물건을 바구니에 담아 수납한다.

상단 수납장 구성

한꺼번에 꺼내기 좋은 물건들을 계절별·종류별로 구분해 박스에 담아 정리한다. 구체적인 수납 아이디어도 체크해보자.

단프라 박스
이삿짐을 운반할 때 쓰는 골판지 구조의 플라스틱 박스인 단프라 박스를 이용해 정리한다. 단프라 박스는 가벼우면서도 튼튼하고 습기에 강해 베란다 등에 물건을 보관하기에 좋다.

장식품은 시즌별 구분
화병, 조화, 기타 장식품 등은 봄, 여름, 크리스마스 등 계절별로 구분한다.

어린이 용품은 테마별 구분
어린이 용품은 생일파티용, 물놀이용 등 테마별로 구분한다.

개별 포장
가끔 사용하는 물건이나 장식품일수록 섞이지 않고 오염되지 않게 지퍼백 등을 활용해 개별 포장한다.

조화 보관법
장식용으로 사용하는 나뭇가지는 부러지거나 섞이지 않게 굵은 리본으로 돌돌 감아 묶어둔다.

+info 단프라 트렁크 정리함
단프라 소재로 만든 트렁크 정리함. 화이트, 핑크, 노랑 등 다양한 색상이 있다. 옥션 판매자 한국프라스틱1004 제품, 4500원

책장과 책장 사이를 수납공간으로!

"베란다가 없어서 따로 짐 둘 곳이 없어요. 창고처럼 방에 쌓아두기도 그렇고 깔끔하게 정리하는 방법 있나요?"

큰 짐들은 주로 베란다에 수납하는데, 요즘은 베란다가 없는 주상복합이나 원룸이 많아서 짐 정리 때문에 고민하는 분들이 많다. 압축 선반과 롤 블라인드를 이용해 가구 사이를 짐 수납공간으로 바꿔보자.

재료 : 멀티 압축 선반, 롤 블라인드

❶ 압축 선반의 너비만큼 가구 사이를 벌린다. 가장자리에 배치된 가구와 벽 사이에 압축 선반을 더 튼튼히 설치할 수 있지만 천장에 몰딩이 있다면 롤 블라인드를 설치하기 어려울 수도 있다. 또한 천장이 석고보드나 나무 합판 지지대가 있을 때 롤스크린을 설치할 수 있으니 확인한다.

❷ 가구 위쪽에 적당한 위치를 잡아 압축 선반을 설치한다.

❸ 압축 선반은 돌려서 너비를 조정하고 화장지와 같이 가볍고 떨어져도 깨지지 않는 짐을 올리는 것이 좋다. 화장실처럼 좁은 공간의 벽과 벽 사이에 설치하면 30kg 이상의 하중을 견딜 수 있다.

❹ 롤스크린을 설치하고 수납할 물건을 정리한다. 가구의 앞 라인보다 튀어나오지 않는 물건들을 정리한다.

멀티 압축 선반
못이나 공구 없이 설치할 수 있는 다용도 압축 선반. 베란다, 옷장, 욕실 등 벽과 벽 사이에 설치할 수 있다.
온라인 숍 옥션 구입(판매자 고객만족스토아)
63~93cm, 1만3440원

카페 스타일로 꾸며보세요~

아파트에 살다 보면 베란다를 미니 정원처럼 꾸미고 싶다는 로망을 누구나 한 번씩은 갖습니다. 짐을 깨끗이 치운 공간에 벤치도 놓고 식물도 키워 아이들이 책을 읽을 수 있는 예쁜 공간을 와이프로거 프리지아님 댁에서 꾸며보았습니다.

1. 좋아하는 스타일 찾기
어떤 스타일로 꾸미고 싶은지, 공간의 목적이 무엇인지 정합니다. 정원을 원하면 식물 위주로, 책을 보고 싶으면 벤치로 차를 마시고 싶으면 티 테이블 위주로 공간을 꾸밉니다.

2. 배치하기
베란다는 좁고 길기 때문에 네모난 공간을 만들기보다는 통행에 방해되지 않게 일자형으로 배치합니다. 또한 빨래건조대를 사용하고 붙박이장 문을 여는 데 방해되지 않는 범위 내에서 공간을 꾸밉니다.

3. 수납 겸용 가구 활용하기
주부의 입장에서는 예쁜 공간도 좋지만 수납도 놓칠 수 없는 현실입니다. 뚜껑이 있는 라탄 바구니, 의자형 공간 박스 등 수납이 되는 가구를 활용합니다.

뚜껑이 있는 라탄 바구니 바닥에 바퀴를 달아 밀 수 있는 테이블로 활용했습니다. 라탄 바구니의 구멍에 케이블 타이를 끼워 바퀴와 연결했습니다.

4. 메인 컬러 VS 악센트 컬러
좁은 베란다의 구석을 넓어 보이는 예쁜 공간으로 꾸미고 싶으면 색상을 잘 활용하세요. 이 공간에서는 세 가지 색상을 찾아볼 수 있습니다.

- **베이스 컬러** 벽과 문 등 방 전체에 해당하는 화이트 색상입니다. 수납함의 색상도 화이트로 통일했습니다.
- **메인 컬러** 가구, 패브릭, 소품 등의 물건에 해당하는 컬러로 공간을 통일해 넓어 보이는 효과를 줍니다. 색상을 그린으로 결정하고 비슷한 톤으로 통일했습니다.
- **악센트 컬러** 무미건조하지 않고 깔끔하게 돋보일 수 있게 포인트를 줍니다. 쿠션이나 전등, 소품 등의 물건에 그린과 보색컬러인 레드로 악센트를 주었습니다.

 프리지아의 아름다운 집꾸미기
다양한 색채로 꾸민 집 꾸밈과 패브릭에 대한 정보를 얻을 수 있는 네이버 블로그.
(blog.naver.com/ojooin73)

 욕실 정리

다기능 욕실의 숨은 공간 찾기

욕실에서 가장 중요한 포인트는 '청결'입니다. 방바닥은 지저분해도 그만이지만 화장실이 지저분하면 개운치 않을뿐더러 다시는 가고 싶지 않은 것이 공통된 마음입니다. 물때와 습기, 곰팡이에 잡동사니까지 더해 더러워지기 쉬운 욕실, 말끔히 유지하는 방법을 살펴 보겠습니다.

 **문제점 진단**

1. 세제 수납공간의 부족

화장실 한쪽에 마련한 세탁 공간. 세제를 비롯한 여러 세탁도구들을 바구니에 담아 세탁기 위에 두고 사용하고 있다. 정리할 공간도 부족할 뿐 아니라 세탁할 때마다 움직여 불편하다.

▶ **수직 공간 활용하기** _solution_
드럼세탁기는 앞쪽으로 꺼내는 방식이기 때문에 위 공간을 충분히 활용할 수 있다. 세탁기용 선반을 달아 대야, 유아 욕조, 세탁 세제 등 큼직한 짐들을 수납한다.

2. 청소를 어렵게 하는 세면대 위 제품들

세면대 위에 물건을 수납할 공간이 없어 세제와 잡동사니들을 올려두었다. 청소도 불편하고 물건들 때문에 건조도 잘 되지 않아 물때가 끼는 등 위생적으로 깔끔하지 못하다.

▶ **평평한 공간은 말끔하게** _solution_
잡동사니를 요리조리 피해가면서 청소하는 것은 무척 힘든 일이다. 세면대에서 손 씻을 때 필요한 물건은 비누 하나면 충분하다. 꼭 필요한 물건만 남기고 나머지는 수납 방법을 활용해 매달거나 붙여서 바닥에 닿는 물건이 없도록 말끔하게 정리한다.

3. 물때가 뒤덮인 샤워 부스

큰맘 먹고 개조한 샤워 부스. 청소가 소홀해 물때가 끼고, 부서진 선반도 수리하지 않은 채 방치되어 있다.

▶ **청소는 필수!** _solution_
샤워 부스 안은 샤워할 때마다 물이 튀는 습한 공간이기 때문에 다른 곳보다 더욱 깨끗이 청소해야 한다. 또한 일상적으로 청소하는 곳뿐 아니라 샤워기 호스나 선반 아래 등 눈에 띄지 않는 곳도 세심히 청소한다.

코너별 정리

1. 세탁 공간 정리법

정리 순서는?

어떤 공간이든지 정리를 할 때는 큰 짐을 수납할 수 있는 곳부터 시작한다. 그래야 정리 속도가 빨라진다. 예컨대 안방을 정리할 때는 장롱, 거실을 정리할 때는 베란다, 주방을 정리할 때는 주방 베란다부터 정리해야 속도가 빨라진다. 화장실 또한 큰 짐을 수납할 수 있는 선반부터 정리한다.

물건의 크기와 사용 빈도에 맞춰 정리한다

상단 ⇨ 욕조, 대야 등 큰 물건을 정리한다.

매달기
스프레이 제품은 봉에 매달아 손잡이 부분을 걸쳐 수납한다. 다른 물건의 출입에 방해가 되지 않도록 자리를 정한다.

세탁기용 선반 정리

재료 : 세탁기용 수납 선반, 붙박이장용 바구니 레일

세탁기용 행어를 설치한다.
수전이나 호스, 세탁기 사용에 방해되지 않는지 주의한다. 특히 세탁기는 탈수할 때 진동이 심하기 때문에 세탁기에 밀착되지 않게 하고, 공간을 최대한 활용할 수 있도록 최대한 벽에 붙여서 설치한다.

중간단 ⇨ 세탁, 청소용 세제 등을 분류한 뒤 바구니에 정리한다.

❶ ❷

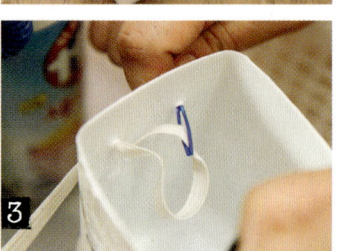 
❸ ❹

세제용 바구니 정리법
❶ 세제를 종류별로 구분한 뒤 바구니에 넣는다.
❷ 빈 플라스틱 통을 바구니 높이에 맞춰 자른 뒤 구멍을 2개 뚫는다.
❸ 통의 구멍에 고무줄을 끼워 바구니와 연결한다.
❹ 물건의 양과 크기에 따라 통을 움직일 수 있다.

> **달팽이's advice**
>
> 보통 ①번에서 정리가 끝나는데 그러면 얼마 지나지 않아 바구니 안의 물건이 섞이게 됩니다. 복잡한 방법은 아니더라도 구분한 물건이 섞이지 않도록 구분해주세요.

하단 ⇨ 레일로 서랍을 만들어 비누, 세탁용품을 정리한다

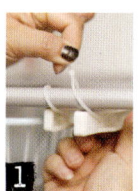 

❶ 선반 하단에 케이블타이를 이용해 플라스틱 레일을 묶는다.
❷ 바구니를 끼워 넣는다.
▶바구니는 레일에 끼워 넣을 수 있도록 상단 끝부분이 납작한 제품이 좋다. 물놀이용품을 담아두어 바구니째 꺼내 놀 수 있도록 한다.

옆면 ⇨ 네트를 묶어 바가지나 물놀이 장난감 등을 걸어두고 바닥에는 말랑한 고무 재질 바구니를 이용해 세탁물을 수납한다.

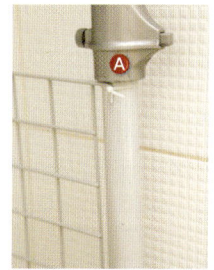 

❶ 케이블타이로 네트를 묶는다.
❷ S자 고리를 걸어 가벼운 물건을 수납한다.

세탁기 위 ⇨ 세탁물이나 세제 등을 올려둘 수 있게 선반을 설치하지 않고 비워둔다.

 Ⓐ **붙박이장용 플라스틱 레일** 붙박이장에 철망 바구니를 고정하기 위한 플라스틱 레일. 온라인 숍 철천지 제품, 개당 550원

Ⓑ **왕자더블 기둥 3단 조절 선반** 세탁기나 김치냉장고에 설치할 수 있는 선반. 높이와 너비 조절이 자유롭다. 왕자행어 제품, 4만7900원

구석구석~ 놓치기 쉬운 욕실 청소 노하우

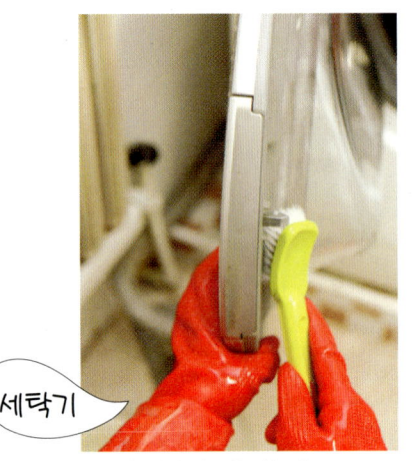

세탁기
내부의 패킹 안쪽을 닦는다.

오래된 숯
뜨거운 물에 30분 정도 담가두었다가 그늘에서 이틀 정도 말리면 막혔던 기공이 뚫려 재생할 수 있다.

샤워기
호스와 헤드는 뜨거운 물에 세제를 풀어 불린 후 솔로 청소한다. 물때가 찌든 선반은 베이킹 소다를 이용해 닦는다. 알칼리성이고 연마 작용이 있어서 표면의 오염 물질을 녹여서 제거한다.

수도꼭지
칫솔에 치약을 묻혀 닦아낸다.

곰팡이
타일, 실리콘 사이의 곰팡이는 휴지를 올린 뒤 락스를 스프레이에 넣어 뿌리고 1시간 후에 떼어낸다. 신발 바닥의 곰팡이는 락스를 푼 물에 1시간 정도 담근다.

변기
변기의 물이 덮일 정도로 화장지를 넣은 뒤 세제를 조심스럽게 붓고 1시간 후에 물을 내린다. 묵은 때가 말끔히 내려간다.

2. 욕실장 정리법

욕실장 상단 수납
비누, 샴푸, 치약 등을 아크릴 칸막이로 구분해 수납한다.

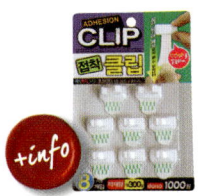

접착 클립
잡아당기면 뗄 수 있는
고리형 접착 클립.
다이소 제품, 1000원

아크릴 칸막이 조절판
서랍의 양옆에 붙여
칸막이를 만들 수 있는 제품.
3mm와 5mm 두께의
아크릴을 사용할 수 있다.
온라인 숍 자작(jajak.co.kr)
제품, 30cm, 600원

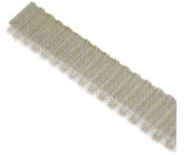

D.I.Y. 아크릴 칸막이 설치하기

❶ 선반의 높이와 깊이에 맞춰 아크릴을 자른다.

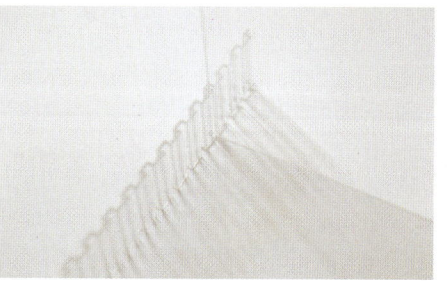

❷ 칸막이 조절판을 세로로 세운 뒤 본드로 아크릴을 고정한다.

❸ 선반 중간에 넣는다.

❹ 완성한 모양. 차곡차곡 쌓아 많이 수납할 수 있으며 앞이 낙하지 않아 바로 꺼낼 수 있다.

바구니를 들어내야 꺼낼 수 있으며
바구니를 내릴 때 쏟아질 수 있어
많이 쌓을 수 없다.

욕실장 중간단 수납

수건을 세로로 세운 뒤 떨어지지 않게 고무줄로 고정한다.

D.I.Y. 고무줄 수건걸이

❶ 양끝에 나사형 원 고리를 붙인다. 중간에 고정하면 꺼내기 불편하므로 하단 1/3 지점에 고정한다.

❷ 넓은 고무줄을 끼운 뒤 묶는다.

❸ 완성. 꺼내도 떨어지지 않는다. 넣을 때는 가장자리를 밀어 넣는다.

꺼낼 때 밀려서 바닥으로 떨어지기 쉽다.

욕실장 하단 수납

화장품, 샘플, 헤어용품 등 자주 사용하는 제품을 섞이지 않도록 칸막이를 만들어 정리한다.

칸막이

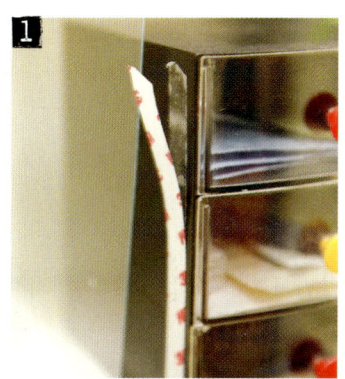

❶ 소형 서랍식 정리함 좌우에 양면테이프로 PP필름을 붙여 칸을 구분한다.
❷ 좌우로 칸이 구분될 뿐 아니라 물건을 올려두기 어중간한 서랍장 위가 칸막이 선반이 된다.

D.I.Y. 패드 정리함 만들기

패드를 바구니에 정리한 뒤 선반 하단에 고정한다.

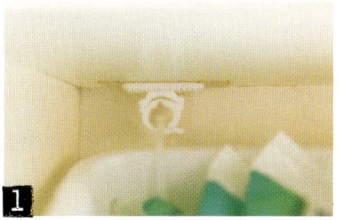

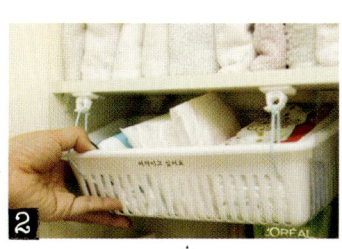

❶ 바구니의 뒷부분에 케이블 타이로 끈을 만든 뒤 선반 하단의 후크와 연결한다.
❷ 바구니 앞부분에 고무줄로 끈을 만든 뒤 후크와 연결한다. 평소에는 바구니가 닫혀 있기 때문에 내용물이 보이지 않는다.

▶네면을 고무줄로 연결하면 바구니가 아래로 늘어나므로 주의한다. 고리형 후크 대신 나사형 원 고리를 이용하면 더욱 튼튼하게 고정할 수 있으며, 선반 하단이므로 뗀 후에도 흔적이 보이지 않는다.

내용물이 보여 미관상 좋지 않다.

D.I.Y. 화장품 바구니

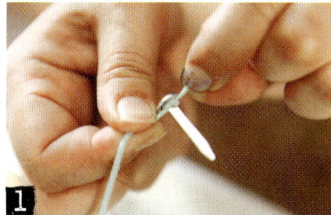

❶ 적당한 길이로 고무줄을 자른 뒤 끝부분에 할핀을 묶는다.
❷ 칸을 만들고 싶은 부위에 할핀을 벌려 고정한다.

▶할핀을 이용하면 고무줄을 풀지 않고 간편하게 칸막이 위치를 바꿀 수 있다. 할핀은 문구점에서 구입할 수 있다.

❸ 화장품을 크기별로 분류한 뒤 고무줄을 이용해 섞이지 않게 구분한다. 샘플용 화장품은 종이컵에 넣어 정리한다.

3. 세면대 주변 정리법

개수 줄이기

빗이나 타월 등은 부러지거나 찢어지지 않으면 버리지 않는 물건이다. 물건이 많으면 정리할 물건도 많아지는 법, 꼭 필요한 것만 남기고 나머지는 따로 모아두거나 버린다.

비누 대부분의 비누는 효과가 다르지 않으므로 한 개만 남긴다.

치약 돌돌 말아 집게로 고정한 뒤 흡착판에 건다. 남김없이 쉽게 짤 수 있다.

before

세면대 정리

꼭 필요한 제품만 종류별로 한 개씩 남긴다. 세면대 위에 물건이 없어야 물때가 끼지 않아 청소하기가 쉽다.

 타일 칫솔꽂이

재료 : 모자이크 타일, 페트병, 글루건

❶ 칫솔 높이에 맞춰 페트병을 자른다.

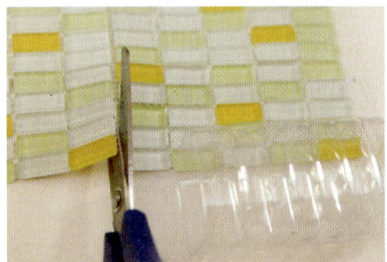

❷ 페트병 길이보다 한 단 더 길게 모자이크 타일을 자른다.

❸ 타일 뒷면에 글루건을 바른다.

❹ 페트병에 타일을 붙인다. 끝부분을 접어 안으로 넣어야 마감이 깔끔하다.

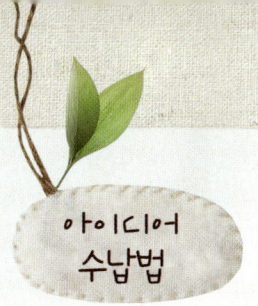

아이디어 수납법

소형 S자 고리 만들기

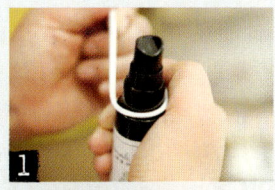

❶ 소형 S자 고리는 철사 옷걸이를 구부려 만든다. 작은 화장품 병을 이용하면 형태를 쉽게 잡을 수 있다.
❷ 글루건을 이용해 절단면을 코팅하면 물이 닿아도 녹이 슬지 않게 사용할 수 있다.

면도기용 걸이

❶ 네트 한 칸의 크기에 맞춰 옷걸이를 ㄷ자로 구부린다.
❷ 네트에 걸칠 수 있도록 구부린다.
❸ 끝부분을 구부려 면도기를 건다.

도어 후크

샤워할 때 갈아입을 옷은 도어 후크를 이용해 문 안쪽에 걸어둔다. 별도의 공간이 없어도 옷을 젖지 않게 보관할 수 있다.

청소도구

변기 옆에 접착식 선반을 달고 청소도구를 수납한다. 솔, 수세미 등은 쉽게 건조되도록 S자 고리를 이용해 매단다.

수건걸이

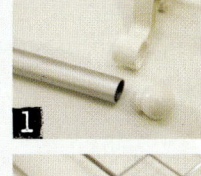
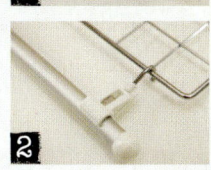

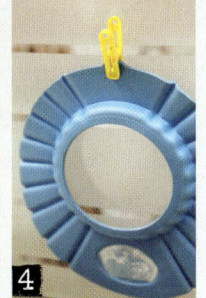

❶ 수건걸이의 후크를 떼어낸다.
❷ 집게형 고리를 이용해 네트 끝에 건다.
❸ 케이블타이를 이용해 빠지지 않도록 한 번 더 고정한다. 빨래집게를 이용해 긴 타월도 말릴 수 있게 한다.
❹ 빨래집게의 구멍에 흡착판을 끼워 가벼운 물건을 건다.

+info

걸이식 비닐 홀더
싱크대 문에 끼워 비닐을 걸 수 있는 홀더. 다이소 제품, 2000원

세라믹 오버 도어후크
문틀에 끼워 옷, 가방 등을 걸어둘 수 있다. 흠집이 남지 않고 손쉽게 옮길 수 있다.
모던하우스 제품, 1만9900원

30days' storaging plan!

서재와 아이 방

이제 마지막 주예요. 이번 주 과제는 엄마들의 가장 큰 숙제
아이 방 정리입니다. 3주 동안 엄마의 정리 솜씨에 아낌없이 응원해준
아이에게 소중한 선물이 될 거예요. 끝까지 파이팅!!

치워도 항상 지저분한 아이 놀이방 정리법

'아이 방 꾸미기'는 엄마들의 관심사 중 하나입니다. 잡지에서 본 아이 방은 넓은 방에 침대와 테이블이 놓여 있고 장난감도 적당합니다. 그런데 실제 아이 방은 상황이 전혀 다른 경우가 많습니다. 대부분의 아이 물건은 총천연색이 넘쳐나며 구석구석에 크고 작은 장난감통이 있고, 뽕뽕이 텐트라도 하나 있으면 좁아서 어디서부터 손을 대야 할지 막막한 경우가 많습니다. 아이 방을 깔끔하게 정돈하고 꾸미는 방법, 그리고 큰 장난감에서부터 작은 블록까지 적절히 수납하는 방법에 대해 살펴보겠습니다.

문제점 진단

1. 산만한 컬러 계획

바닥에 장난감이 없는데도 물건이 많고 흐트러진 듯이 보인다. 알록달록한 벽지와 선명한 노란색의 어린이 매트, 원색 책걸상 세트가 어울려 방 전체에 컬러가 넘쳐난다. 집중력이 떨어지는 아이라면 더욱 산만해질 수 있는 색상의 방이다.

▶

색감의 재구성 *solution*

A. 이 방의 가장 큰 문제는 매트이다. 프린트 하나하나가 물건처럼 보여 바닥에 장난감이 흐트러진 것처럼 보이므로 걷어낸다.
B. 원색의 책걸상 세트는 주변의 색상이 단색일 때 선명한 포인트가 될 수 있다.
C. 벽지 또한 무늬가 작고 많아 깨끗해 보이지 않는다. 무늬가 없는 파스텔 색상으로 도배한다.

2. 가구 배치

가구 배치가 좋지 않다. 이 방에서 메인이 되는 가구는 장난감 수납장과 책장인데, 색상과 높이가 같은데도 따로 배치해 가구의 높이가 고르지 않고 울쑥불쑥한 상태이다.

▶

큰 가구부터 자리 잡기 *solution*

창이나 문이 없는 가장 긴 벽에 큰 가구를 먼저 배치하고 소가구와 장난감 위치를 정한다. 가구들의 키가 낮기 때문에 가구의 측면이 보이는 방문 옆보다는 창문 근처에 배치하는 것이 안정감 있다.

3. 장난감

장난감이 방을 둘러쌀 만큼 종류도 양도 많다. 작은 장난감은 수납장에 넣었지만 큰 장난감은 수납할 수 없기 때문에 바닥에 늘어놓았다.

▶

부피 큰 제품도 수납을 *solution*

큰 장난감은 늘어놓기만 하는 것으로는 정리하기가 어렵다. 어린이 장난감은 어린이 키에 맞춰 나오기 때문에 대부분 높이가 높지 않으므로 수납 가구를 이용해 장난감의 윗부분까지도 수납에 활용하는 것이 좋다.

코너별 정리

1. 도배하기

도배와 가구 배치 효과
파스텔색 벽지로 바꾸고 가구의 위치를 옮긴 것만으로도 방이 훨씬 차분해졌다.

1. 베이스 컬러 정하기
기존에 사용하던 커튼이나 버티컬 색상, 가구 등을 최대한 활용할 수 있도록 방의 색상을 선택한다. 남자아이의 경우 블루, 그린이 가장 무난한데 이 방은 커튼, 책상 등이 블루 톤이기 때문에 베이스 컬러로 블루를 사용했다.

❶ 블루 컬러테라피
집중력을 향상시켜 학습 효과를 높여주는 색상. 몸과 마음을 이완시켜 차분하게 해주는 효과가 있어 집중력이 떨어지고 산만한 아이, 성격이 급하고 잘 싸우는 아이에게 적합하다. 천재 소년 송유근 군의 방에 사용한 색으로도 유명하다.

❷ 방이 넓어 보이는 블루
색상에는 파랑 계열의 차가운 한색과 빨강·노랑 계열의 따뜻한 난색이 있다. 한색은 뒤로 물러나 보이는 성질이 있어 방이 넓어 보이는 효과가 있고, 난색은 튀어나와 보이는 성질이 있어 넓은 면적에 사용했을 때 방이 실제보다 좁아 보일 수 있다.

2. 도배하기
아이 방의 경우 장롱 같은 큰 가구가 없기 때문에 이사 전후가 아니라도 어렵지 않게 도배를 할 수 있다. 한 면에 파란색 벽지로 포인트를 주고 나머지 세 면에 베이지색 벽지를 도배했다.

+info

드림(스카이블루)
아이 방에 사용하기에 좋은 파스텔 블루 실크 벽지.
대동벽지 제품, 3만8500원

드림(베이지)
어느 색에나 무난히 매치할 수 있는 베이지 실크 벽지.
대동벽지 제품, 3만8500원

스티커 벽지를 이용한 포인트

무지 벽지는 다소 밋밋해 보일 수 있으니 스티커벽지로 포인트를 준다. 스티커 벽지는 베이스 컬러보다 진한 블루 색상을 선택한다. 아이들과 같이 무늬를 선택하고 작업하면 아이가 스스로 했다는 성취감을 느낄 수 있다.

❶ 스티커 벽지를 자른 뒤 테이프로 원하는 곳에 붙이고 구도를 조정한다.

❷ 보조 시트를 스티커 위에 접착하고 벽에 붙인 후 보조 시트를 떼어낸다.

 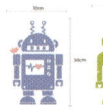 

마이로봇
아이들을 위한 재미있는 로봇 디자인의 스티커 벽지. 벽면과 유리창에 시공할 수 있다.
대동벽지 제품, 1만9320원

스티커 벽지를 이용한 포인트

❶ **도배지를 뜯어낸다**
이전 벽지가 실크 벽지일 때는 커터 칼로 살짝 뜯어내 종이 부분만 남기고 그 위에 도배한다. 종이 벽지는 상태가 나쁘지 않으면 그 위에 바로 도배해도 된다. 벽지 표면이 엠보싱 처리되어 있거나 곰팡이 등으로 인해 오염이 심하면 초배지만 남기고 뜯어낸다.

도배풀 = 도배풀 3개 + 본드 1개 + 물 1.5배

풀의 농도
도배 풀은 붓을 들었을 때 흐를 정도로 묽게 반죽한다.

❷ **도배 풀의 농도를 맞춘다**
합지 벽지를 도배할 때는 본드를 넣지 않아도 된다. 반죽하기 전에 도배 풀을 잘 주물러주면 멍울이 생기지 않는다.

❸ **콘센트 커버를 분리하고 벽의 못을 떼어낸다**

❹ **재단**
벽지를 재단하고 풀을 바른 후 벽지가 풀을 흡수하도록 5분 정도 접어둔다.

❺ **모서리에 풀칠을 한다**
벽 가장자리나 모서리 등 벽지가 떨어지기 쉬운 부분에는 풀을 발라둔다.

몰딩이나 벽과 닿는 부분은 자를 대고 커터 칼로 자른다. 칼날을 자주 부러뜨리면 도배가 깔끔하게 된다.

❻ **벽지를 붙인다**
윗부분을 붙인 뒤 물기를 머금은 걸레나 넓은 붓을 이용해 윗부분부터 ㅅ자 형태로 쓸어 내려간다.

벽지 선택 Q&A

벽지는 방 전체 컬러의 베이스 즉 바탕색입니다. 따라서 방 분위기를 바꾸고 싶으면 벽지 색상을 바꾸는 게 가장 효과가 큽니다. 하지만 막상 인테리어 전문점에 들러 견적을 내면 인건비가 만만치 않아 분위기 변신용으로 가볍게 하기에는 부담스러운 경우가 많아요. 그래서 작은 방 벽이나 한 면에 포인트 벽지를 바르는 일 정도는 스스로 해보는 것도 좋은 방법이에요.

1.
Q 인터넷으로 벽지를 구입했는데 생각보다 무늬가 너무 커서 당황했어요. 실패하지 않으려면 어떻게 해야 하나요?

A 셀프도배를 할 때는 인터넷의 벽지 패턴을 보고 선택하는 경우가 많은데, 모니터상의 색상은 실제 벽지 색상과 톤 차이가 나고 패턴의 크기도 정확히 알 수 없기 때문에 꼭 샘플 북을 보고 구입하시는 것이 좋습니다. 또한 벽지회사의 사이트나 인터넷을 참조해 도배한 사진을 확인해보면 실제적인 무늬와 크기를 느끼는 데 도움이 됩니다.

2.
Q 알록달록한 무늬가 있는 벽지로 아이 방을 도배해주었는데 무늬가 많아서 산만해요. 포인트 벽지를 쓰면서도 깔끔하게 연출하는 방법이 있나요?

A 보통 방 하나를 도배하려면 두 롤 이상의 벽지가 필요하기 때문에 같은 벽지로 하기보다는 베이스가 되는 단색 벽지와 비슷한 톤으로 무늬가 들어간 포인트 벽지를 함께 매치해보세요. 단색 벽지가 포인트 벽지의 화려함을 보완해 화사하고 깔끔한 분위기를 연출할 수 있습니다.

3.
Q 포인트 벽지는 어디에 붙여야 하나요?

A 메인 벽지는 가구 뒷면이나 넓은 면적을 도배하고, 포인트 벽지는 방에 들어갔을 때 눈에 띄는 곳, 침대 헤드, 책상 뒷면 등에 시공합니다. 이때 창가와 같이 패턴이 잘릴 수 있는 곳은 단색 벽지로 도배하는 것이 좋습니다.

4.
Q 실크 벽지는 도배하기 힘들다던데 주의 사항이 있나요?

A 벽지는 종이 위에 PVC가 코팅된 실크 벽지와 종이 재질의 합지 벽지로 구분할 수 있습니다. 일반적으로 실크 벽지가 합지 벽지보다 가격은 비싸지만 재질 면에서 좀 더 고급스럽고 오염에 강합니다. 도배를 할 때 합지 벽지는 가장자리의 만나는 부분을 겹쳐서 도배해도 되지만, 실크 벽지는 겹치는 부분이 붙지 않고 뜨기 때문에 겹치지 않도록 도배해야 하므로 약간 더 난도가 있습니다. 또한 무늬가 있는 벽지는 무늬를 맞추어야 하기 때문에 초보자들은 민무늬나 스트라이프 벽지를 선택하면 더욱 쉽게 도배할 수 있습니다.

2. 수납장 구성하기

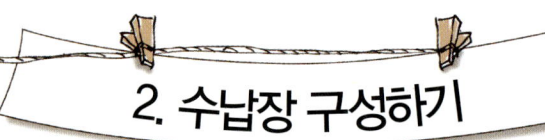

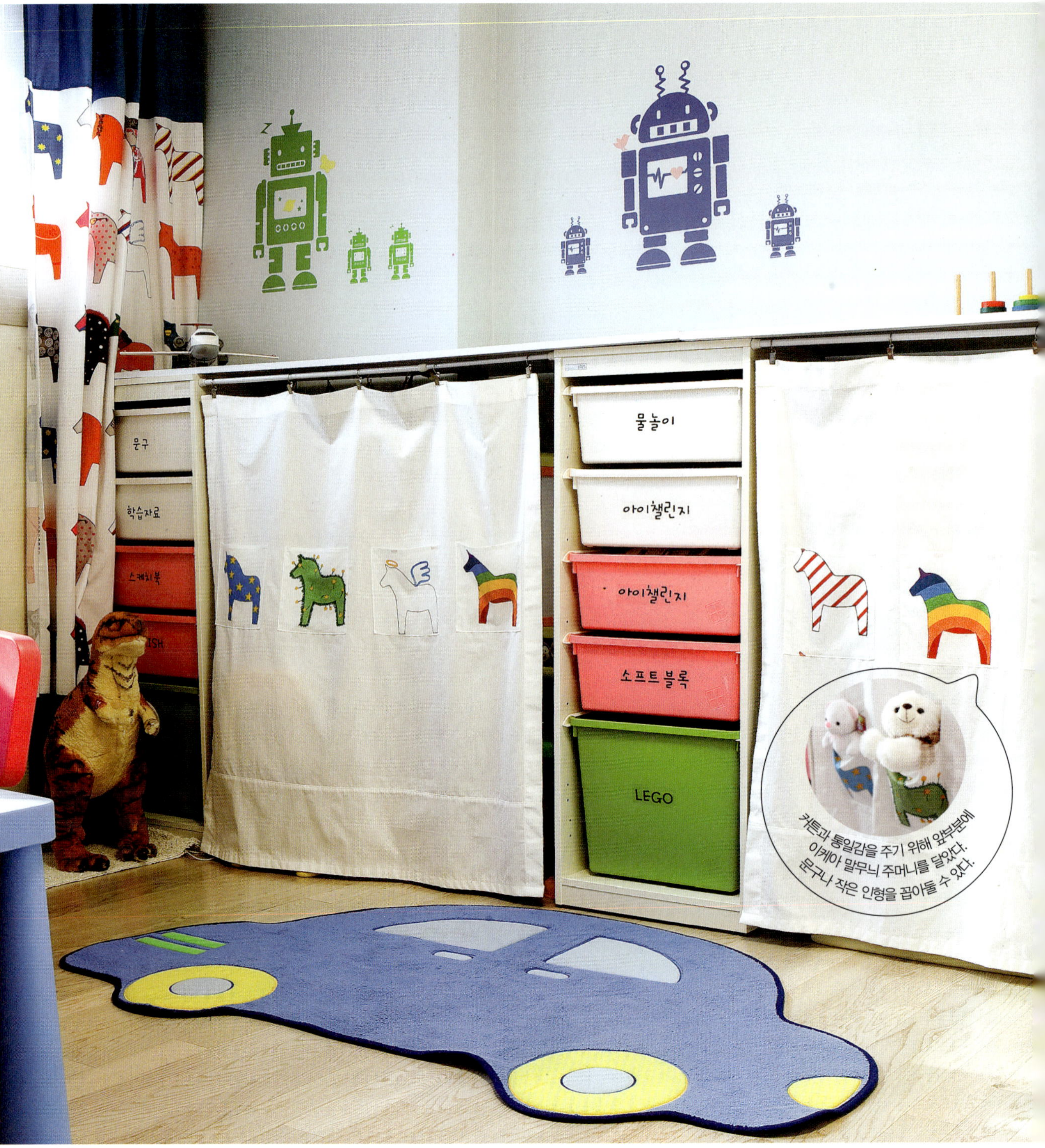

커튼과 통일감을 주기 위해 앞부분에 이케아 말무늬 주머니를 달았다. 문구나 작은 인형을 꼽아둘 수 있다.

재료 : 일자형 장난감 수납장 2개 이상, 코팅 합판

❶ 장난감 수납장을 양쪽 벽 끝에 배치한다.

> 벽이 길면 위에 올릴 합판이 휘거나 떨어질 수 있기 때문에 중간 정도에 하나 더 배치해 안정감 있게 받쳐주는 것이 좋다.

❷ 코팅 합판을 장난감장 위에 얹는다.

 색상 판재 색상은 장난감 수납장의 색상과 통일하는 것이 좋다. 코팅 합판은 MDF 판재 위에 시트지로 코팅한 합판인데 월너트, 비취, 화이트 등 여러 색상이 있다.

 두께 3mm부터 판매되는데 15mm 이상을 사용하는 것이 좋다.

 길이 일반적으로 택배로는 1.6m 길이까지 배송할 수 있으므로 길이가 길면 절반 나누어 배치한다. 목재상, 싱크대 가게, 온라인 숍 등에서 구입할 수 있는데 무겁기 때문에 인터넷으로 주문해 배송받는 것이 편리하다.

❸ 압축봉에 커튼 고리 집게을 끼운 뒤 수납장 사이에 끼워 넣는다.
❹ 명함 집게로 커튼 고리 집게 만들 준비를 한다. 먼저 명함 집게와 링 고리, 롱로즈를 준비한다.
❺ 롱로즈를 이용해 명함 집게에서 집게를 분리한다. 조심조심 뜯어낸 후 펴면 된다. 집게에 고리를 끼운다.
❻ 재단한 뒤 가장자리를 박음질한 천을 고리에 단다.

> 천은 크기와 약간의 여유분을 계산한 뒤 인터넷으로 구입해 동네 수선 가게에서 가장자리를 박음질했다. 옥스퍼드지 아이보리색을 사용했다.

 샘키즈 7000수납장 435 특수형M
어린이가 쉽게 열고 닫을 수 있는 안정감 있는 크기의 장난감 수납함. 플라스틱 박스에 장난감, 문구, 옷 등 여러 가지 물건을 수납할 수 있다. 한샘 제품, 7만9000원

Ⓑ 코팅 합판
온라인 숍 모던데코 제품

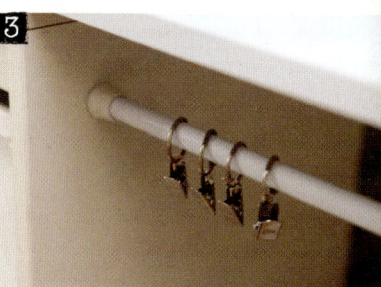
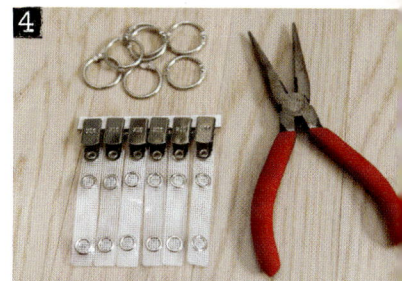
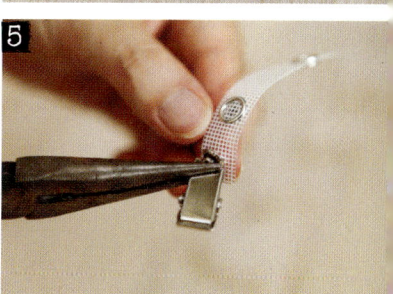

3. 장난감 분류 & 정리법

수납 형태 정하기

박스 ⇨ 소형 장난감
수납 종류별로 분류한 뒤 장난감 수납장에 수납한다. 분류 기준은 아이들의 눈높이에 맞추며 아이 스스로 정리할 수 있도록 세분하지 않는다.

선반 위 ⇨ 중형 장난감
오픈 수납한다. 자주 가지고 놀거나 장난감함을 가득 채울 만한 크기의 큰 장난감은 선반을 이용해 오픈 수납한다. 아이가 쉽게 꺼내고 정리할 수 있다.

하단 싱크대 ⇨ 대형 장난감
수납장 하단에 집어넣는다. 크기가 큰 것부터 자리를 잡은 다음 작은 장난감을 넣는다.

중형 장난감 수납하기

자동차 네트 위에 올려서 수납한다. 어린이도 쉽게 올리고 내릴 수 있다.

자주 가지고 노는 인형, 로봇 바구니에 담아 수납한다. 꺼내기 쉬우며 작은 장난감도 떨어지지 않는다.

압축봉을 이용해 선반 만들기

❶ 큰 장난감과 세로 선반 사이에 압축봉을 끼운다.

압축봉은 흘러내리지 않게 단단히 고정하는 것이 중요하다. 끼워 넣으려는 크기보다 5cm 정도 길게 늘려 무거운 물건이 올라가도 흘러내리지 않게 단단히 고정한다.

❷ 네트를 올린다.

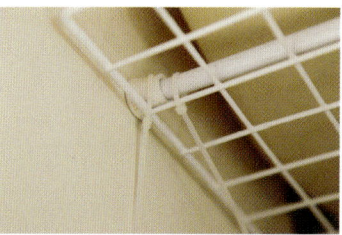

❸ 네트가 떨어지지 않게 케이블 타이를 이용해 압축봉과 네트를 연결한다.

장난감은 바퀴 달린 물건이 많아 떨어지면 다칠 수 있으므로 네트 가장자리를 구부려주는 것이 좋다. 싱크대 끝에 기대어 구부린다.

❹ 작은 물건을 올릴 수 있게 바구니를 고정한다.

 ⓐ 원 고리
돌려서 고정하는 방식의 원형 나사못. 철물점에서 구입할 수 있다.
온라인 숍 철물미트(77mart.co.kr)의 12mm 제품, 개당 100원

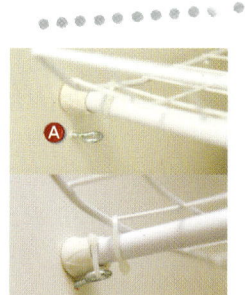

달팽이's advice

압축봉이 흘러내릴 때는?
장난감장의 경우 아이가 사용하기 때문에 압축봉을 튼튼히 고정하는 것이 좋아요. 이때 원 고리를 이용해보세요. 압축봉을 사용하는 다른 공간에도 활용해보세요.
① 압축봉 하단에 원 고리를 고정한다. 압축봉이 흘러내리지 않게 받쳐줄 수 있는 자리에 고정한다.
② 원 고리에 케이블 타이를 끼운 뒤 압축봉과 연결한다.

소형 장난감, 문구, 교구

> **위치 구분**
> 공이나 자동차, 레고 등 자주 가지고 노는 장난감은 하단, 문구·교구 등 엄마가 꺼내줘야 하는 장난감은 상단에 수납한다.

박스 수납하기
종류별로 분류한 뒤 장난감 수납장에 수납한다. 아이들의 눈높이에 맞춰 분류하고 너무 세분하지 않는다. 아이 스스로 여러 종류의 장난감을 분류하게 한 뒤 그 기준에 맞춰 정리하는 것도 좋다.

각종 도구들
미술용품이나 놀이용품 등 함께 사용하는 도구들은 지퍼백으로 묶어서 구분한다.

주머니 활용
자주 사용하는 색연필이나 문구는 커튼 주머니에 꽂아둔다.

적당량씩 수납하기
아이들 물건을 넘치지 않게 수납한다. 양이 많아 장난감함이 넘치면 그때부터 정리가 어려워진다. 장난감 양은 장난감 수납함을 기준으로 조절하고 수납되지 않는 양은 나눠주거나 따로 포장해 베란다 등에 정리한 뒤 일 년에 한두 번씩 바꿔준다.

부피 줄이기
튜브나 공 등 공기를 넣는 장난감은 공기를 뺀 뒤 말아서 고무줄로 묶어둔다.
공기를 뺀 뒤 반으로 접는다. 가장자리를 말아 고무줄로 풀리지 않게 묶는다.

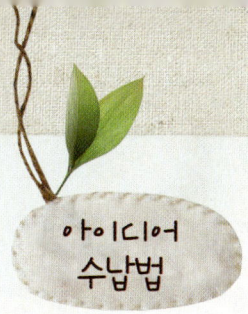

아이디어 수납법

선반 하단 활용하기

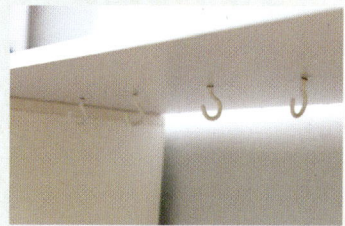

❶ 선반 하단에 물음표 고리를 돌려 박는다.

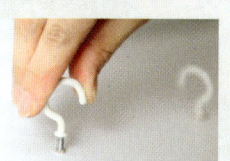

선반을 뒤집은 뒤 박으면 쉽게 할 수 있다. 물음표 고리는 동네 철물점에서 구입할 수 있다.

❷ 자주 사용하는 가방을 매단다.

고무줄 활용법

❶ 큰 장난감 기둥에 고무줄을 묶는다.

❷ 낚싯대나 막대 등에 긴 장난감을 끼운다.

테이블 하단에 선반 달기

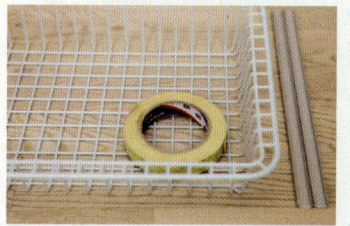

❶ 바구니, 양면테이프, 전선 정리용 쫄대를 준비한다.

❷ 전선 정리용 쫄대의 바깥 부분에 양면테이프를 붙인다.

❸ 테이블 하단에 붙인다. 나사못으로 고정하면 훨씬 단단하다.

❹ 색연필, CD, 스티커 등 가벼운 물건을 보관한다.

투명 라벨지를 활용해 라벨 만들기

+info 투명 라벨
투명한 스티커를 만들 수 있는 라벨지. 컬러보다는 검은색이 선명하게 인쇄된다. 대형 문구사, 마트에서 구입할 수 있다.
한국폼텍, 5매입, 3500원

투명 라벨지를 활용해 라벨을 출력한다. 귀염둥이 빼로체를 사용했다. 종류별로 자르고 박스 중앙에 붙인다.

239

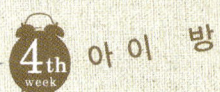 아이 방

아이 공부방 꾸미기

공부 못하는 아이들의 십중팔구는 책가방 안이 엉망입니다. 물론 책상 위의 상황도 비슷합니다. 정리를 잘 하면 성적이 오를까요? 꼭 그렇다고 단정할 순 없지만 공부에 도움을 주는 것만은 분명합니다. 책상 위의 물건을 정리하면서 아이는 공부 체계를 잡게 되고 결과적으로 좀 더 집중할 수 있기 때문입니다. 정리 못 하는 아이와 그런 아이 때문에 잔소리만 늘어가는 엄마를 위한 '공부방 정리 레슨'을 시작합니다.

코너별 정리

1. 책상 정리법

1. 책상 상판 치우기

"책상 치워!" 하면 아이는 항상 하듯이 책상 위의 책을 대충 책꽂이에 꽂고 연필과 잡동사니를 서랍 속에 몰아넣는다. 하지만 아이가 배워야 하는 것은 단순히 책상 상판 위를 치우는 것이 아니다. 이 책을 읽고 있는 것 또한 어질러진 바닥을 치우기 위해서가 아니라 정리 방법을 배우기 위해서인 것처럼 아이들이 배워야 하는 것 또한 정리 방법이다.

2. 버리기

아이들은 의외로 엄마가 자신의 물건을 버리는 것을 싫어한다. 종이접기 하나도 몰래 버린 것을 알면 심통을 내는 것이 아이의 심리이다. 무조건 버리기보다 왜 물건을 버려야 하는지 필요성을 알려주자.

털팽이's advice
책꽂이에 책이 꽉 차면 책을 꽂기 어렵고 그 원인이 필요 없는 책이 많기 때문이라고 알려주세요. 그리고 스스로 필요 없는 물건을 골라내게 하세요.

3. 물건 개수 줄이기

많이 가진 것보다 필요한 만큼만 가지는 것이 좋은 것이다. 필요 이상으로 소유한 잡동사니는 내 주위를 어지럽히는 주범이다. 아이에게도 적정량을 가지는 것이 많이 가지는 것보다 행복하다는 것을 알려주자.

털팽이's advice
연필 5자루, 사인펜 한 세트, 가위 2개, 풀 2개 등 필요한 개수를 정하세요. 사용하는 물건과 예비용품 1개 정도가 적당합니다. 그리고 나머지는 따로 담은 뒤 다 쓴 뒤에 채워두는 것이 좋습니다. 보이면 보이는 대로 꺼내어 어지르는 아이들의 습관을 바로잡는 데도 도움이 됩니다.

4. 분류하기

같은 것끼리 묶기 물건은 보는 관점에 따라 다양하게 나눌 수 있다. 책상 위의 책도 교과서, 공책, 얇은 책과 두꺼운 책, 색상별, 새것과 사용한 것 등 기준에 따라 여러 가지로 구분할 수 있다. 아이들은 어른보다 더 다양하게 구분하는데 이를 존중하고 아이가 정리하는 데 불편해하면 새롭게 분류하도록 도와준다.

5. 칸 만들기

초등학생 이상이라면 간단한 칸 만들기는 스스로 충분히 할 수 있다. 우유팩, 과자 상자 등 쉽게 구할 수 있는 재료를 이용한다. 정리도 즐거운 놀이가 될 수 있도록 관심을 갖고 칭찬해주는 것이 중요하다.

털팽이's advice
쉽게 넣을 수 있도록 칸은 큼직큼직한 것이 좋아요. 칸의 모양과 크기가 비슷하면 칸막이 때문에 넣지 못하는 물건이 생기게 됩니다. 서랍 안에는 큰 물건, 작은 물건, 긴 물건 세 가지 형태가 들어갈 수 있도록 구성해주세요.

6. 정리 습관 들이기

'쓰고 나면 제자리에!' 책상 위를 깨끗이 치웠다면 이제 실천이 남았다. 규칙은 간단하다. 쓰고 나면 정해진 제자리에 넣을 수 있도록 한다. 물건 앞에 라벨을 붙여주면 제자리를 익히는 데 도움이 된다.

털팽이's advice
치울 시점을 알고 제때 치우면 좋으련만 아이들은 그렇지 못합니다. 시간을 정해줘도 잊기 마련입니다. "왜 이렇게 어질러놨어?"가 아니라 "지금부터 치우자" 하고 치울 시점을 알려주세요.

책상 위 정리

최소한의 물건만 둔다. 눈에 보이는 물건이 많아지면 집중력이 떨어지므로 꼭 필요한 물건만 배치한다. 스탠드 또한 공간을 절약하는 집게형 스탠드를 사용한다.

책꽂이

책은 큼직한 나무 파일함에 '학교에서 공부하는 것(school)'과 '집에서 공부하는 것(home)' 두 가지로 분류해 정리한다.

서랍 칸막이

서랍 안의 물건을 분류하고 위치를 정한 뒤, 나무 서랍과 어울리는 발사목으로 칸을 만든다. 서랍 안은 쉽게 꺼내고 넣을 수 있도록 큼직하게 나누는 것이 좋다.

네트 정리함
자주 사용하는 문구와 가방은 책상 옆에 네트를 달아 정리한다. 오픈되어 있기 때문에 서랍 안보다 넣고 꺼내기가 편리하다.

색상으로 기억하는 파일 정리법
눈을 통해 보는 색상은 심리적인 부분에 영향을 준다. 이를 이용해 수납함과 파일 색상을 선택하면 물건을 분류하는 데 도움이 되므로 문구나 서류를 분류할 때 활용해보자.
- **빨강** 주목할 수 있는 색상. 긴박하고 빨리 처리해야 할 파일, 영수증 등을 보관.
- **노랑** 두뇌를 자극해 기억을 되살리는 색상. 잊어서는 안 되는 것들을 보관.
- **초록** 집중력과 실천력을 향상시켜주는 색상. 매일 처리하는 영수증 등을 보관.

스케줄표
책상 정면에 요일별로 분류된 칠판식 스케줄표를 단다. 매일매일 학원 시간표와 준비물을 포스트잇으로 붙여 아이가 기억할 수 있게 한다.

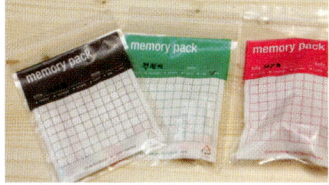

보드를 이용한 문구 수납
책상 뒤쪽에 꽂아 쓰는 펙보드(pegboard)를 설치하고 자주 사용하는 문구, 사무용품, 아이가 만든 작품, 사진들을 걸어둔다.
- **문구** 자주 사용하는 연필, 가위, 자와 테이프 등을 걸어두었다. 사용할 때마다 찾는 문구 위주로 걸어둔다.
- **사진** 폼 나게 붙여두기 어려웠던 사진들도 미니 집게로 고정해 건다.
- **쿠폰** 쿠폰은 집게에 집어 걸어둔다. 서랍을 열지 않아도 되므로 간편하다.
- **잡동사니** 건전지, 몽당연필, 동전 등 작은 물건은 미니 지퍼백에 넣어 걸어둔다.

책상 아래
책상 아래 공간 박스를 두어 부족한 수납량을 보충한다. 딱지나 장난감도 집중력을 떨어뜨릴 수 있으므로 눈에 보이지 않는 책상 아래 정리한다.

 A 공구 정리 보드
공구, 사무집기, 상품 등을 걸어둘 수 있는 펙보드. 옥션 판매지 게토, 9800원

2. 붙박이장 정리법

붙박이장 하단
아이가 물건을 꺼낼 수 있는 좋은 위치다. 적층형 박스를 쌓아두면 많이 수납할 수는 있지만 물건을 꺼내기 어렵다. 박스를 오픈해 쉽게 꺼낼 수 있게 하고, 박스 위는 네트로 선반을 달아 스케치북이나 그림을 보관한다.

네트 선반
선반 하단에 물음표 고리를 달고 면 끈을 묶어 네트를 매단다.

붙박이장 상단
계절 지난 옷과 교재 등을 박스에 담아 수납한다. 물려줄 옷들을 오염되지 않도록 비닐에 담은 뒤 입을 수 있는 나이를 표시한다.

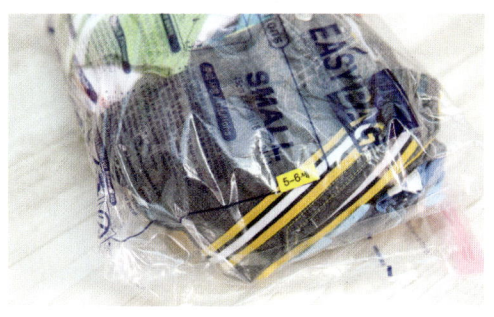

붙박이장 문 안쪽
모자나 가방 등을 네트에 매달아 수납한다. 문에 도어걸이를 걸어 네트를 고정한 뒤 S자 고리로 물건을 건다.

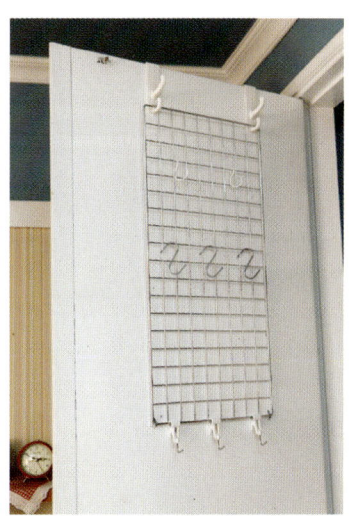

❶ 도어걸이는 끼우는 방식이기 때문에 글루건 후크보다 훨씬 무거운 무게도 견딜 수 있다. 단 문의 경첩에 부담을 줄 수 있으므로 제한 하중을 확인한다.
❷ 문의 두께에 따라 제품을 선택한다.

● **싱크대용 비닐걸이**
1~2cm 두께의 옷장 문에 사용
● **도어걸이** 4cm 정도의 방문에 사용

어린이 작품 보관법
❶ 아이의 작품은 학년별로 분류한다.
❷ 구겨지지 않도록 돌돌 만다.
❸ 휴지 심을 끼운 뒤 구분할 수 있도록 라벨을 붙인다.

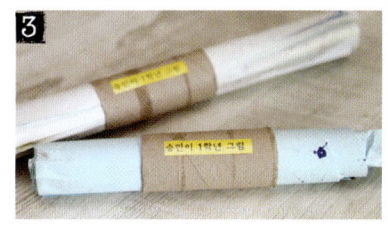

도어걸이
방문 위쪽에 끼워 옷이나 가방 등을 수납하는 걸이.
다이소 제품, 1000원

기타 용품 정리법

침대 아래 수납함은 꺼내기 쉽게
침대 아래도 비워두면 이것저것 쌓이기 마련이며, 작은 바구니들을 띄엄띄엄 넣어두면 청소기를 돌리기도 어렵다. 한꺼번에 꺼내서 청소할 수 있도록 넓은 수납함을 이용해 수납한다.

네트 정리함
네트 아래 바퀴를 달아 침대에서 쉽게 꺼낼 수 있는 정리함이다. 읽던 책이나 게임기 등을 넣어두어도 좋고 크기가 커서 보관하기 어려운 큰 문구나 스케치북을 두어도 좋다.

재료 : 네트, 바퀴, 바구니, 케이블타이, 끈

❶ 30×60cm 정도 너비로 네트를 준비한다. 좁으면 케이블타이를 이용해 2개의 네트를 연결한다.
❷ 바구니를 케이블타이로 고정한다.
❸ 바닥에 케이블타이로 바퀴를 단다.
❹ 잡아당기기 쉽게 끈으로 손잡이를 묶는다.

딱지함
딱지는 빨대로 칸막이를 만든 보관함에 구분해 정리한다. 빨대를 이용해 칸을 만들면 딱지뿐 아니라 여러 가지 물건들을 재미있게 정리할 수 있다.

❶ 손잡이 정리함 옆면에 양면테이프를 붙이고 빨대를 촘촘히 붙인다.
❷ 정리함 높이에 맞춰 빨대를 자른다.
❸ 정리함 양쪽 면에 빽빽이 붙인다.
❹ 책받침이나 PP필름을 잘라서 칸막이를 만든다.
❺ 딱지 종류에 맞춰 칸막이를 조정한다.
❻ 페인트 마커로 라벨을 표시한다.

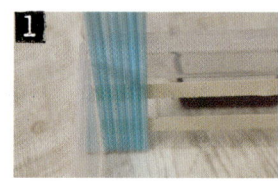 

어린이 가구에서 배우는 수납 기술

요즘은 가구도 소비자를 배려한 수납이 대세입니다. 가구 크기와 색상에 맞춰 수납 아이템을 쇼핑하지 않아도 나에게 필요한 아이템을 구입할 수 있는 가구들이 출시되고 있습니다. 이런 가구들을 잘 살펴보면 생활 속에서 응용할 수 있는 아이디어를 배울 수 있습니다.

1. 모듈형 가구
'떼었다 붙였다' 레고를 조립하듯이 하나씩 늘려가면서 다양한 형태로 구성할 수 있는 규격화된 가구를 말합니다. 초등학생만 되어도 물건이 늘어나고 키가 커져 어릴 때 사용하던 가구를 바꿔줘야 하는 경우가 많습니다. 모듈형 가구를 이용하면 필요한 만큼 추가하거나 형태만 바꿔주어도 레고처럼 새로운 구성을 만들 수 있어요.

2. 다양한 색상
색상은 아이의 심성을 자극해 성격을 변화시킬 수 있다고 합니다. 그래서 아이 방은 흰색으로 무미건조하게 꾸미는 것보다 아이 성격에 맞춰 한두 가지 색상으로 포인트를 주는 것이 좋습니다.

수납 아이템
가구와 함께 연출할 수 있는 아이템을 잘 선택하면 수납을 한 단계 업그레이드할 수 있습니다.

● **십자형 선반**
선반을 상하좌우로 나눌 수 있는 아이템입니다. 공간을 나눠주어 크기가 작은 물건을 수납해도 공간을 쓸모 있게 활용할 수 있습니다. 작은 책이나 인형을 수납하기에 좋습니다.

● **인서트 도어**
선반에 끼울 수 있는 공간 박스입니다. 보이지 않게 수납할 수 있어 노트나 문구 등 감추고 싶은 물건을 정리할 때 유용합니다.

● **2:1의 원칙**
보여주는 수납과 가리는 수납을 2:1로 믹스하면 적당히 숨길 수 있어 사용하기도 편리할 뿐 아니라 지저분해 보이지 않아 보기에도 좋습니다. 특히 아이들 물건은 색상과 크기가 다양해 선반을 모두 오픈해두기보다는 아이템들을 활용해 적당히 숨기면 훨씬 단정하게 정리할 수 있습니다.

SAM2 7000 3단 1200 책장
일곱 가지 컬러의 3단 책장. 한샘, 8만9000원

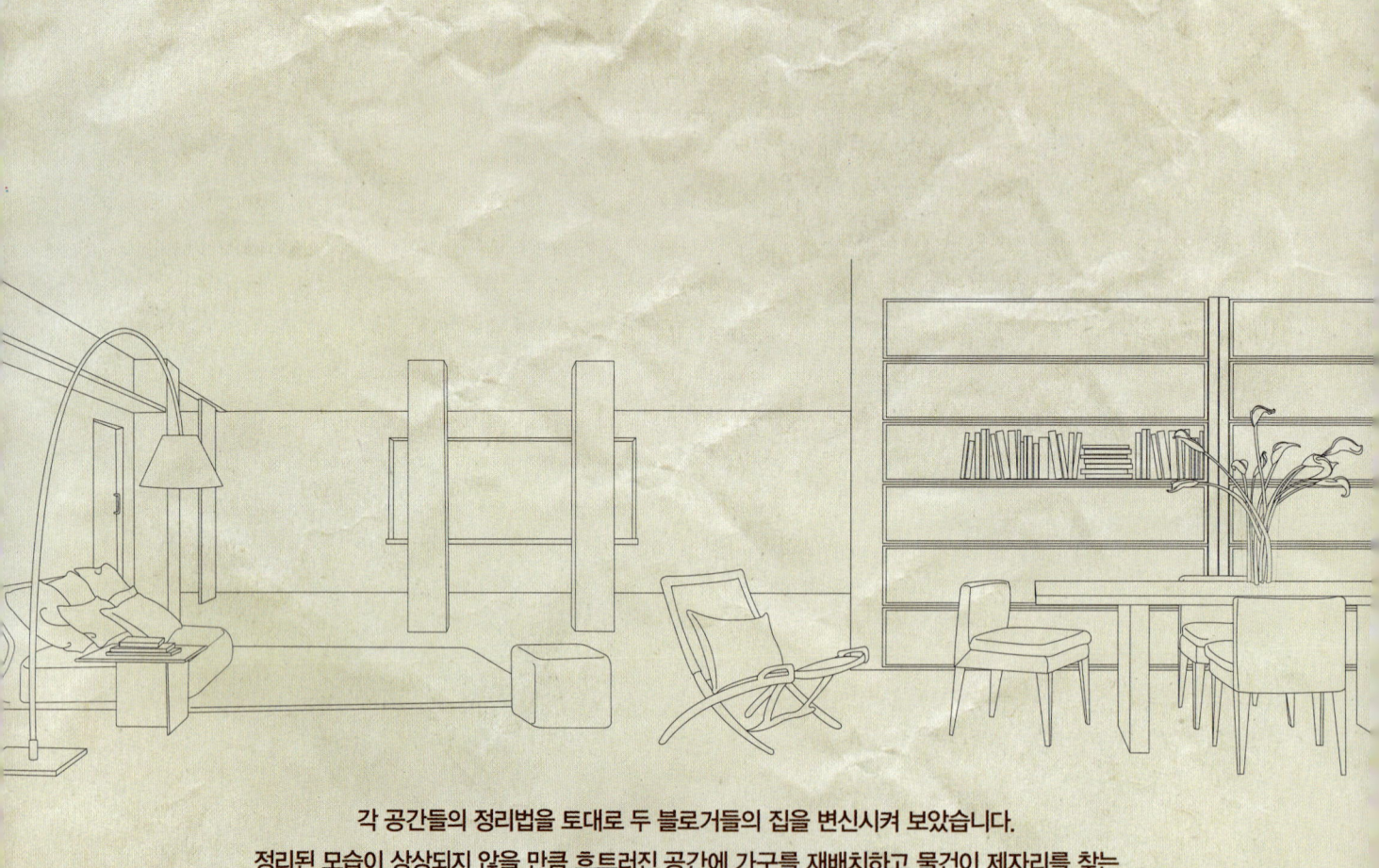

각 공간들의 정리법을 토대로 두 블로거들의 집을 변신시켜 보았습니다.
정리된 모습이 상상되지 않을 만큼 흐트러진 공간에 가구를 재배치하고 물건이 제자리를 찾는
변화의 과정을 꼼꼼히 체크해보세요.

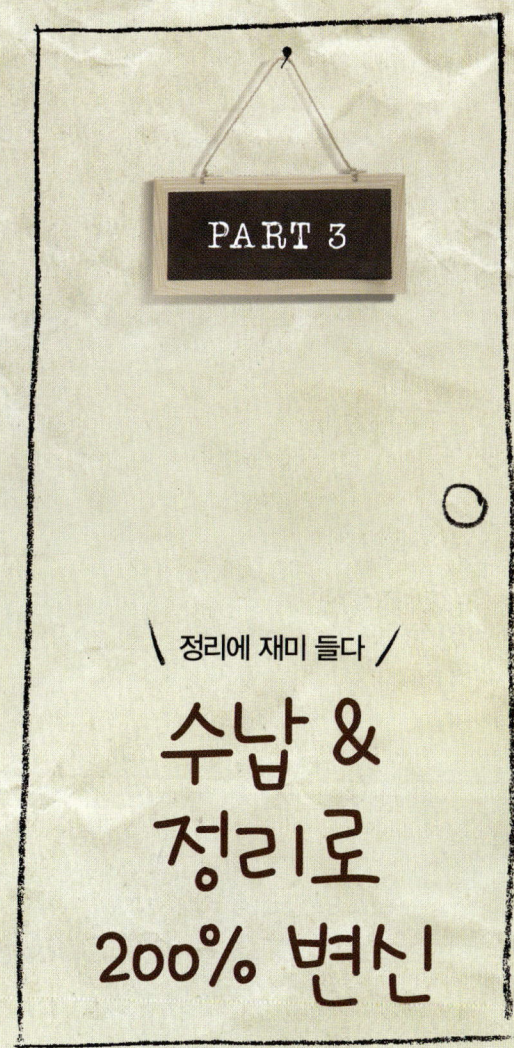

PART 3

\ 정리에 재미 들다 /

수납 &
정리로
200% 변신

귀차니스트 싱글족의 원룸 공간 확 바꾸기

Case Study ①

profile 닉네임 **마루코**

- ■이력 : 자취 생활 10년 차 30대 초 여성 직장인
- ■주거 형태 : 방 1, 화장실, 주방을 둔 아파트
- ■성격 : 왼손잡이로 틀에 박힌 것보다는 창의적이고 독특한 것을 좋아함. 작고 특이한 잡동사니를 잘 구입하는 타입. 집에 들어서는 순간 매사가 귀찮아지는 귀차니스트로 인스턴트식품과 햇반을 즐겨 먹지만 웰빙, 로하스를 동경함.
- ■정리에 대한 사고관 : "수납이 다 거기서 거기, 별다른 것 없지 않나요. 바구니에 나눠 담고 라벨 붙이고… 이미 알고 있는 것들이고 해봤는데 효과는 그다지…"
- ■정리 프로젝트 목표 : "웰빙까지는 바라지 않고 지저분한 방에서 벗어나는 것이 목표입니다. 내 방도 과연 바뀔 수 있을까요?"

내 미래를 상상할 나이가 되면 독립적인 '내 방'을 꿈꾸게 되죠. 그 방이 어떤 방이든 잡동사니로 가득한 지저분한 방을 꿈꾸지는 않습니다. 30대 직장인 '마루코' 님도 낭만적인 방을 꿈꿨다고 합니다. 자취 생활 10년 차, 잔소리하는 사람이 없다 보니 치우지 않는 '귀차니즘'은 고수에 이르렀고, 그 와중에도 예쁜 방을 꾸미고 싶어 허브 화분도 두고 구름의자도 구입했지만 '잡동사니'가 되어갈 뿐이었습니다. 이 방의 목표는 '웬만한 늘어놓기 대장도 정리를 안 할 수 없는 방'입니다. 정리가 끝난 지 여섯 달째, 마루코님 왈 "스스로 '정리의 노예'가 된 듯하다"고 합니다. 지금은 '노예'라 생각할 수도 있지만 머지않아 정리의 '고수'가 되리라 기대해봅니다.

[문제점 진단]

❶ 가방 및 소지품 두기 → ❷ 양말 벗기 →
❸~❹ 탈의 후 실내복 입기 → ❺ 잠깐 휴식 → ❻~❼ 세면 후 화장품 사용 →
❽ 저녁 식사 겸 간식, 인터넷 → ❾ TV 시청 후 취침

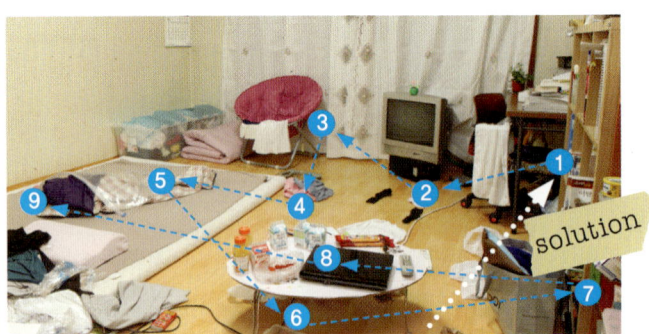

1.
동선마다 물건 흘리기

움직일 때마다 물건을 방치하다 보니 물건을 보면 움직임(동선)을 알 수 있다. 퇴근 후 방에 들어올 때부터 출근을 위해 나갈 때까지 방의 가장자리를 원형으로 돌며 최대한 작은 움직임 안에서 모든 활동이 이루어진다.

▼

공간 분리 방에 들어섰을 때 자고 먹고 쉬는 모든 생활상이 한 눈에 보인다. 특히 매트리스가 바로 보여 프라이버시가 보호되지 않을뿐더러 게으른 인상을 줄 수 있다. 자고, 먹고, 공부하고, 옷을 입는 공간을 가구로 분리해 물건들을 수납할 수 있도록 한다.

2.
수납했지만 정리되어 보이지 않는 가구들

책, 문구, 화장품 등 거의 모든 물건이 가구 안에 수납되어 있지만 정리되어 보이지 않는다. Ⓐ 자취 생활을 하면서 사다 모은 공간 박스와 책장은 자취방처럼 보이게 한다. Ⓑ 책상은 수납공간이 전혀 없어 문구를 수납할 수 없다. Ⓒ 화장대용 문갑은 공간을 많이 차지하는 반면 높이가 낮아 화장품을 모두 수납할 수 없다.

▼

잡동사니는 숨기는 수납 늘어놓을 수 있는 가구는 많지만 감출 수 있는 가구가 부족하다. 오픈 수납할 수 있는 책장은 꺼내기는 쉽지만 잡동사니를 그대로 보여준다. 잡동사니를 숨길 수 있는 서랍형 수납 가구가 필요하다.

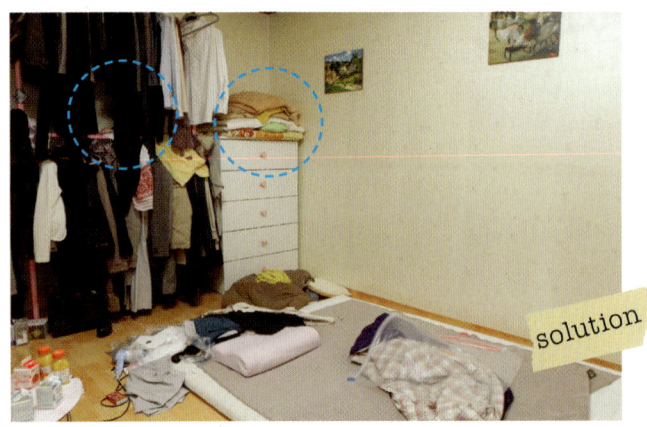

3.
먼지 타기 쉬운 옷과 이불

행어는 수납량은 많지만 먼지 때문에 옷이 쉽게 오염되고 깔끔해 보이지 않는 단점이 있다. 이불도 세탁한 것과 쓰던 것을 구분하지 않고 서랍장 위에 올려두면 먼지, 냄새, 진드기 등으로 인해 오염되기 쉽다.

▼

행어보다는 오픈형 드레스룸 직장인의 경우 직장 연수가 쌓일수록 옷의 양이 많아진다. 정리가 귀찮은 사람은 옷장이 있어도 의자나 책상 위에 쌓아두는 경우가 많으므로 옷장보다는 쉽게 꺼낼 수 있는 문 없는 드레스룸형 옷장에 수납하는 것이 좋다.

Check! 당신은 귀차니스트?

귀차니스트
귀찮다 + -nis명사
〈신어, 2003년〉

[명사] 귀찮은 일을 몹시 싫어하고 혼자 노는 데 익숙한 젊은 세대의 사람을 비유적으로 이르는 말.

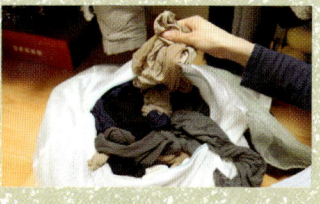

❶ 탑 쌓기
책상 바닥은 구입한 이후로 한 번도 본 적 없다. 책은 한권 두 권 쌓이다가 탑이 되어 무너지면 그때 대충 꽂아둔다.

❷ 허물 벗기
벗어둔 옷들이 몸의 형체 그대로 여기저기에 쌓여 있다. 물론 다음 날 입을 때까지 치우지 않는다.

❸ 청소보다는 살짝 밀기
늘어놓은 물건들은 치우기보다는 이쪽에서 저쪽으로 살짝 밀어둔다. 밀어둘 자리도 없을 때 청소한다.

❹ 스타킹 낚시
스타킹은 세탁망째 빨아서 말리고 하나씩 고르기 위해 낚시를 한다. 어차피 신으려면 펴야 할 텐데 힘들게 개어둘 필요는 없다.

귀차니스트를 위한 초간단 살림법

살림법❶ 청소는 물티슈로 한다
머리카락이 방바닥 여기저기에 굴러다녀도 걸레 빨기가 싫어 그대로 방관만 하고 있다면 물티슈를 이용한다. 청소력도 좋으며 위생적으로 훨씬 낫다. 물티슈는 어차피 소모품이니 저렴한 제품으로 항상 구비해둔다.

살림법❷ 세탁은 촘촘한 세탁망을 이용한다
흰옷과, 검정 옷 구분해 세탁하는 것이 귀찮다면 촘촘한 세탁망을 이용한다. 흰옷과 검정 옷을 함께 세탁하되 검정 옷을 세탁망 안에 넣어 세탁한다. 함께 돌려도 검정 옷에 흰 보풀이 묻지 않는다.

살림법❸ 빨래는 옷걸이에 건조한다
세탁한 옷은 옷걸이에 걸어 말리고 그대로 행어에 건다. 개는 것 자체가 귀찮다면 개기보다는 걸기 위주로 보관한다. 개지 않은 빨래가 방 여기저기 굴러다니는 것보다 훨씬 낫다.

살림법❹ 구입은 엄격하게, 버리기는 관대하게
귀차니스트에게 잡동사니는 치명적. 그만큼 치울 거리가 많아지기 때문이다. 웬만하면 필요한 것만 적게 구입하고 안 쓰는 것, 수명이 지난 것은 눈에 띄는 즉시 버린다. 연필 한 자루를 치우는 데도 노력이 필요한 법, 귀차니스트에게는 돌볼 것 없는 최소한의 살림살이로 최대한 효과를 누리는 심플 라이프가 최고다.

[동선배치]

1. bedding (잠자기, 휴식)
잠자고 휴식하는 공간은 출입구에서 가장 먼 안쪽에 배치하고, 가구로 낮은 칸막이를 만들어 입구에서 바로 보이지 않도록 한다.

2. clothing (옷)
벗은 옷은 보통 침대나 이불 위에 던져두기 마련. 옷을 입고 벗는 공간은 침대 근처에 정리해 눈에 띄지 않게 한다. 또한 옷장 근처에 칸막이로 가려진 침대가 있어 가족과 함께 지내더라도 옷 갈아입을 때 프라이버시를 지킬 수 있다.

4. dinning (식사)
귀차니스트들은 좌식으로 식사를 하고, 누워서 TV를 보며 간식을 먹는 것을 좋아한다. bedding과 가장 가까운 칸막이를 테이블로 만들어 식사와 간식을 해결한다.

5. TV 시청
미혼의 싱글족에게 가장 큰 오락거리는 TV이기 때문에 TV의 위치는 무엇보다 중요한데 누워서도 볼 수 있고, living 쪽에서 손님들과 함께 볼 수 있어야 한다. 볼록이 TV의 앞뒤 길이는 50cm 정도로 어디에 두어도 짐이 될 수 있는데, 옷장 깊이와 비슷하기 때문에 옷장 중간에 설치한다.

3. living (화장, 공부)
출입구와 가장 가까운 사각형의 공간이 방에서 거실 역할을 하는 living 공간이다. 기존에는 매트리스 때문에 손님이 와도 앉을 공간이 없어 매트리스를 걷어야 했던 것과 달리 최대한 넓은 living 공간을 확보해 손님이 왔을 때 앉을 수 있고, 자고 갈 경우에도 주인의 침실 공간과 테이블로 분리해 편히 잘 수 있다.

칸막이

책

세면

[스타일 정하기]

before

선반 책상의 수납공간을 보완하기 위해 선반을 설치한다. 선반은 눈에 띄는 곳이기 때문에 수납보다는 장식 위주로 보여도 좋은 예쁜 물건으로 정리한다.

스타일 깔끔하고 넓어 보이는 모던 스타일

컬러 무지의 베이지색 벽지와 흰 가구를 베이스 컬러로 사용하고 메인 컬러로 그린을 사용해 벽지와 소품을 통일한다. 그린은 마음에 안정을 주는 편안한 색으로 스트레스 해소에 도움을 주는 색이며 흰 가구를 돋보이게 한다. 악센트 컬러로 핑크를 사용해 사랑스러운 분위기를 준다.

패브릭 도트 무늬 커튼으로 발랄한 분위기를 주었다.

가구 배치 3단 서랍장을 중심으로 화장대와 책상을 배치한다. 서랍장에는 화장품과 문구, 전자제품 등을 수납한다. 책상 옆으로 책장을 배치해 책과 문구를 수납하고 책상의 수납공간을 보완하기 위해 선반을 설치한다.

 +info

드림 베이지 어디나 무난히 어울리는 베이지색 실크 벽지. 대동벽지 제품, 3만8500원

루니 그린 포인트 벽지로 사용할 수 있는 무지 파스텔 벽지. 대동벽지 제품, 3만8500원

before

코너별 정리
1. 베란다 정리

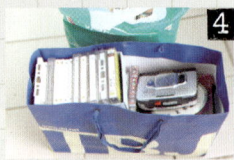

❶ **사용하지 않는 물건은 베란다에**
방을 정리하다 보면 베란다에 둘 큰 짐과 사용하지 않는 물건이 나오는데 그런 물건을 재빨리 처리할 공간이 마련되어야 정리가 진행된다. 따라서 베란다부터 먼저 정리한다.

❷ **책장 활용한 수납장**
색상이 맞지 않아 방에서 제외한 책장과 공간박스를 이용해 수납장을 마련했다. 베란다 수납장의 높이는 일조량을 고려해 창문을 가리지 않도록 한다.

❸ **청소**
청소를 하는 순서는 위에서 아래로, 밖에서 안으로 하는 것이 좋다. 베란다, 거실, 방 순으로 바깥쪽에서 안쪽으로 청소를 해야 먼지가 집 안으로 들어오지 않는다.

❹ **쇼핑백 수납**
베란다에 사용하지 않는 물건을 정리하는 데까지 수납함을 구입하려면 부담스럽고 귀찮을 수 있다. 이때는 쇼핑백을 이용해 수납한다. 많은 양을 수납할 수 있을 뿐 아니라 들고 다니면서 쉽게 사용할 수 있어 편리하다.

❺ **홈이 없는 선반 높이 조정**
❶ 물건 위로 남은 공간에 선반 높이를 조정 구멍이 없는 경우 다보 못을 이용한다.
❷ 선반을 달고자 하는 높이에 다보 못이나 나사못을 박는다.
❸ 선반을 끼워 넣는다.

 다보 못 각종 가구의 선반을 지지하거나 높낮이를 조절할 때 쓰는 보조 나사. 동네 철물점에서 쉽게 구입할 수 있다.
온라인 숍 철물마트, 개당 180원

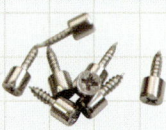

before

2. 벽면 선반 설치하기

선반 설치
책상의 수납공간을 보완하기 위해 선반을 설치했다. 선반은 눈에 띄는 곳이기 때문에 수납보다는 장식 위주로 예쁜 물건으로 정리한다.

선반 정리 방법
❶ 철제 바스켓 수납
여성 용품은 철제 바구니에 담아 정리한다.

❷ 디저트 컵 재활용
푸딩, 핀 등을 담을 수 있는 디저트 컵에 면봉, 인형 등을 담아 진열한다. 늘 보던 물건도 종류별로 모아 투명한 용기에 담으면 다른 느낌으로 정리할 수 있다. 컵 하나에 같은 색상과 같은 종류의 물건을 담아야 깔끔하다.

❸ 매니큐어 진열
네일 아트 전문점처럼 매니큐어를 일렬로 정리 한다. 같은 색상보다는 서로 다른 색상끼리 매치해야 눈에 띄어 선명해 보인다.

> **털팽이's advice**
> 선반은 대부분 노루발을 이용해 고정하는데 바닥에서 올려다 볼 경우 깔끔해 보이지 않아 꺾쇠로 고정했어요. 꺾쇠로 고정한 경우 장식 개념으로 가벼운 물건을 올리는 것이 좋습니다. 선반의 경우 무게를 많이 지탱해야 하기 때문에 해머드릴로 칼 블록을 박아 고정하는데 동네 철물점에서 못 10개에 2만 원에 출장 시공했습니다.

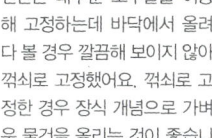

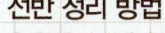

1
2
3

+info
A 샘베딩 수납장 선반장 A 800_D400
책, 옷 등을 수납할 수 있는 수납장. 한샘 제품, 8만원

B 샘베딩 3단 서랍장800+미니 책상
넉넉한 양의 서랍장과 서랍장 위에 얹어 사용하는 책상. 책상의 폭을 마음대로 조절할 수 있다. 한샘 제품, 21만 3000원

C 나무노리 인테리어 선반
가벼운 물건을 수납하기에 좋은 소형 선반. 온라인 숍 2001아울렛 구입, 800mmx3, 1만4900원

써니도트 틴 바스켓
작은 물건들을 담아서 수납할 수 있는 컬러풀한 철제 바스켓. 핑크, 그린, 블루 세 가지 색상이 있어서 분위기에 맞게 선택할 수 있다. 모던하우스 제품, 2950원

257

3. 화장대 정리하기

1. 늘어놓기식 화장품 정리

서랍을 열고 닫지 않고도 쉽게 찾고 정리할 수 있도록 서랍장 위에 진열하여 정리한다.

뚜껑을 이용한 화장도구 정리

정리함에서 분리한 뚜껑에 브러시 등 화장도구를 정리했는데 아크릴로 만든 칸막이로 섞이지 않도록 한다.

재료 : 1.5mm 아크릴, 아크릴 칼, 아크릴 본드

❶ 아크릴을 자른 뒤 본드로 칸막이와 받침을 연결한다.
❷ 양면테이프를 이용해 칸막이를 고정한다. 화장도구가 섞이지 않아 정리가 쉽다.

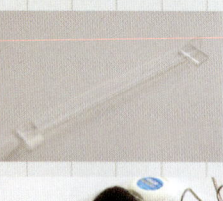

종이 오거나이저

종이 오거나이저에 세워둘 수 있는 화장품들을 정리한다. 층층이 나눠진 오거나이저에 정리할 때는 앞에서 뒤로 키 순으로 정리해야 물건이 가리지 않는다.

정리함 분리

아이섀도는 높이가 낮은 정리함에 색상별로 정리했는데 매번 뚜껑을 열고 닫으면 불편하기 때문에 잘라서 몸체와 뚜껑을 분리한다.

차밍 포인트가 되는 향수

장식성이 있는 향수는 거울 쟁반에 정리한다. 여기저기 장식되어 있으면 복잡해 보이지만 책상의 가장자리와 같이 시선이 멈추는 곳을 매력적인 물건으로 장식하면 포인트가 된다.

책장 깊이 10cm 차이

좁은 공간에 책을 많이 수납하고 싶다면 이중 수납할 수 있는 책장을 구입한다. 일반적으로 책의 가로 사이즈는 20cm 내외이고 책장 깊이는 30cm 내외여서 이중으로 수납하기 어렵다. 하지만 40cm 깊이의 책장을 구입하면 가로 20cm인 책을 이중 수납할 수 있어 수납량은 두 배가 된다.

2. 가끔 사용하는 화장품, 액세서리 정리

가끔 사용하는 화장품과 액세서리를 종류별로 분류해 서랍 안에 정리한다.

A 칸막이 만들기

홈이 파인 아크릴 정리함에 알맞은 크기의 아크릴을 끼워 정리하기 쉽게 칸막이를 만든다.

재료: 아크릴 정리함, 아크릴

❶ 아크릴 정리함을 이용해 서랍의 가장자리에 수납공간을 만든다.
❷ 얇은 아크릴판을 자른 후 정리함 홈의 중간 중간에 끼워 넣어 긴 칸막이를 만든다.

정리 방법

B 샘플은 종류별 샘플은 샘플끼리 모아 종류별로 분류한다.
C 팩은 크기별 팩은 크기가 다양하기 때문에 크기별로 분류한다.
D 집게로 화장솜 고정 화장솜은 위생적으로 보관해야 하므로 입구를 말아서 집게로 고정한다.
E 고무줄은 색상별 자주 쓰지만 제자리가 없어 찾기 힘들었던 고무줄도 서랍 앞부분에 색상별로 분류해 정리한다.
F 액세서리 오픈 수납 액세서리는 한 곳에 모아 정리하고, 정리함에 정리했을 경우 쉽게 꺼낼 수 있게 정리 선반을 꺼내둔다.

여성 용품 여성 용품은 아크릴 판을 사이사이에 끼워 일렬로 섞이지 않게 정리한다.

털팽이's advice

여성 용품은 옆부분을 뜯어서 장롱 한구석에 넣어두는 경우 많아요. 꺼낼 때마다 불편하고 원하는 제품을 찾기도 어렵습니다. 서랍에 자리를 마련하고 사이즈별로 구분해 정리하세요. 보이고 싶지 않다면 수건이나 패브릭으로 살짝 덮어두는 것도 좋아요.

4. 귀차니스트의 옷 정리

1. 속옷 정리법

속옷을 작고 깔끔하게 개기보다는 손이 덜 가는 방법으로 개어 정리한다. 팬티는 섞이지 않도록 한 칸에 차곡차곡 겹쳐두고 종류를 알 수 있게 허리 부분은 살짝 겹쳐둔다. 브라도 반 접어 겹쳐둔다.

칸 만들기

간단히 속옷을 개게 되면 손은 덜 가지만 풀려서 섞이기 쉽다. 그래서 간단히 개었다면 칸은 꼭 만들어주는 것이 좋다. 칸은 아크릴을 끼운 뒤 칸 좌우에 지지대를 붙여 넘어지지 않도록 고정한다.

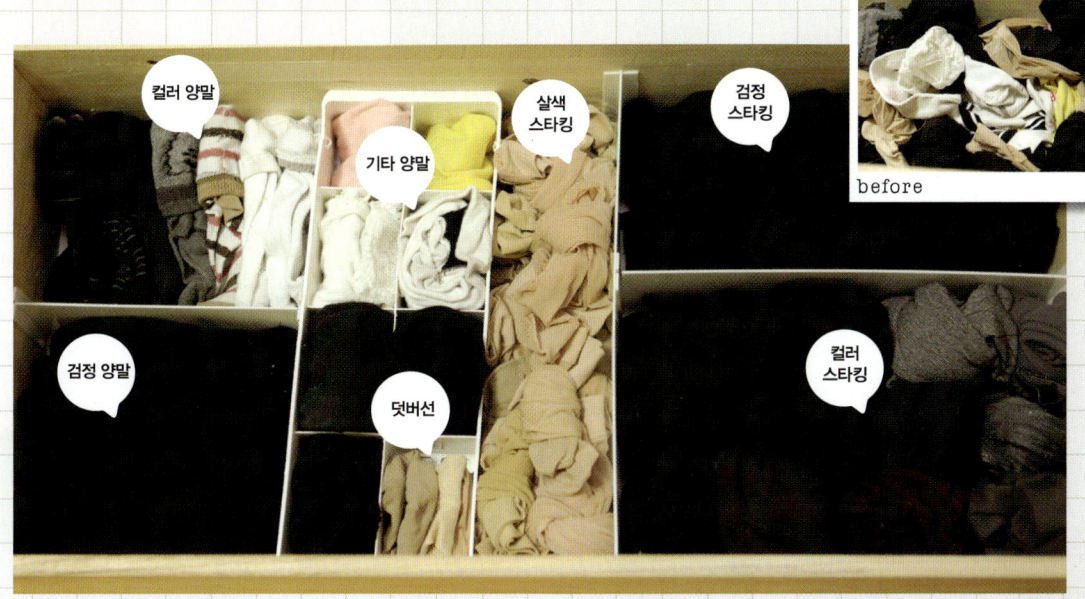

2. 양말 정리법

색상별·두께별로 나누어 정리한다. 정리가 귀찮아 유지가 어려운 사람이라면 최대한 손이 덜 가는 간단한 방법으로 갠다.

같은 모델의 양말

양말 짝 맞추는 것도 귀찮다면 같은 색상의 동일한 양말들을 구입한다. 두 짝씩 꺼내어 신기만 하면 되기 때문에 짝을 맞추어 갤 필요가 없다.

스타킹

직장 여성의 경우 스타킹의 양이 너무 많아 고민인 경우가 있다. 스타킹은 길이를 줄여 묶는 방식으로 보관한다.
❶ 길게 편 다음 절반씩 두 번 접는다.
❷ 한 번 감아 묶는다.

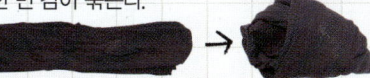

3. 바쁜 아침, 옷을 빨리 찾으려면?

무늬가 보이게 정리

옷 앞면의 레이스나 그림 부분이 겉으로 향하게 접어야 찾기 쉽다.
프린트가 없는 등 부분이 겉을 향하게 접어 다른 흰색 상의와 구분하기 어렵다.
무늬가 선명한 앞부분이 겉을 향하여 다른 옷과 쉽게 구분돼 찾을 수 있다.

색상별 정리

색상별로 정리한다. 대부분 옷을 찾을 때 '검은색 카디건', '빨간 셔츠' 등 색상별로 기억하고 찾는다. 그래서 섞여 있을 때보다 색상별로 구분되어 있을 때 훨씬 빨리 찾을 수 있다.

5. 드레스장 정리

오픈형 드레스룸에 정리했다. 수납량도 많고 단정해 보이며 오픈되어 있어 정리가 귀찮은 타입도 옷을 쉽게 꺼내고 정리할 수 있다. 손님이 왔을 때는 롤 블라인드를 내려 깔끔하게 가린다.

before
행어에 정리해 매번 장대를 이용해야 하며 옷에 먼지도 많이 타고 깔끔해 보이지 않는다.

1. 롤 블라인드

오픈형 드레스룸은 저렴하고 옷을 쉽게 꺼낼 수 있지만 자칫 지저분해 보일 수 있다. 드레스룸 앞부분에 롤 블라인드를 달면 드레스룸을 깔끔하게 가릴 수 있다. 평소에는 열어두고 쓰다가 손님이 올 때나 같이 가리고 싶을 때 가릴 수 있어 유용하다.

❶ 롤 블라인드를 준비한다. 옷장 각각의 가로 길이에 맞게 맞추는 것이 좋다.
▶ 롤 블라인드는 옷장 색상과 맞추는 것이 통일감이 있어서 좋다.
❷ 브래킷을 피스로 고정한다.
❸ 딸깍 소리가 나게 끼워 넣는다.

2. 행어 옷 분류법

❶ **길이별 분류** 긴 옷과 짧은 옷을 구분한다. 옷장 공간을 효율적으로 이용할 수 있다.
❷ **계절별 분류** 겨울옷, 여름옷, 봄·가을옷으로 분류한다.
❸ **색상별 분류** 블라우스처럼 계절에 상관없이 입는 옷이라면 색상별로 분류한다. 빨리 찾을 수 있고 한결 정돈되어 보인다.

+info 샘베딩 드레스룸 세트
실용적으로 사용할 수 있는 오픈 타입 옷장. 원목 서랍, 박스 등 다양한 수납 아이템을 추가할 수 있다. 한샘 제품. 20cm당 3만8000원

옷장 아이디어 수납법

왼손잡이 vs 오른손잡이

옷을 걸 때 왼손잡이는 옷의 앞면이 오른쪽을 향하게 거는 것이 꺼내기 편하다. 반대로 오른손잡이는 옷의 앞면이 왼쪽을 향하는 것이 좋다.

옷장용 태그

행어에 케이블 타이로 태그를 달아 옷을 종류별로 구분한다.

스탬프를 이용해 태그 만들기

재료: 스탬프, 태그, 스티커

❶ 태그에 스탬프를 찍는다. 태그는 스탬프 전문 몰에서 판매하는데 도톰한 종이를 잘라 직접 만들 수도 있다. 스탬프를 찍을 때는 자를 대고 작업하면 깔끔하게 간격을 맞출 수 있다.

❷ 스티커로 포인트를 주어 장식해도 좋다.

고무줄로 묶기

벨크로가 달린 고무줄을 이용해 옷을 묶어보자. 구김 가지 않게 부피도 줄일 수 있을 뿐 아니라 옷장 속의 옷을 구분짓는 효과도 있다.

❶ 나사못을 이용해 옷장 안쪽과 바깥쪽에 2cm 정도 두께의 넓은 고무줄을 30cm 정도 길이로 고정한다.

❷ 고무줄의 끝부분에 벨크로를 박음질한다.

❸ 계절이 지나 입지 않는 옷을 묶어둔다.

 +info

알파벳 스탬프
라벨이나 태그를 만들때 유용한 알파벳 스탬프. 26개의 소문자 스탬프로 구성되어 있다. 모던하우스 제품, 5900원

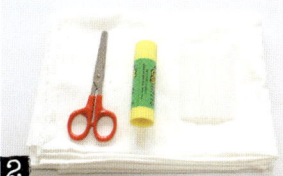

패브릭 박스

박스는 구입해도 좋지만 종이 박스에 시트지나 패브릭을 붙여도 깔끔하다.

재료: 택배용 종이 박스, 패브릭

❶ 옷장 크기에 맞는 종이 박스를 준비한 뒤 바닥을 테이프로 꼼꼼히 붙인다.
❷ 옷장 색상과 어울리는 천을 준비한다.
  ▶무늬가 많은 천보다는 단색의 도톰한 천이 완성했을 때 고급스러워 보인다. .
❸ 박스 크기에 맞게 재단한다. 전체를 발라도 좋지만 박스는 보통 ⅓ 정도만 당겨서 물건을 꺼내기 때문에 박스의 ½ 정도만 붙인다.
❹ 풀을 발라 붙인다. 모서리 부분을 더 꼼꼼히 붙인다. 시트지용 밀대나 고무 주걱을 이용하면 더 꼼꼼히 붙일 수 있다.
❺ 완성된 모습.

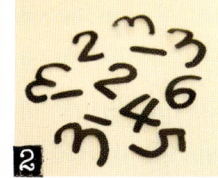

숫자 라벨

상하로 긴 드레스룸은 대부분 '몇 번째 서랍'이라고 기억하는 경우가 많기 때문에 내용물의 목록과 함께 칸의 순서를 알 수 있는 숫자를 붙인다.

❶ 한글에 숫자를 쓴 뒤 외곽선 효과를 주어 저장한 후 검정색 시트지 뒷면에 인쇄한다.
❷ 가로로 깨끗이 자른다.

옷장 속에 TV 설치하기

TV는 앞뒤 폭이 커서 좁은 공간에 설치하기가 쉽지 않으므로 옷장 하단에 설치해보자. 높이도 적당하고 깔끔하다. TV는 무게가 상당하기 때문에 선반 위에 올리면 선반이 휠 수도 있으므로 가능하면 하단에 설치하는 것이 좋다.

충전 스테이션 만들기

대부분 휴대전화는 방 구석에서 충전하는데 선 때문에 깔끔하지 못하다. TV 하단의 빈 공간에 플라스틱 서랍을 넣어 충전 스테이션을 만든다.

❶ 플라스틱 서랍의 뒷면에 가윗집을 넣은 다음 구멍을 뚫고, 충전기의 전선을 끼워 넣는다.
❷ 완성된 모습. 충전하지 않을 때는 서랍을 닫아 보이지 않게 정리할 수 있다.

6. 침실 공간 꾸미기

before

자고 먹는 공간이 부실의 대부분을 차지하지만 이런 생활에 필요한 물건들을 수납할 공간이 전혀 없었다. 정리 전 사진을 보면 매트리스와 먹다 남은 음식이 방치된 탁자가 바로 보인다.

이러한 문제를 해결하기 위해 테이블로 칸막이를 만들어 공간을 분리했다. 방이 넓지 않은 만큼, 칸막이로 높이가 낮은 가구를 이용한다. 테이블의 수납공간이 매트리스 쪽을 향하고 있어 휴식을 취하거나 테이블을 이용할 때 사용하는 물건, 입던 옷들을 수납할 수 있도록 한다.

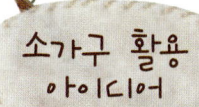

소가구 활용 아이디어

다용도 접이식 테이블
bedding 공간과 living 공간 사이에 접이식 테이블을 넣어 다용도로 활용할 수 있게한다. 음식을 먹을 때나 노트북 등을 사용할 때 활용할 수 있으며, 손님이 왔을 때는 테이블을 넓게 펴서 교자상 대용으로 사용할 수 있다.

가구 뒷면은 시트지로
가구를 돌려서 배치하면 MDF 소재의 가구 뒷면이 보이게 된다. 이때는 시트지를 이용해 마무리한다.

선반 아래 공간 박스
접이식 선반 아래에 바퀴를 단 공간 박스를 넣는다.
수납 선반을 사용할 때 필요한 물건들을 수납할 수 있다.
지지대 접이식 선반을 폈을 때 다리 기능을 해 안정감 있게 지탱해준다. 바퀴를 고정하면 쉽게 움직일 수 있다.
▶ 공간 박스와 바퀴의 높이를 계산한 뒤 테이블을 맞춘다.

접이식 테이블 만들기

   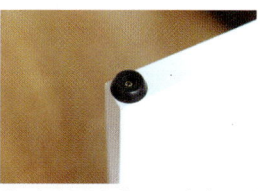

❶ 목재와 부재료를 준비한다.
▶ 만들고 싶은 가구의 전개도를 그린 다음 온라인 목재 판매점에 메일로 주문했다. DIY 초보라도 부재료와 필요한 공정을 꼼꼼히 의논할 수 있다.
▶ 일반적인 좌식 테이블의 높이는 35cm 내외이다. 앉았을 때 편하게 작업하거나 식사할 수 있는 높이를 측정하고 주문한다.

❷ 상판과 다리 부분을 길이가 긴 나사못으로 연결한다.

❸ 상판과 다리를 연결하는 안쪽에 ㄱ자 꺾쇠를 붙여 한 번 더 고정한다.

❹ 바닥 부분에 고무 다리를 붙인다.

 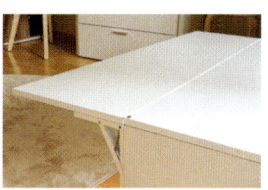 

❺ 접이식 선반 브래킷을 테이블 다리에 고정한다.

❻ 넓히고자 하는 상판을 브래킷에 연결한다.

❼ 완성된 모습. 폈다 접었다 할 수 있다.

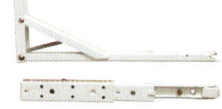 **접이식 선반 브래킷** 선반을 접었다 폈다 할 수 있는 스프링식 선반 고정장치. 지지해야 하는 선반의 무게에 따라 다양한 제품이 있다. 두 개를 구입한다. 온라인 숍 옥션 구입, 7000원

17평형 아파트 거실 & 아이 방 정리

Case Study ②

- **가족 구성** : 세 살 된 딸을 둔 30대 주부
- **주거 형태** : 방 2, 주방, 화장실 구성의 17평형 아파트
- **성격과 정리 특성** : 일할 때 평소에 꾸준히 하기보다는 한 번에 몰아서 해치우는 스타일. 일을 계획하면 열정적으로 몰입하지만 성격이 다소 꼼꼼하기 때문에 지쳐서 끝마무리가 미흡한 편.
- **정리 프로젝트 목표** : "곳곳에 겹겹이 쌓인 잡동사니 때문에 앉을 곳이 없어요. 아이가 놀고 책 읽을 수 있는 예쁜 공간을 만들어주고 싶어요."

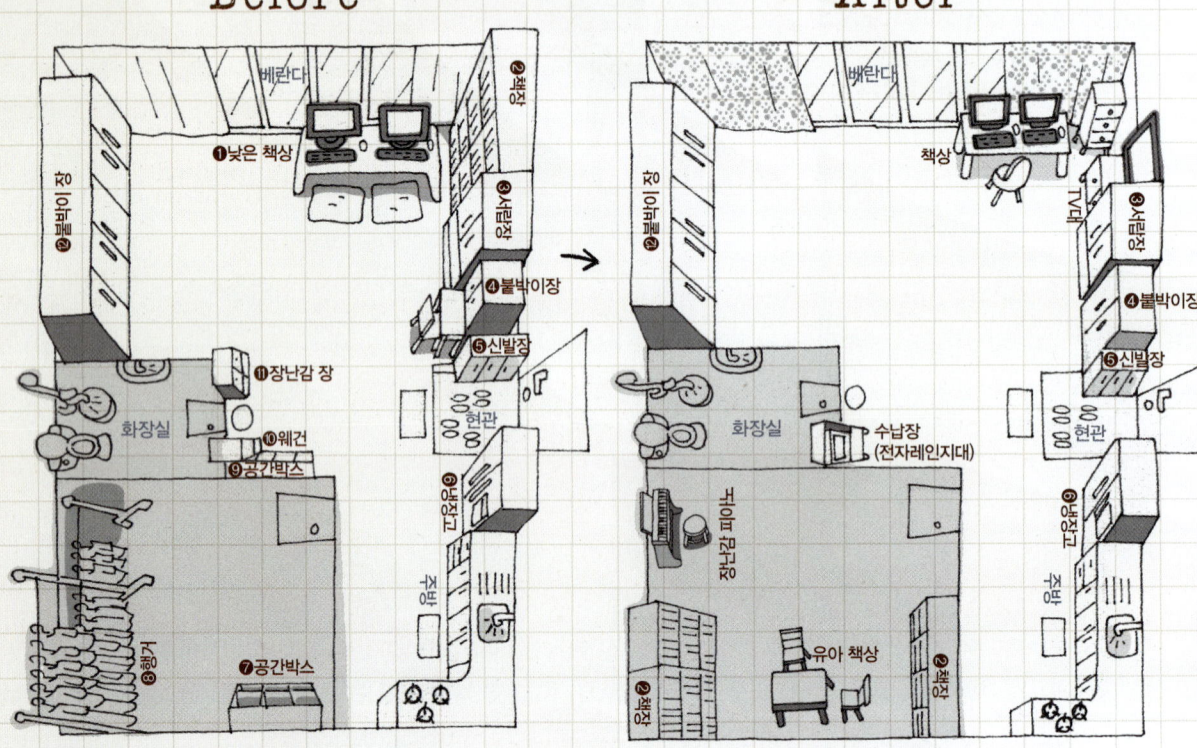

거실과 주방이 좁은 복도로 연결된 17평형대 아파트는 거실을 안방으로 사용하는 경우가 많습니다. 한 공간이 거실(living)과 침실(bedding) 기능을 겸하다 보니 여과되지 않은 생활상이 한눈에 보여 넓은 집보다 더욱 세심한 정리가 필요합니다. '금쪽맘' 님은 3년 전 방송을 통해 알게 된 분인데 정리 프로젝트를 통해 다시 만나 많이 의논하면서 바꿔가는 뜻 깊은 시간을 가졌습니다. '금쪽맘' 님 또한 정리를 통해 살림과 육아에 집중하게 되고 정리되지 않아 잃었던 많은 것을 다시 찾았다고 합니다.

[문제점 진단]

1.
물건이 쌓인 현관

변색된 다리미판과 바닥에 쌓인 책들. 소가구 위로 물건들이 겹겹이 쌓여 있다. 현관문을 열었을 때 바로 보이기 때문에 손님은 물론 집을 드나는 가족에게도 결코 좋지 않은 인상을 준다.

▼

현관은 집의 첫인상 현관은 보여주기 위한 아름다운 수납이 필요한 공간이다. 색상도 크기도 다른 소가구들을 이용해 수납하기보다는 벽면 크기에 맞는 도어 수납장을 활용해 수납력도 높이고 세련되게 현관 분위기를 바꿔본다.

2.
거실 겸 안방

갤러리 옷장과 좌식 책상의 색상이 같아 깔끔하고 환해 보일 수 있다 하지만 곳곳에 흐트러진 물건들과 알록달록한 매트 때문에 전체적으로 어둡고 산만하다.

▼

채광 방에서 가장 중요한 것은 채광이다. 커튼 소재가 두꺼워 방이 더욱 어둡고 좁아 보인다. 커튼은 환하고 가벼운 소재로 바꾸고 색상은 가구 색상과 같은 화이트로 통일한다.

3.
창고처럼 사용하는 작은 방

발 딛을 공간도 없이 짐이 쌓여 있는 작은 방. 대형 행어와 쓰지 않는 파티션, 박스째 쌓인 물건, 선풍기, 난로 같은 계절 가전제품, 아이 장난감들을 하나 둘 쌓아두다 보니 어느새 방 전체가 창고가 되었다.

▼

방의 용도 정하기 방이 2개인 집에서 방 하나의 가치는 대단히 크다. 안 쓰는 물건을 쌓아둔 원인은 방의 용도가 정해지지 않았기 때문이다. 방의 용도가 정확하면 사용하지 않는 물건들은 제자리를 찾기 마련이다. 아이가 커가면서 물건도 많아지기 때문에 이 방은 아이 방으로 활용한다. 행어를 치우고 정리해 아이 방을 꾸민다.

Check!
'금쪽맘' 님을 위한 수납처방 세 가지

처방 1.
잡다한 게 많은 수납 가구는 NG!

대부분은 물건을 수납할 가구나 용품이 없어서 정리가 안 되는데 이 집은 수납 가구와 용품이 너무 많아 정리가 안 되는 경우이다. 이것저것 옷이 많은 사람일수록 외출하려면 제대로 된 옷이 없는 것과 마찬가지로 소가구가 잡다하게 많은 것보다 집의 크기에 맞는 심플한 가구 몇 점이 정리에 훨씬 도움이 된다. 또 하나 유념할 점! 곳곳에 나지막한 소가구가 많으면 무언가 자꾸 올려놓게 되어 늘어놓기 쉽다는 것을 기억하자.

처방 2.
한번 치우면 끝을 보자

정리도 성격의 영향을 많이 받는다. 치우는 것 같은데 말끔하지 않고 항상 너저분하다면 끝마무리가 부족한 성격이 아닌가 점검해보자. 한 군데를 치우더라도 한번 정리를 시작했으면 끝이 보일 때까지 치운다. 치우다 만 잡동사니들이 쌓이면 말끔하지 않고 항상 어수선하기 때문이다.

처방 3.
정리에는 노력이 필요하다

연필 하나 꽂는 데도 노력이 필요하다. 날고 기는 재주를 가진 '정리의 달인'이라도 게으름을 부리면 집 안 엉망이 되는 것은 시간문제다. 꺼낸 것은 집어넣고, 내린 것은 올리고, 쓰고 나면 제자리에 두는 것은 정리의 기본이다.

코너별 정리
1. 아이 방 꾸미기

발 디딜 공간도 없이 짐이 쌓여 있어 방 전체가 창고 같은 작은 방.

필요 이상의 공간을 차지하는 행어를 철거한다. 행어가 없어도 장롱과 붙박이장, 서랍장이 있기 때문에 옷을 수납할 공간은 충분하다.

깨끗이 치운 공간에 장난감, 책장 등 아이 물건을 아이 방으로 모았다.

물건이 쌓여 발도 디딜 수 없었던 공간이 엄마의 바람대로 아이가 놀고, 집중하여 학습할 수 있는 아이 방으로 바뀌었다.

▶ 거실 벽에 두었던 책장을 아이 방으로 이동했다. 창문의 위치를 파악하고 창문을 기준으로 병렬형으로 책장을 배치했다. 채광을 고려해 창문 아래에는 아이의 책상을 두었다.

Check! 아이가 좋아하는 방 만들기

아이가 어릴수록 아이는 엄마 곁에서 떨어지지 않으려 한다.
아이가 아이 방을 찾지 않으면 아이 물건은 다시 거실을 점령하게 된다.
아이가 자발적으로 자신의 방을 찾지 않는 어린 나이일수록 도배나
패브릭 등을 활용해 아늑하고 예쁜 방으로 꾸며주는 것이 중요하다.

아이 방에 어울리는 핑크색 벽지 BEST3

핑크색 벽지라도 아이의 연령이나 가구에 맞춰 포인트 벽지를 선택하고 단색의 메인 벽지와 함께 코디하는 것이 좋다.
(도움말. 대동벽지)

● 쥬(아이보리) ● 드림(핑크)

아이들이 좋아하는 귀여운 동물 패턴과 인디언 핑크 벽지. 남아인 경우에는 메인 벽지를 핑크 대신 그린이나 블루로 도배해도 좋다. 어린이 가구는 원색이 많은데 이때는 가구나 색상과 벽지 패턴 색상을 맞춰주면 깔끔한 분위기를 낼 수 있다. 예컨대 수납장이 파랑, 노랑이라면 파랑, 노랑 패턴의 포인트 벽지를 선택하는 것이 통일감 있다.

● 마시멜로(베이지) ● 스위티(핑크)

하트 모양의 핑크 톤 벽지에 마시멜로처럼 통통한 패턴이 들어간 원색 벽지를 매치한다. 색감이 강하기 때문에 미취학 어린이에게 어울리는 벽지이다. 보통 아이가 어릴 때는 이렇게 색감이 다양한 벽지를 좋아하지만, 아이가 성장함에 따라 다소 유치하다고 느낄 수 있다. 이럴 때는 포인트 벽지를 무난한 패턴으로 바꿔주는 것도 좋다.

● 핑크 레이스(앨리스핑크) ● 루니(핑크)

로맨틱하고 러블리한 핑크 레이스 무늬의 포인트 벽지에 핑크색 벽지를 매치한다. 다소 복잡해 보일 수 있는 레이스 벽지이지만 스트라이프 문양이기 때문에 깔끔하고 단정하게 연출할 수 있다. 핑크를 좋아하는 어린이는 물론 로맨틱한 분위기를 좋아하는 사춘기 소녀에게도 무난히 어울리는 구성이며 깔끔한 화이트나 파스텔 가구에 잘 어울린다.

+info **핑크 레이스(앨리스 핑크)** 대동 벽지 제품 3만1500원
루니(핑크) 대동 벽지 제품 3만7300원

before

[장난감 정리]

교구는 상단에 정리
교구들은 상단에 배치한다. 교구는 조각이 많고 정리가 쉽지 않기 때문에 공부할 때만 꺼내 쓰게 하면 정리도 쉽고 오히려 집중하여 학습할 수 있다.

장난감 정리장 재활용
오래된 장난감 정리장 바구니만 재활용한다. 일반적인 책장 한 칸의 사이즈와 비슷해서 화이트나 깔끔한 색상의 책장에 넣으면 색감을 살려 정리할 수 있다.

종류별로 구분하여
아이들 물건은 어른처럼 칸을 많이 나누어 정리하면 금세 흐트러진다. 장난감, CD, 미술용품 등 크게 구분하고 바구니 하나에 한 종류씩 나누어 정리한다.

페인트 마커를 이용해 라벨링
컬러가 있는 바구니에는 흰색 페인트 마커를 이용해 라벨링한다. 페인트 마커는 두께감이 있고, 원색에 흰색 글씨를 쓰면 눈에 잘 띄어 깔끔하고 예쁘게 글씨를 쓸 수 있다. 아세톤으로 쉽게 지울 수 있다.

꺼내기 쉽고 정리하기 쉬운 수납함 선택
장난감은 뚜껑이 없이 오픈되어 있어 쉽게 꺼내고 정리할 수 있는 수납함을 이용해 정리한다. 봉제 인형이나 공 등 양이 많은 장난감을 정리할 때 활용하면 좋다.

[책 정리]

아이 책과 어른 책 구분하기
책은 아이 책과 어른 책으로 나누어 아이 책은 아래칸에, 어른 책은 위칸에 정리한다.

액자로 가리기
크기가 일정하지 않고 낡은 책들은 액자로 가린다. 이때 액자 프레임을 책장 색상에 맞추면 훨씬 정돈되어 보인다.

액자 스탠드를 이용해 고정
액자가 작아 무게감이 없을 때는 액자 스탠드를 책 사이에 꽂아 고정한다. 가끔 들춰보는 작은 책이나 수첩을 수납한 책장에 이용하면 좋다.

높고 키 큰 책은 책장 위에
책장 위는 눈에 띄는 공간이기 때문에 물건을 쌓아두면 보기 싫을 뿐 아니라 위험할 수 있다. 책장에 꽂았을 때 튀어나오는 큰 책이나 앨범은 책장 위에 올려놓으면 공간도 절약되고 안정감 있게 정리할 수 있다.

2. 주방용품 수납하기

before

현관에서 안방까지 통로를 양옆으로 막고 있던 소가구들을 모두 들어내 치운 뒤 소가구 안의 물건은 각각 필요한 장소에 수납했다. 바닥부터 천장까지 활용해 충분한 양을 수납할 수 있고, 문이 달려 내용물을 가릴 수 있는 다용도 레인지 수납장을 배치했다. 복도에 즐비했던 짐들을 치우고 나니 집의 첫인상이 환해 보인다.
주방에서 가깝기 때문에 사용 빈도가 낮고 수납량이 많은 주방가전, 저장식품, 비닐, 종량제 봉투 등과 화장지나 간단한 공구 등 현관에서 사용하는 물건을 수납했다.

Ⓐ **필웰 헤스티아 원서랍셋 수납 조리대**
좁은 공간에 많은 수납을 할 수 있는
조리대 겸용 수납장. **필웰 제품, 25만5000원**

고무줄 이용해 약 끼우기
약은 아이 손이 닿는 곳에 두면 위험하기 때문에 상단에 수납했다. 바구니의 구멍으로 고무줄을 넣어 묶은 뒤 캡슐이나 상처용 밴드를 끼워둔다.

테이프걸이
테이프는 자주 사용하는 물건이지만 층층이 쌓아두면 꺼낼 때마다 흐트러진다. 문에 네트를 걸고 세탁소 옷걸이로 ㄷ자 모양의 걸이를 만들어 하나씩 매달아 수납한다.

레인지 위 치우기
전자레인지 위에 흩어져 있는 잡동사니들을 말끔히 없앤다. 적당히 몇 가지 남기고 치우다 보면 한 개 두 개 점점 물건이 쌓여 다시 흐트러질 가능성이 높다. 한 번 치울 때 말끔히 치우는 습관을 들인다.

서랍 정리법
서랍 중간을 긴 랩으로 구분한 뒤, 양쪽의 물건 길이를 맞춰가며 서로 대칭이 되도록 정리한다. 왼쪽은 지퍼백과 물티슈 등을 정리하고 오른쪽은 수저 정리함을 이용해 손님용 수저나 배터리 등을 정리한다. 손님용 수저는 지퍼백으로 감아두면 사용할 때마다 씻지 않아도 된다.

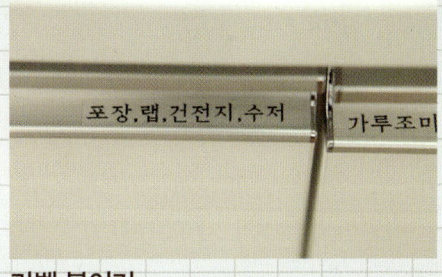

라벨 붙이기
내용물의 종류를 라벨로 붙이면 매번 문을 열고 내용물을 확인하는 수고를 덜 수 있다. 라벨기의 투명 테이프를 이용해 문 손잡이 부분에 라벨을 붙인다.

차는 매달아 수납
자주 꺼내는 각종 차들은 문에 매달아 수납한다.

+info
다이소 리빙 메시 바구니 1호 1000원

3. 가구 배치

커튼 달기
벽지 색상이 어둡기 때문에 커튼은 화이트 색상의 얇은 아사 소재를 선택했다. 흰색의 아사 커튼이 밋밋하다면 무늬가 있는 원단을 선택하는 것도 좋다. 커튼은 동대문종합상가에서 맞춤 제작했다.

ㄱ자형 가구 배치
자리를 이동할 수 없는 벽걸이 TV를 기준으로 다른 가구들의 위치를 정했다. TV와 키가 비슷한 갈색 서랍장을 배치하고, 환한 베란다 창 쪽으로 컴퓨터 책상을 배치했다. 잡다한 공간박스를 없애고 수납량이 충분한 서랍형 TV장을 배치했다.

책상
갈색 서랍장보다 큰 면적을 차지하는 화이트 톤 장롱에 맞춰 색상을 선택했다.

의자와 TV장
갈색 서랍장과의 조화를 위해 메이플 색상의 다리가 달린 의자와 TV장을 선택했다.

A 필웰 니트 서랍 거실장
다른 가구와 잘 어울리는 심플한 디자인의 거실장. 서랍이 깊고 높아 많은 물건을 수납할 수 있다. 필웰 제품, 14만8000원

before

아이 방에 있던 서랍장을 안방으로 옮기고 좌식 책상을 걷어냈다.

바닥재 걷어내기
어린아이가 있는 집에서 흔히 볼 수 있는 바닥재이다. 색상이 복잡하기 때문에 집이 더욱 정신없어 보일 수 있다. 보온이 필요 없는 여름철만이라도 걷어내보자. 바닥이 몇 평은 넓어 보이는 효과를 볼 수 있다.

[책상 정리]

문구류 오거나이저에 모으기
문구와 소지품 등을 모아서 정리할 수 있는 오거나이저를 활용한다. 종이로 만든 오거나이저는 인테리어에 맞춰 다양한 색상을 선택할 수 있고, 직접 만들면서 정리하는 재미를 느낄 수 있다.

숨은 공간 찾기
고정관념을 깨면 숨은 공간을 찾을 수 있다. 일렬로 맞춘 서랍장의 한 칸을 뒤로 밀어 휴대전화, 열쇠 같은 소지품 전용 수납공간을 만든다.

책상 서랍 재활용
새로 구입한 책상에 수납공간이 없어 기존에 사용하던 책상의 하단 부분을 책상 오른쪽에 쌓아 수납공간으로 활용한다. 보통 책상은 상판의 너비가 비슷해서 재활용이 가능하다.

A 필웰 스틸 프레임 책상
스틸 프레임의 튼튼한 책상. 상판이 넓어 작업하기에 편하다.
필웰 제품, 13만원

박스 인 박스
총 8개의 상자로 구성된 책상, 화장대 정리용 오거나이저.
풀디자인 제품, 9900원

[컴퓨터 전선 정리]

멀티잭은 책상 위
전원을 관리할 때마다 허리를 굽혀 책상 아래로 들어가야 하는 것은 힘든 일이다. 멀티잭을 책상 위에 올리고 전원을 꽂는다.

멀티잭은 벨크로로 고정
멀티잭 뒤에 벨크로를 붙인 뒤 벽에 고정한다.

휴대전화 충전기
충전기나 USB와 같이 긴 선들은 원형 전선 홀더를 이용해 말아서 정리하자. 고무 재질의 홀더를 뒤집어 전선을 원하는 길이로 돌돌 만 뒤 전선이 풀리지 않도록 뒤집으면 긴 전선을 깔끔하게 정리할 수 있다.

선은 구분하여 묶기
책상 위의 전선은 모니터나 스피커의 전선과 키보드나 마우스의 전선으로 구분하여 묶는다. 선을 두 번 잠글 수 있는 전선 밴드로 묶는다.

인터넷 단말기는 고정하고 라벨 붙이기
인터넷 단말기, 공유기, USB선 등은 밴드로 묶은 뒤 한곳에 고정한다.

❶ 굵은 고무 밴드를 준비한 뒤 장비를 고정할 수 있는 적당한 길이로 자른다.
❷ 끝부분이 풀리지 않도록 라이터 불로 살짝 태운다.

 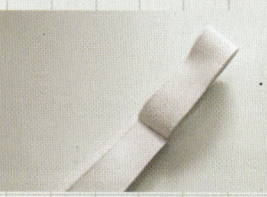

❸ 스테이플러로 고정한다.
❹ 뒤집으면 완성.

❺ 벨크로를 장비에 부착해 벽에 고정한다.
❻ 벨크로를 고무 밴드에 부착하면 신축성이 있기 때문에 단단히 고정되지 않는다.

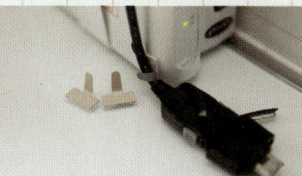 

❼ USB나 충전기 선의 끝은 전선 고정 클립으로 고정한다. 알루미늄 재질이라 전선의 두께나 모양에 맞춰 구부리기 쉽다.
❽ 라벨기를 이용해 콘센트에 라벨을 붙인다. 콘센트를 쉽게 확인해 관리할 수 있다.

[옷 정리]

버리지 못하는 옷들

금쪽맘 님의 가장 큰 고민은 결혼과 출산으로 늘어난 몸무게. 언젠가는 살을 빼겠다는 생각에 날씬했을 때 입던 옷들을 버리지 못하고 보관해둔 것만 무려 10여 박스, 이 옷들을 버리면 살 빼는 것을 포기하는 것이라는 생각에 옷들을 정리하지 못하고 있다.

before

물건이 쌓이지 않게 정리하기

물건이 정체되어 있는 곳보다는 순환하는 곳일수록 공간의 활용도가 높아진다. 안쪽의 물건도 꺼내기 쉽게 수납했다.

상단
박스에 보관한 옷의 양을 줄이고 겨울 외투는 위쪽 행어로 위치를 옮겼다.

앞쪽
청소기와 같이 쉽게 꺼낼 수 있는 물건을 두어 뒷부분까지 활용할 수 있게 정리했다.

가장자리
공간 박스를 ㄱ자 형태로 배치해 시트지나 대걸레처럼 길이가 긴 물건들을 세워두었다.

[화장품 정리]

TV장을 이용한 화장대
TV장에 화장품을 정리해보자. 깊이가 깊기 때문에 스킨 등을 세워서 수납할 수 있다.

청소가 쉬운 종이컵
한 달에 한두 번 청소해도 먼지나 머리카락이 유난히 많은 곳이 화장대이다. 종이컵은 저렴하기 때문에 먼지나 머리카락 등으로 지저분해지면 버리고 새것으로 갈아주면 되는 장점이 있다.

샘플 보관함
샘플은 작은 상자에 종류별로 담아 수납한다.

Epilogue

책을 쓰면서 사계절이 지나고 다시 새 봄이 왔어요. ㅠㅠ
지난 한 해 동안의 생생한 순간과 열의,
쏠쏠한 수납의 재미가
여러분의 가슴에 그대로 전해졌으면 합니다.

잠깐!

그냥 이대로 책을 덮으시겠다고요?
서랍장 문을 열고 일단 시작해보세요.
파이팅!!!

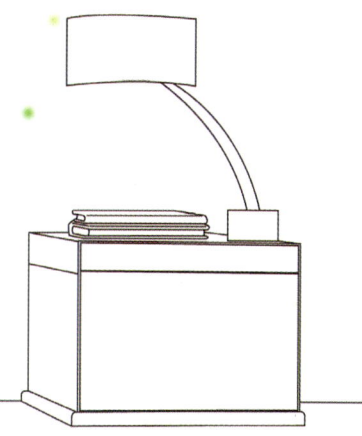

30일만에 기적처럼
넓어지는 공간!

똑똑한 수납

초판 1쇄 발행 2011년 3월 21일
초판 32쇄 발행 2022년 8월 29일

지은이 조윤경

발행인 이재진 **단행본사업본부장** 신동해
편집장 김예원 **디자인** 김현희(온크) **사진** 김황직(studio IL)
일러스트 오규연 **교정교열** 박소영
마케팅 최혜진 이인국 **홍보** 최새롬
국제업무 김은정 **제작** 정석훈

브랜드 웅진리빙하우스
주소 경기도 파주시 회동길 20
문의전화 031-956-7357(편집) 031-956-7089(마케팅)
홈페이지 www.wjbooks.co.kr
페이스북 www.facebook.com/wjbook
포스트 post.naver.com/wj_booking

발행처 ㈜웅진씽크빅
출판신고 1980년 3월 29일 제406-2007-000046호

ⓒ 조윤경, 2011
ISBN 978-89-01-11911-3

웅진리빙하우스는 ㈜웅진씽크빅 단행본사업본부의 브랜드입니다.
이 책은 저작권법에 따라 보호받는 저작물이므로 무단전재와 무단복제를 금하며,
이 책 내용의 전부 또는 일부를 이용하려면 반드시 저작권자와
㈜웅진씽크빅의 서면동의를 받아야 합니다.

※ 책값은 뒤표지에 있습니다.
※ 잘못된 책은 구입하신 곳에서 바꾸어 드립니다.

thanks to
* 한샘 1688-4945 http://www.hanssem.com
* DSG 대동벽지 02-2212-2511 www.ddwp.co.kr
* 다이소 부천 로얄쇼핑점 032-219-6016 www.daisomall.co.kr
* 락앤락 080-329-3000 www.locknlockmall.com
* 모노스트 070-7798-8987 www.monost.com
* 모던하우스 080-793-0352 www.2001outlet.com
* 마미마켓 070-4187-6560 www.mamimarket.com
* 왕자행거 1644-8800 www.wangjahanger.com
* 필웰 1577-3707 www.feelwell.co.kr
* 풀디자인 02-521-9695 www.fulldesign.co.kr